管理沟通

——理念与技能

魏　江　编著

科学出版社
北　京

内 容 简 介

本书围绕管理沟通的本质——换位思考这个核心，提出并分析了管理沟通的结构体系，以及在中国文化背景下的沟通理念和沟通技能。重点在于分析具有一般意义的建设性沟通理念、沟通客体分析理念和自我沟通理念。针对管理者的工作实际，就笔头沟通、口头沟通、环境分析和会议组织等具体技能作了专门分析。

本书主要适用于MBA教学，以及为从事实际管理工作的实践者提供帮助和参考，同时也可用于管理专业研究生、本科生的教学。

图书在版编目（CIP）数据

管理沟通：理念与技能/魏江编著. —北京：科学出版社，2001

ISBN 978-7-03-009654-8

Ⅰ. 管… Ⅱ. 魏… Ⅲ. 管理学—研究生—教材 Ⅳ. C93

中国版本图书馆CIP数据核字（2001）第049468号

责任编辑：林 鹏 卢秀娟 / 责任校对：陈玉凤

责任印制：张 伟 / 封面设计：王 浩

科学出版社 出版

北京东黄城根北街16号

邮政编码：100717

http://www.sciencep.com

北京九州迅驰传媒文化有限公司印刷

科学出版社发行 各地新华书店经销

*

2001年8月第 一 版 开本：720×1000 1/16

2025年2月第十六次印刷 印张：22 1/4

字数：328 000

定价：48.00元

（如有印装质量问题，我社负责调换）

前　言

自我接手 MBA 管理沟通课程教学至今已有 4 个年头了。这几年来，我一直在思考这样两个问题：**什么是中国文化背景下的管理沟通？管理沟通到底有没有体系结构？**之所以提出这两个问题，与我开始上这门课时安排课程内容、结构和体系的体会有关；也与我寻找合适教材或参考书时的体会有关。

管理沟通作为一门探索性课程，不但在国内是一门较新的课程，在国外也同样如此。而且，对我来说，对这门课程的教学也可以说是从零开始。于是，我便在极大的压力下开始思考这门课程的体系、结构和内容组织等问题，这显然是一个严峻的挑战，更何况该课程是为 MBA 开设的，MBA 学员基本都有丰富的实践经验，他们在沟通方面有自己的深切感受和体会，要让他们通过本课程的学习有所收获和得益，恐怕更多是在观念上。因此，本人认为，必须要在管理沟通的系统、内容和技能等方面有所创新和突破。

为了寻找一个体系，我几乎浏览了近几年国内引进的所有相关英文原版书和翻译教材，以及相当部分的国内作者编写的教材。看了之后，有三个强烈的感觉：一是管理沟通的内容如此丰富，如果把所有沟通问题汇集起来，应该有洋洋数百万言；二是几乎所有教材都是以一个个技能的排列作为体系的，包括国外引进的教材与参考书；三是缺乏中国文化特点，引进教材基本上是以国外文化为背景的。如笔头沟通讨论的是英文写作；口头沟通讨论的是运用英语的技能；案例是别国文化背景下的案例……

在寻找课程内容、结构和体系，以及合适教材的过程中，开头的两个问题对我的撞击力越来越大：**到底什么是中国文化背景下的管理沟通？管理沟通到底有没有体系结构？**

可以说，这几年我一直在寻找这两个问题的答案。遗憾的是，到现在还没有找到让自己满意的答案。于是，我想了个办法：把这个问题交给 MBA 学员来回答！他们应该是我最好的老师，他们都有深切的体会，他们都有自己的思考。办法有了，对策也有了：把我的问题出在考卷上、作业上、课堂讨论上……于是，在教学过程中，我想方设法与学员进行双向参与式沟通和学习，通过与学员的共同学习和交流，提高自己对这门课程的认识。

事实说明，这个办法和策略是行得通的。这本书中的很多案例是由 MBA 学员提供的，这本书中的许多内容，是在 MBA 学员的分析讨论所得出答案的基础上进行分析整理得来的。本人的许多教学方法也是在 MBA 学员的建议上不断完善的。尽管路还很长，但至少有了希望。希望之一是让我对管理沟通的体系结构有了自己的体会；希望之二是发现身边有那么多属于中国人自己的案例可以由我们去淘金。

这样的体会，归结到一点：**管理沟通的本质应该是换位思考；在沟通过程中不能忘记文化背景。**本书就是在贯彻这两点的前提下理出来的。于是，就有了本书的主题——管理沟通理念和技能，先是理念，再是技能。如果理念没有转过来，技能再多也没用。如果理念转过来了，即使没有教给学生具体技能，他们也会自己去找答案。这个理念的根本点就是“换位思考”。因此，本书的第一篇在提出管理沟通基本概念的基础上，分别从建设性沟通、对象分析、自我分析三个方面讨论“如何换位思考?”。至于具体技能，实在是无法穷尽。本书从内部和外部、笔头和口头两个角度，结合中国特点来讨论基本技能和策略。

简单介绍一下本书的诞生过程：为满足 MBA 教学的需要，作者在 1998 年自编了一本讲义，也算是本书的第一稿。后来看着总不满意，如当时的案例都是从国外翻译过来的。2000 年初，我花了一个春节的时间作了大的修改，增加了中国背景下的内容和案例，于是就有了本书的第二稿。使用了不到一年，发现又是不满意，于是，就有了本书的写作，在总结前几年教学经验的基础上，对内容进行了很多修订，尤其是第一篇。不过，我很担心的是，可能再过一年，我对这本书又会很不满意，到时又得折腾一番。

不过，当我写完这本书，回过头再来看时，发现，我还是没有找到开头两个问题的答案。我非常真诚地感谢那些市面上已有的、有关管理沟通的书籍的作者们，因为本书中有许多内容借鉴了你们的成果。因此，我非常真诚地希望我们一起来寻找开头两个问题的答案。只有通过大家不断地努力和探索、相互交流和沟通，才能不断丰富和完善管理沟通的理论和技能。

接着，我说明一下这本书试图体现的特色。作者以为，一个成功的管理沟通者，前提必须是一个优秀的自我沟通者。一个不能与自己成功沟通的人，是不可能与他的同事、朋友、亲人和顾客实现建设性沟通的。为此，本书第一篇专门围绕这一理念从换位思考的角度分析了如何分析对方、如何分析自己、如何作建设性沟通。这在其他教材或专著中显然是被忽视的，但作者认为是很根本的，权且把它作为一个特色。

再者，管理沟通是一门实践性非常强的课程，离开实践空谈理论，或者学习了基本理论和方法，不应用到实践中去，那么，这门课程的学习也就完全失去了意义，所以，如何更好地把基本理念、技能和方法与实践结合，是笔者煞费苦心思考的问题。基于这种考虑，本书在大部分章节的最后以附录形式设计了“自我技能测试题”和案例，希望大家学会识别自身的优点和不足，并训练自己的综合技能，真正把学的和干的结合起来。如果可以，这也算是个特色。

另外，本书收集了较多的第一手案例。这些案例绝大部分是发生在我们身边的事，篇幅也不长，而且完全是我们中国人自己所面临的。这也算为具有中国文化背景的管理沟通课程建设作点努力。

除前面三点外，作者还试着在以下几个方面做点探索：

(1) 内容安排上，第一篇侧重于基本理念的学习和训练；第二篇侧重于基本技能和方法。意在把理念、技能和方法结合起来，适应管理实践需要。

(2) 设计了部分沟通活动安排，为教师和学员开展互动教学、情景教学和案例教学提供素材。

(3) 一般技能分析和特殊技能分析；系统框架和专题讨论相结合。结合我们实际工作特点，专门就面谈、演讲、会议组织和报告写作等重要的基本沟通技能作了讨论，可以作为管理者平时工作的参考。

前面这些内容构成整本书的结构体系。可以下图来概括。

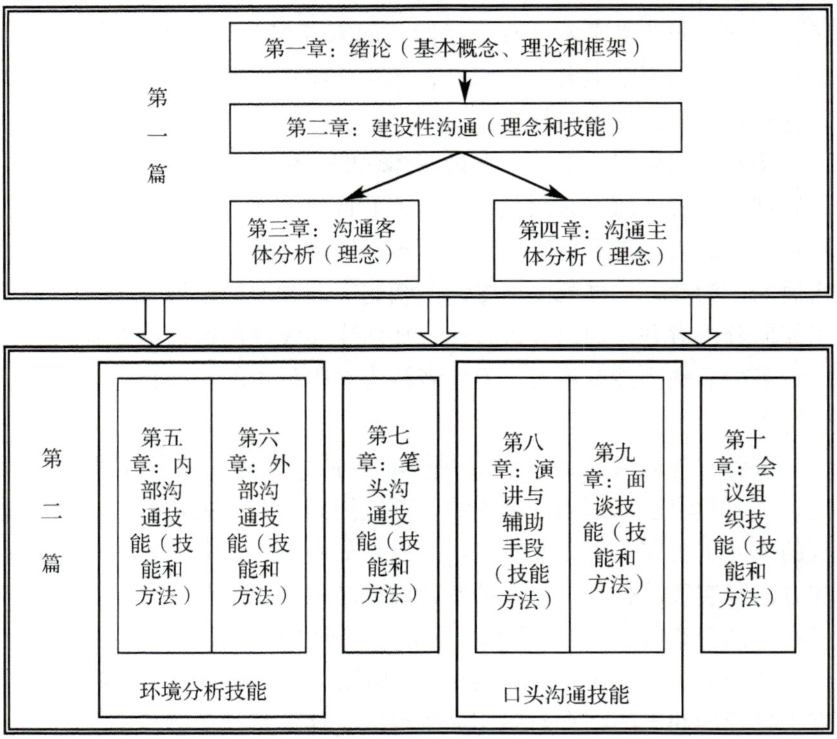

本书第六章外部沟通技能和第五章部分内容由王瑞飞执笔，其他章节和整个体系由魏江执笔完成。

我衷心感谢项保华教授。有一次，我们到上海出差时，他问了我一个问题“你能否用一句话概括管理沟通的本质?”，他这句话给了我很大的启发，令我深思。平时，项教授还经常与作者就沟通问题进行深入交流，我们在研究和讨论“管理技能开发”的过程中，他的敏锐洞察力和深刻见解给了我很多的启迪。

另外，我得感谢我校 1997、1998、1999 以及 2000 届 MBA 学员给我的帮助，本书中部分案例来自于他们所提供的素材；课程中的许多内容也得益于他们给我的启发。尤其让我感动的是，许多学员在学习过程中与我一起探讨教学方式和学习方法，并给我提出了很多好的建议。有的学员在课程结业一年以后，还在通过 E-MAIL 或电话的方式与我沟通。在此，我要向这些帮助和支持我的 MBA 学员朋友们表示衷心的谢意。

此外，需要说明的是，我衷心感谢我的家人，本人送走黑夜，迎来黎明的无数个日日夜夜，也是他们给予我关心理解的日日夜夜；我感谢我的弟弟，现浙江大学在读博士研究生魏勇，是他帮助我校对了本书初稿；感谢科学出版社和林鹏先生，他们给了我大力的支持；我还得感谢所有支持我、关心我、帮助我的同仁。

限于笔者水平，还有很多工作有待于以后不断探索、在教学过程中不断改进，本书中肯定有很多不足之处，恳望大家不吝赐教。

编　著　者

2001 年 6 月于求是园

目　　录

下篇 管理沟通技能

上篇　管理沟通理念

管理沟通的本质是要求沟通者能站在对方的立场思考问题，传递信息，获取对方反馈，以解决具体的沟通问题，并正强化积极的人际关系。本篇以此为主线，讨论以下四章内容：

第一章　绪论

第二章　建设性沟通

第三章　沟通客体分析

第四章　沟通主体分析

第一章　绪　　论

【本章提要】　本章讨论了管理沟通的概念、过程和要素，提出高效管理者必须是一个有效的沟通者，沟通是管理者的重要职责。进而提出了管理沟通的框架以及沟通策略，包括沟通者策略、信息策略、媒体渠道策略、受众策略、文化策略等。本章还从系统角度对以上策略进行了初步讨论。

1.1　管理沟通的概念

1.1.1　管理沟通的研究学派

沟通（communication）作为管理者的基本技能，自行为科学学派创立以来，就成为管理学家研究的问题。尽管当初并没有把沟通作为一个独立的课题加以研究，但其基本思想在行为科学理论中已开始萌芽。如行为科学理论在关于人性假设（人是社会人）理论的基础上，提出管理者要把人作为一个有差别的、不同需求的主体加以研究，主张管理者要充分了解和分析不同管理对象的需求，并采取相应的管理行为。后来的马斯洛需求层次理论更进一步指出，管理者在采取激励行为时深入分析不同个体的需求，充分尊重个体的需要特点，这就从管理理论研究上，提出了“管理者如何去了解管理对象的需要和动机”这样一个问题。这也正是管理沟通研究的重要问题。

20 世纪 80 年代中后期开始，我国一些高校陆续开设了“商务谈判”、“公共关系”、“谈判技巧”、“推销技巧”等课程。在这个阶段，可以说，已经开始形成管理沟通的具体研究内容，只是还没有形成专门的管理沟通体系。从现有管理沟通讨论内容看，商务谈判、公共关系等已经成为管理沟通技能的重要组成内容。管理沟通作为一门独立的课程就是在这些内容基础上发展而来的。

现阶段，在西方 MBA 教程中，管理沟通作为管理者基本的管理技能，已经成为哈佛大学等一流大学的九门基本课程之一，我国

MBA 试点高校从 90 年代中期以来也开始开设这门课程，充分说明了管理沟通的现实意义。从现在研究成果和研究方法看，可以把管理沟通的研究分为两大主要学派。一大学派从行为科学理论来研究管理沟通问题，认为管理沟通来自于行为科学理论，管理沟通所研究的对象是一个组织或有机体如何根据听众的特点在复杂的沟通方式和类型中选择相应的沟通策略，并实现沟通。另一学派则强调有效的沟通技能和行为，认为有效的管理沟通要求掌握笔头沟通和口头沟通技巧，要求沟通者有机地把清晰的思考和清晰的沟通结合起来，在沟通语言中要强调逻辑、依据、说服力和内在想像力。这两个学派中，前者强调沟通的思想和理论，而后者强调沟通的技能和技巧。

本书认为，有效管理者要提高管理沟通的技能，首先必须转变自身的管理理念，因为只有在理念变化的背景下，管理者才可能在自身的工作和实践中提升自身的管理沟通技能，因此，本书把上述两个学派的基本理论和方法结合起来，既分析管理沟通的理念、行为和策略，又分析管理沟通的基本技能和方法。

1.1.2 管理沟通的概念和过程

沟通，就是我们通常所说的信息交流，这在管理工作的各个方面都已得到广泛的应用。沟通可以是通信工具之间的信息交流——这是通信科学技术所研究的问题，例如通信卫星、电视、传真、电话、电子邮件等；也可以是人与机器之间的信息交流——这是工程心理学所研究的课题；沟通还可以表现为组织和组织之间、人和人之间的信息交流——这既是社会心理学、行为科学和管理心理学的研究课题，也是现代管理学研究的内容之一。

由于沟通过程中对象的不同，沟通有机-机沟通、人-机沟通和人-人沟通三种类型，这三种类型客观上都是沟通双方发送和接受信息的过程，只是由于沟通参与者的类型不同而会出现不同的特点。我们把某一信息（或意思）传递给客体或对象，以期取得客体作出相应反应效果的整个过程称为沟通。沟通，又称沟通联络或信息交流。在这三种类型中，我们把人-人沟通称为管理沟通。由于管理沟通的双方都是人，因此，与另外两种类型相比，管理沟通要复杂得多。

管理沟通作为特殊的沟通类型，其概念中包含了三个方面的含义。首先，管理沟通是沟通双方的行为，而且还要有中介体。这一点对机-机沟通、人-机沟通和人-人沟通都具有相似性。其次，管理沟通作为特殊的沟通类型，与其他类型的沟通相比，具有以下特点：(1) 沟通以语言或文字的方式实现；(2) 沟通内容包括信息沟通和情感、思想、观点与态度的交流；(3) 沟通过程中心理因素发挥重要作用，信息发出者和接受者之间要考虑对方的动机和目的，而结果会改变人的行为；(4) 沟通中会出现特殊的沟通障碍，这些障碍一方面来自信息的失真，另一方面来自特有的心理障碍（如偏见和爱好，背景与经历，政治与意识等）。其三，沟通是一个过程（如图 1.1）。

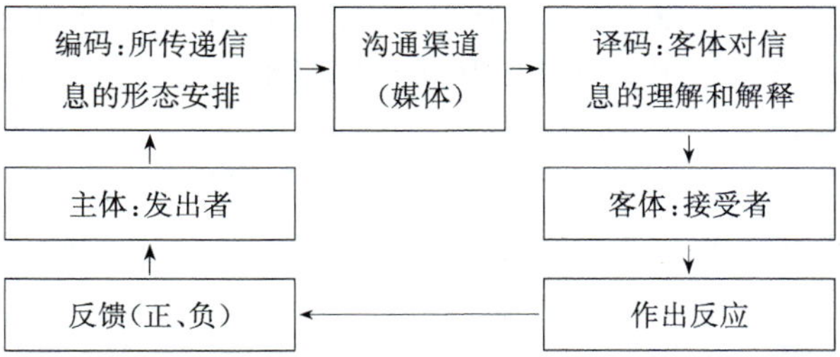

图 1.1　管理沟通的过程

在这个管理沟通过程中，编码、译码、沟通渠道是沟通过程取得成功的关键环节，它始于主体发出信息，终于得到反馈。由于沟通过程中光有绝妙的信息是不够的，只有当信息招致听众作出你期望的反应时，才算成功。因此，听众的反应是最为关键的，这也是管理沟通和其他类型沟通的本质区别。

1.2　管理沟通的要素

【讨论题】　结合本章案例 1，为有效地实现案例企业中的工资改革，沟通是必要的途径。针对该案例试分析：实现成功的管理沟通，要分析哪些因素的影响？其中关键的因素有哪些？

结合前面提出的管理沟通过程，有效的管理沟通应考虑七个方面的基本要素：听众、信息源、信息、目标、环境、媒介和反馈。

- ✚ 信息源　分析是谁发起这个沟通的行为?
- ✚ 听众　分析听众的态度——积极听众、中性听众还是消极听众；关键听众还是非关键听众；直接听众还是间接听众；潜在听众还是显在听众。
- ✚ 沟通目标　分析整个沟通过程所要解决的最终问题。
- ✚ 环境　分析沟通的内部环境（包括文化、历史和竞争状况等)、外部环境（如潜在顾客、代理机构状况、当地的或国家的有关媒体等)。
- ✚ 信息　分析有多少信息要沟通，会产生什么怀疑？谁是信息的受益者？如何组织信息才具有最好的说服力?
- ✚ 媒体　口头、笔头、电话、电子邮件、会议、传真、录像和记者招待会。
- ✚ 反馈　沟通是一个过程，而不是一个单向的行为或一个简单的目标。由于不同的听众对沟通的信息，有的是支持的，有的是漠不关心的，有的是反对的，因此在沟通过程中要尽可能地考虑可能出现的各种结果，并给予反馈。

图 1.2　有效管理沟通考虑的七要素

根据管理沟通的要素分析，给出图 1.3 的有效管理沟通的初步检核表。

- ✚ 你是否已经掌握并组织好沟通过程中所有相关的信息?
- ✚ 你是否了解或掌握好了有关个体和组织的背景资料和环境状况?
- ✚ 你是否明确要实现和能实现的目标?
- ✚ 你是否清楚听众的需要?
- ✚ 你是否清晰、生动和有说服力地表达你的观点?
- ✚ 你是否选择了正确的沟通渠道?

图 1.3　有效管理沟通的检核表

1.3　管理沟通的作用

早在 1916 年，法约尔就把管理的核心功能定义为计划、组织、协调、指挥和控制五个方面。后来的经验主义研究者认为这种分类方法过于僵化，在 20 世纪 70 年代，明茨伯格提出了管理者的十个方面作用，认为管理者的工作内容包括头领、领导者、联合者、监督者、扩散者、传播者、企业家、矛盾处理者、资源协调者、谈判者等。现在，有人把这十个方面功能综合为愿景设计者、激励者和推动者三个方面的角色。明茨伯格还认为，有效的沟通，无论是为处理危机、或为服务于长期计划，都必须以听众的激励作为成功的开端。明茨伯格论述的角色分类揭示出了管理沟通的重要作用。管理者作为愿景设计者，必须要把自己设定的愿景转化为下属共同的愿景，这就要求以高超的沟通技巧作为前提；而管理者的愿景要能够对员工产生激励，其必要条件是员工的目标能够与管理者的愿景兼容，让愿景产生内在激励效应，这就进一步强化了沟通在管理中的功能。通过管理者大量的沟通活动，促使下属员工朝设定的愿景奋斗，推动组织工作绩效的提高。因此，管理者要完成愿景设计者、激励者和推动者三个方面角色，有效的沟通技能就成为必要条件。

另外，从实际管理工作来看，管理沟通的重要作用可以从个人和组织两个方面来考察。首先，从个人角度看，有效沟通的能力往往是决定某一个人能否得到提升的一个最关键的性格特征（Brownell，1986；1990）。沟通能力是一个内涵非常丰富的概念，它包括一系列广泛的活动技能：从写到说、到体态语言。尽管每项活动的能力都很重要，但对大多数管理者来说，面对面、一对一的沟通在成功管理中起着决定性的作用。有研究在总结了一系列调查结果后认为，管理者的第一大问题可以被归纳为一个词——沟通。一个管理者在清醒的时候，至少80％的时间在进行语言沟通。这也是为什么现在世界各地的商学院开设商业沟通课程，为学员提供沟通锻炼场所的原因所在。尽管如此，大多数管理者还是始终感到无效沟通是他们的最大问题。其次，从组织角度看，卡梅隆（Cameron）（1988）在对一个正在进行大规模调整的大型制造企业进行调研时，问了这样两个关键问题：⑴在组织调整实施过程中遇到的最大问题是什么？⑵你过去进行组织调整的成功经验中，最关键的因素是什么？结果，得到的答案是——沟通。被访问人员中，所有的人都赞同多沟通总是优于少沟通，并认为与员工过多的沟通也还是利大于弊。因此，管理沟通技能的学习既是个体自我提升的重要途径，同时也是组织效率和绩效提升的有效途径。

具体而言，管理沟通的作用突出表现在以下三个方面。

管理沟通的作用首先表现在高层管理者的核心任务上。在管理活动中，沟通无处不在。没有人与人之间的沟通就不可能实行领导。事实上，企业高级经理每天所做的大部分决策事务都是围绕沟通这一核心问题展开的，与上司、下属、社会公众的交流成为高层管理者的最大任务。

其次，管理沟通的作用还表现在对变革的支持。管理的根本目的在于变革，而变革过程必然会遇到各种阻力和障碍，管理沟通的目的就在于消除这些障碍，实现变革。管理变革和愿景设计是两个紧密相关的概念，所设计愿景的实现就是一个管理变革的过程，变革过程必然会出现这样那样的矛盾和阻碍，管理者就应该运用沟通的方式消除这些障碍，或消除阻碍力量，或中立阻碍力量，甚至把不利因素转化为有利因素。

其三，管理沟通既指组织信息的正式传递，又包括人员、群体间的情感互访。沟通是技术性的，但比技术更有意义的是因此而建立起来的那种关系：相互了解、相互尊重，使人能彼此坦率地讨论个人情感和个人问题的信心和信任。如通用公司负责亚太地区市场的副总裁杨雪兰女士认为，决定一个人成功的三个关键要素是该个体的能力、个性和舒心（3C's：Capability，Character，Comfort），认为交流和沟通，无论从商还是从政，最终归结于人与人之间的关系，相互之间感觉舒心是最好的状态。你不要指望别人或埋怨自己，而要从自身找原因。

管理沟通的重要内涵包括创造性地解决好人际关系问题，但管理沟通又是一个远比个人人际关系具有挑战性的技能。著名管理学家德鲁克（Peter Drucker）提出管理沟通的四个基本原则，即要解决以下四个问题：（1）受众能感知到沟通的信息内涵；（2）沟通是一种受众期望的满足。人们习惯于听取他们想听的，而对不熟悉的或威胁性的具有排斥情绪，因此，要有一个循序渐进的过程；（3）沟通能够激发听众的需要。管理者要分析受众花费时间来获取您的信息是否值得？如果我是受众，我自己是否愿意花费时间来获取这些信息；（4）所提供的信息必须是有价值的。沟通和信息是两个不同的、而且事实上往往是相反的概念，由于信息量非常大，受众没有必要获取所有的信息，因此沟通时所提供的信息应该是有价值的、重要的信息。

1.4 管理沟通的框架和策略

从管理沟通的过程看，一个完整的沟通过程离不开沟通主体、沟通客体、沟通信息、信息沟通渠道和媒介等基本沟通要素。在这样一个沟通过程中，沟通主体可以是人，也可以是机；沟通客体也既可以是人，又可以是机。如果沟通的主体是机，如在流水线生产方式下，由机器向生产工人发指令，生产工人按照指令去组织生产，人基本处于一种被动状态（当然，这里不考虑机器指令最终仍是由人设计这样一个前提），这样的沟通往往是单向的过程。同样，如果沟通的客体是机器，主体是人，那么，机器只要按照人的指令去实现操作程序。尽管人处于主动地位，但机器不能及时给人以反馈，沟通仍是一个单向的过程，机器的功能是被动地接受人所发出的信息。这两种类型的沟通——人-机沟通和机-人沟通——由于其单向性、无及时反馈性等特点，因而是一种机械的、被动的沟通。当沟通发生在人与人之间时，沟通的性质发生了质的变化，我们把管理行为过程中所发生的人与人之间的沟通称为管理沟通。在管理沟通中，由于沟通主体和沟通客体的复杂性、不确定性、差异性，使得管理沟通的整个过程要比人-机沟通、机-人沟通复杂得多。由前面的人-人沟通特点分析可知，由于沟通双方在生理、心理（包括情感、思想、观点和态度等）、社会背景、价值观、思维方式等方面的错综复杂，为实现成功的沟通，必须深入、细致、有针对性地分析沟通的主体和客体，然后才能选择沟通的信息内容和安排、沟通的渠道和方式。因此，成功的管理沟通要求沟通主体和客体（尤其是沟通主体）从战略角度来思考沟通的策略。

根据管理沟通的要素分析，管理者要实现有效的沟通，应该从管理沟通的七要素——听众、信息源、信息、目标、环境、媒介和反馈等入手，系统全面地考虑管理沟通的策略。在这七要素中，信息源往往是沟通的主体，为此，信息策略将在主体策略讨论中作深入论述；沟通目标策略将结合客体策略作分析；信息反馈策略在建设性沟通策略中作深入分析，故这里简要地就客体策略、主体策略、信息策略、渠道选择策略和文化背景策略（见图 1.4）作一概述①。

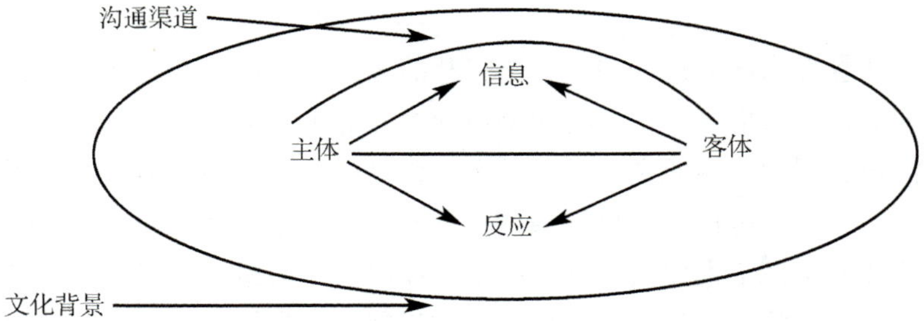

图 1.4 管理沟通的策略框架

1.4.1 沟通客体策略

成功管理沟通的本质是换位思考，因此，沟通者在每次沟通前，要分析以下四个基本问题：第一，受众是谁？第二，他们了解什么？第三，他们感觉如何？第四，如何激发他们？这四个问题，归结到一点，就是要明确受众需要什么，然后尽量给予他们。为此，沟通客体分析是成功的管理沟通的出发点。在实际管理工作过程中，沟通客体可以分为上级、平级和下级三类。在这三类沟通对象中，管理者普遍认为最难解决的是与上级以及与上级的上级的沟通。因此，本书第三章将对沟通客体作深入分析。

1.4.2 沟通主体策略

美国著名管理学家斯蒂芬·罗宾斯（Stephen P. Robbins）和玛里·孔特（Mary Counter）认为管理中的沟通障碍主要来自五个方面：信息过滤、选择性感觉（主要由于接受者的愿望、动机、经验、背景和其他个人因素差异而产生）、语言、民族文化、非语言暗示等。为了克服这些障碍，沟通者就必须客观地认知自身的特征，界定自身

① 本部分内容主要参考［美］玛丽·蒙特著，钱小军，张洁译的“管理沟通指南——有效商务写作与交谈”（第四版）（清华大学出版社，1999 年 1 月）第一章内容，并作修改。

的沟通地位，运用建设性沟通的策略，选择恰当的渠道，采取积极倾听策略和自我控制策略，取得有效的沟通效果。总体说来，沟通主体策略分析就是要研究沟通者如何明确沟通的目标，并在该目标的引导下，结合自身的身份地位、良好意愿、专业知识、外表形象和价值取向，选择相应的沟通策略。

在沟通主体分析过程中，关键要明确三个问题：第一，我是谁？第二，我在什么地方？第三，我能给受众什么？要明确这三个问题，沟通主体应注意识别并提升自身的可信度，通过持续的自我沟通过程，不断提高主体的沟通意识和沟通技能。沟通主体策略将在本书第四章作具体论述。

1.4.3　信息策略

构筑信息策略是沟通策略的第三个重要环节，成功的沟通者在每次信息沟通发生之前，首先要思考如何完善沟通信息的组织结构。因此，信息策略的制定，关键在于解决好怎样强调信息、如何组织信息两个问题。

1. 怎样强调信息

根据记忆曲线的研究，信息的开头和结尾部分最易为受众记住，因此，在信息的组织上，要坚持以下几个方面的原则：

✚ 千万不要将沟通的重要内容“埋葬”在中央地带；
✚ 要充分考虑那些吸引受众注意力的因素来保持受众自始至终对沟通内容的兴趣；
✚ 开场白和介绍部分至关重要；
✚ 应将沟通的重点放在显著位置上，或开头，或结尾，或两者兼有。

如果在开头就阐述重点，称为直接切入主题；在结尾说明重点，称为间接靠入主题。

采用直接切入主题的策略，沟通者先将最后的结论放在开头。比如，“公司决定下月开始采取以下措施：（1）…，（2）…，（3）…。其原因在于：（1）…，（2）…，（3）…”这种策略的优点在于：

✚ 增进对全部信息的掌握。受众能一开始就了解结论，有助于人们吸收与理解全文内容；

✚ 以受众为导向。直接切入主题强调了分析的结果或最终的做法，使得整个沟通面向受众，而不是以沟通者自我为中心；

✚ 有利于节省时间。

由于直接切入主题的结构能更快、更容易地被接受，故在商务场合中应尽可能多地采用。一般来说，它适合于90%左右的场合，尤其是在以下场合，更应该采用这种策略：对于无感情倾向的不敏感信息的处理；对于受众具有正面倾向的敏感内容的处理；对于受众更为关注结论时对敏感信息的处理；沟通者可信度特别高时对敏感信息的处理。

间接靠入主题的策略，指在记忆曲线末端才列出结论，包括先列举各类论证后以结论或总结收尾。比如“由于以下原因：（1）…，（2）…，（3）…，公司决定下月开始采取以下措施：（1）…，（2）…，（3）…。”这种策略在以下状态下可以采用：信息中含有敏感内容（含主观情感成分）；这种内容对受众有负面影响；受众很注重分析过程；沟通者的可信度较低。这种策略的优点在于：

✚ 循序渐进，以理服人；

✚ 缓和因观点不同可能引起的冲突；

✚ 以逐步转变受众的态度，步步推进，达到“推销”自己观点和主张的目的。

2. 如何组织信息

沟通者在每次沟通之前，可能会遇到很多素材或信息，这些素材和信息中有好的、坏的；完整的、零碎的；论据性的、结论性的；……如何组织好这些信息是沟通者沟通策略制定的关键组成部分。只有当沟通者强调并组织一个清晰的概念传达给受众时，才能实现有效的沟通。这个清晰概念的组织应包括确定目标、明确观点、安排主体内容和结构等三个方面。

（1）目标确定

每位沟通者在沟通之前必须要有一个明确的目标，正如在许多管理现状中，管理者的管理行为中总预先设定一个目标一样。沟通目标可能是规定某一个问题、使你的建议被采纳或赢得下属（同事或领导）的尊重。尽管这些目标多种多样，但根据沟通者策略的不同，目标各有区别。对于指导性策略，沟通者的目标是要求受众接受沟通者的观点，或产生所期望的行为或结果。对于咨询性策略，沟通者的目标则可能是为了获取某种信息、得到某个结论、或者是得到对方的支持。

对于指导性沟通下的目标设定较为简单，因为这种沟通的确定性较大，但对于后一种沟通，事先对结果、甚至对过程都没有很大的确定性，尽管总体目标是确定的——为了找到某一问题的对策，或者是征询意见，但在具体的行动目标和沟通目标上，往往要随着沟通过程的进行作适当的调整。

对于咨询性沟通下的目标确定，要考虑以下三个方面的问题：

首先，要注意灵活原则。对于行动目标和沟通目标的设定要兼顾刚性和弹性。如果预先设定的目标刚性过大，就会出现“自我中心主义”的现象，阻碍你去获得自己所需要的信息，阻碍你去展望更为广阔的未来，从而出现概念壁垒。为此，在沟通前要分析各种可能出现的结果，要尽可能地了解各种背景材料。有一个比方，沟通者既应扮演刺猬的角色，又要会扮演狐狸的角色。刺猬能很好地领悟某一件事，而狐狸则能够详细地知道很多事。美国人有个幽默，说里根是一只刺猬，而克林顿是一只狐狸。一个好的沟通者应该知道何时扮演刺猬，何时扮演狐狸。扮演刺猬就是坚持目标中的刚性；而扮演狐狸就是坚持沟通中的弹性。

其次，要明确主导目标。主导目标属于刚性的目标。当你面临复杂的管理环境时，你应该列举出你所希望实现的全部目标。然后，你扮演刺猬的角色，界定其中一二个你的议程中最重要的目标，接着，扮演狐狸的角色，考虑对方的目标以及他们可能的反应。通过对对方目标的分析和整理，就应该在主导目标的规范下，考虑如何把对方的目标进行整合，确定最终的行动目标和沟通目标。这个整合过程，应考虑以下几点：

✚ 哪个目标是最紧迫的？

✚ 哪些目标是兼容的、相互统一的？

✚ 哪些目标是与你的刚性目标紧密相关，是你必须负责解决的？

✚ 哪些目标是你可以授权由他人解决，而不需要在当次沟通中就解决的？

其三，要界定好总体目标、战略、策略和任务之间的关系。总体目标是你沟通的中心思想，必须要达到的结果。沟通者不能把这个目标与战略、策略和任务混淆起来，图 1.4 是沟通目标、战略与策略、任务之间的关系例证。

> 如果你是市场营销部门经理，你与市场部门的下属员工进行沟通，你可以这样来厘清目标、战略、策略和任务之间的关系：
>
> 目标：提高产品的销售量。这是你真正的现实沟通目标。
>
> 战略：要下属意识到这次沟通的战略意图是为实现更高的持续性发展前景。
>
> 策略：获取部门发展的新出路。大家可以讨论如何提高广告预算、如何获得更大的公司支持等问题。
>
> 任务：向高层领导提出预算建议。通过沟通，让下属考虑雇佣更多的销售代表去开发有潜力的出路；在公司计划会议上提交建议；开发广告和公关计划。任务是总体沟通目标规范下的一系列辅助目标和具体沟通目标。

图 1.4　例子：目标、战略、策略和任务的关系

（2）观点明确

阿基米德说过："给我一根杠杆、一个支点，我可以撬动整个地球"。信息策略中的观点就是你的支点。成功的沟通，要确定成功观点的目标。这个目标的基本出发点，就是使沟通双方达成共同的愿景。沟通中最困难的问题是说服你的反对方最后赞成你的观点。如果目标是使沟通双方都能从沟通中达成共同的愿景，那么，观点就是打开达到这个目标大门的钥匙。

沟通者在观点的明确上，要注意以下几个提出观点的基本要求：（1）明确自己的立场，并分析反对方的立场；（2）就评价一种状态提出发现和建议所蕴涵的愿景；（3）提供可靠的信息；（4）提供不同的（常常是冲突的）价值观和利益；（5）其他观察者和参与者的意见；（6）要着眼于事实、价值、意见，不能采取中性的态度。

上述几点要求的落脚点在于把你的观点融入到行动中去。现实情况是：一个观点的提出，必将影响他人的利益。所以，在方案的选择时，要考虑自己的主张付诸实施会产生什么样的反馈，然后，根据对可能出现的反馈意见作分析，调整自己的观点。

【例子】　机械行业某企业的生产部门主管和技改部门主管在一

次公司例会上，就技术改造的投入策略展开争论：生产部门经理A认为，公司现在的当务之急是降低成本，不要在效益不好的情况下，还加大技术改造的力度，他认为那样做是“找死”；而技术改造部门经理B认为，如果现在再不加大技改投入力度，将会阻碍资本扩张、延迟新技术的采用，这无疑是在“等死”。

针对上述两个人的观点，如果A经理要说服B经理，就应强调降低成本比延迟新技术的采用更重要，而不是以后也不搞技改；而B经理应通过阐述新技术的采用从长远看是有利于成本下降的，并不与A经理的观点相矛盾。由此，双方在沟通中，有可能在行动目标上先得到统一，最终在总体目标上达到一致。

（3）内容和结构的组织

沟通内容确定的两个基本原则：一是用一个简单的句子概括你的沟通目标，让他人能理解并能与你沟通。二是“沟通不是我们说了什么，而是受众理解了什么”。前一原则在目标分析、信息的强调中已有论及；而第二个原则，就要求沟通者根据不同对象修正沟通的信息表达方式和内容的结构安排。

根据不同对象来选择信息表达方式，指导思想是针对不同的受众，明确他们所需要的最重要的信息是什么。图1.5为根据不同对象的信息内容安排。

假设我将在一个较忙的时候去休假，在休假前，我要向领导请示，并要向同事和下属交代一些事情。那么，在不同对象面前，你可能会以以下不同的方式沟通：

对领导：我已经向同事们安排好了工作，而且在休假后我可以投入更多的时间和精力以保持工作的最好状态。

对同事：为了这个假期，工作计划和日程我已经重新安排好了；我会感谢你们的关照的。

对下属：我个人经过反复考虑后，认为在这个时候休假是一个较合适的时间段，而且其他人也给予了相似的看法。希望你们按计划组织开展好工作。

图1.5 不同对象的信息内容安排

在信息结构的安排上，要分析内容、论证和结构的组合和统一。

首先，从信息的论证分析。在确定你的中心信息时，为实现沟通过程的一致性，应在听众分析的基础上，首先获取直接受众的支持，其次是平衡次要受众的利益，设法获取反对者的承认或中立，并解释为什么你的建议比其他方案更具可行性。在此基础上，为了让所有受众能够接受你的观点，在论证过程中就要有效地使用逻辑和依据。

逻辑有两种思维：演绎和归纳。其中演绎是从一般到特殊的过程；而归纳是从特殊到一般的过程。

演绎包括一个大前提（如我们需要一个安全的工作环境），一个小前提（我的建议可以使我们的工作场所变安全），得出的结论（因此，应该采纳我的建议）。在使用演绎逻辑之前，要对大前提、小前提的正确性进行评判。

归纳方式也要分析归纳的依据，即归纳的前提是否正确。它同样需要分析基本结构：大前提、小前提和结论。如大前提——我们都已经分析了全部现有的资料；小前提（原因）——基于我们对这些资料的分析，表明了以下几个方面的发展趋势和原则；结论——我们必须马上采取以下行动，解决面临的问题。

在采用逻辑论证方式时，要记住下面三个原则：

- 以合作者的态度与听众沟通，把听众看作能帮助你选择所论证的标准。在三段论中，当听众对前提很明白时，就不要过于强调；但不要把你的前提强加于人，想当然地认为代表大家的心愿；
- 在展开论证时，要强调对听众来说最重要的那部分内容。
- 一旦你已经勾画出了论证，考虑如何表述能让你的听众能更好地接受。通常以结论开头，开门见山，能直接给听众以兴趣。

其次，要提出具有说服力的论据。一般来说，论据包括：（1）事实和数据；（2）共同的知识；（3）大家普遍认同的例子；（4）权威观点。以这些依据作为论证的大前提和小前提，才可能推理出为大家接受的结论。

其三，信息结构的合理安排。尽管运用逻辑和依据，可以使你的沟通更有说服力。但如果沟通者不能把这些依据和论证在整个沟通内容中进行合理组织，同样会给人一种信息堆砌的感觉，没有最好的说服力。根据经验，你还得考虑以下几个方面的问题，以有效地设计你的信息：

- 从一开始就理清你的目标和观点，不管听众接受与否，他们能理解你的论述；

- 通过勾画不同的冲突观点，引用合理的反对建议，表明你已经明白决策制定的背景；
- 表明为什么你的解决方式是最佳的；
- 对合理的备选方案表明你的认知和客观分析；
- 通过勾画下一步计划，向听众强调采纳你的建议是有长期利益的。

信息结构安排中，一种被大家普遍认为比较有效的结构形式是“行动导向的结构”，即根据沟通对象的地位、身份、心理等特点，从便于对方采取行动或便于理解的角度组织信息。这种结构有利于行动者的具体操作，使得他们能更为直接地、直观地根据沟通的信息组织自己的工作。现以一个例子供大家讨论，提出修改建议。本章附录提供了参考建议。

【例子】 现公司要你负责对总经理办公室管理人员的作用进行评价。于是你访问了总经理、公司职能部门及办公室人员。在起草你的报告时，你列出这样一个大纲：

第一部分：总体提出这份报告的目的；

第二部分：总经理对办公室管理人员的作用评述；

第三部分：各职能部门负责人对办公室人员作用的评价；

第四部分：办公室人员自己对作用的评述；

第五部分：结论和建议。

现在转换角度，假设你是总经理，看到了这份报告后，作何评价？如不满意，又如何修改？

1.4.4 渠道策略

沟通渠道的选择是指对传播信息的媒体选择。过去，这一策略的选择基本上局限于两种渠道：口头和笔头。现在，还包括传真、电子邮件、语音信箱、电子会议、电话、电话会议、电子公告版、新闻小组等。这些新的渠道改变了我们对于沟通渠道的传统认识。因此，当分析沟通渠道策略时，除了考虑口头和书面策略外，还应考虑现代技术发展背景下的新型沟通渠道的开发和利用。下面先简单地讨论不同渠道与选择的影响因素。沟通渠道主要包括：

- 书面沟通或口头沟通渠道。书面沟通一般发生在沟通信息需要记录和保存；处理大量细节问题；采用精确的用词或让受众更迅速地接受信息时采用。而口头沟通一般发生在需要更为丰富的表达效果；在严格与持久性方面的要求较少、无须永久记录时采用。
- 正式或非正式沟通渠道。正式渠道一般适用于法律问题的谈判或关键要点和事实的表达，它具有精确、内敛、技术性与逻辑性强、内容集中、有条理、信息量大、概括性强、果断、着重于行动、重点突出、力度大等特点。非正式沟通渠道适用于获取新的观念和新的知识的场合，它具有迅速、交互性强、反馈直接、有创造力、开放、直接、流动性强、较灵活等特点。它包括电子邮件、通知、个人之间的口头交流（面对面交流、语音信箱）等。
- 个体或群体沟通渠道。个体渠道适用于个人关系的构造，获知他人的反应，获取属于隐私或机密的信息。具体形式如当面交流、电话沟通、传真和电子邮件等。群体沟通则适用于团体形象和关系的构建，取得团队反应，防止排除某人并确保团体中的每个成员都同时接收了你的信息，如各种会议形式。

1.4.5 文化策略

每一个沟通策略的制定都要受到国家、地区、行业、组织、性别、人种、工作团体之间不同的文化内涵的影响。上面讨论过的沟通者策略、受众策略、信息策略和渠道策略，无一例外地要受到文化因素的影响。

首先，从沟通者策略看，由于文化的不同，就可能影响到沟通者的沟通目标、沟通形式和沟通者的可信度。具体地：

- 在沟通目标的确定上，由于不同文化对时间的态度不同，在懒散、松懈、传统观念强的文化中的目标设定与准时、精确、未来观念强的文化中的目标设定就可能完全不一样。
- 在沟通形式上，团队观念强的组织中，沟通者往往倾向于咨询性沟通策略，而在个人观念强的组织中，可能更倾向于指导性的沟通策略；独裁者喜欢指导性策略，而民主观念强的人喜欢以咨询性策略进行沟通。

✚ 在可信度方面，在注重人际关系的文化中良好意愿的可信度倍受重视，在尊崇事实和以任务为重的文化中专家可信度的地位很高。同样，在某些文化中，更倾向于注重地位、头衔和权威力量。

其次，从受众策略看，文化因素会影响受众策略的选择。根据文化取向中对地位、权威和组织形象的不同期望，可能对主要受众的选择有所不同。同样，不同的文化也会决定不同激励方式的有效性。比如有些文化强调物质财富与“关系”，而另一些则注重工作关系、挑战性因素和个人地位；文化中团队关系和团队形象的相对重要性决定了个人关系和可信度的变化。

其三，从信息策略看，文化差异导致对不同信息结构的选择。例如，喜好节奏缓慢、仪式性强的谈判方式的文化大多倾向于间接靠入主题的结构；偏向节奏快、高效率否定方式的文化则倾向于开门见山。

其四，从渠道策略看，文化也可以影响沟通渠道的选择。例如注重个人信义的文化选择口头沟通和协议；而注重事实和效率的文化则倾向于书面的沟通和协议。

另外，文化的不同，还会影响沟通风格、沟通语言、非文字信息（包括身体语言、声调、语速、实物和空间等）的选择。

关于沟通的文化问题，本书第五章和第六章中作进一步论述。

1.5 本章案例

案例1 EC公司工资改革方案的出台①

EC公司作为通信制造业中最大的国有企业，从20世纪90年代初开始取得了长足的发展，生产规模从80年代末期的年产值5000万元发展到1998年的年销售收入59亿元，公司业绩有目共睹。但随着

① 本案例由浙江大学管理学院1997级MBA学员林晓旺以“管理沟通作业案例”方式提供，编著者作适当修改，题目为编著者所加。

中国经济和通信产业的高速稳定发展和市场竞争的日趋激烈，国外跨国集团长驱直入，国内同行快速成长，企业发展承受着巨大的压力。同时，由于公司效益连年增长，职工收入也逐年提高，在职工身上体现了“小富即安”的思想，并出现了不求上进的懒散习气，而且公司内部仍然执行原有工资体系，年轻职工的工资水平明显比老职工工资水平低，与华为、中兴通信等同行企业的工资水平差距更为悬殊，年轻职工的积极性受到极大的压制，导致了公司技术开发骨干和市场销售骨干大量流失。而在通信技术一泻千里的激烈市场竞争中，年轻人在公司中的重要性已越来越突出。

为了调整公司不合理的工资结构体系，缩短同行业工资差距，激发员工工作积极性，公司决定在1998年实现大幅度的工资改革，其基本思路是：(1) 实行岗位工资制和工资总额制，根据各单位经营业绩，确定各单位的工资总额，各部门的工资发放以工资总额为限；(2) 对公司现有岗位职责重新进行定义，根据重要程度进行排序，确定工资级别，并对富余人员进行下岗培训。

由于工资结构的调整将使效益较好的单位和年轻人获得较大的利益，而老职工的相对工资水平将大大降低，在公司开始讨论工资改革初步方案的时候，效益差的单位和老职工产生了明显的抵触情绪，包括部分担任职务时间较长的中层干部。许多老职工甚至扬言要到上级主管部门告状。工资改革在尚未开始时，就面临着重重阻力。

集团公司人事部主任余平作为工资改革具体实施部门的领导，正面临着来自公司内部的双重压力：首先是公司董事会已经通过了进行工资改革的决议，并且要在1998年底或1999年初完成工资改革，而当时距1998年底只有不到3个月时间；其次，在董事会通过工资改革的决议后，广大职工对改革方案十分关注，当改革初步方案开始酝酿时，公司内部传言四起，众说纷纭，特别是老职工的抵触情绪尤为严重。

同时，公司在外部同样承担着巨大的压力，华为、中兴通信等作为地处特区的著名通信企业，利用地域优势、体制优势和高工资吸引EC公司年轻的技术骨干。早在1996年华为公司就把EC公司在上海进行移动通信交换机开发的10余名年轻技术骨干全部挖走，直接导致了公司移动通信交换机项目的流产。而在本次董事会召开期间，华为公司又在世界贸易中心召开人才招聘会，矛头又一次直接指向 EC 公司的年轻骨干，使全体董事大受震动，进行工资改革的决心更加坚定和迫切。同时，有更多的跨国集团在国内的分公司、办事处和合资企业对国有企业的优秀人才虎视眈眈，用各种方法和手段吸引国有企业的年轻人。

鉴于工资改革从开始酝酿就在公司引起巨大反应，余平对前期工作进行了认真的总结和反思：首先，工资改革方案刚开始酝酿，公司内部对工资改革方案的意见和看法就四处流行，许多职工纷纷打电话询问或质问余平，有些说法甚至与工资改革方案基本一致。余平感到工资改革方案的酝酿过程中保密工作存在问题，许多尚未成熟的工资改革方案通过非正式渠道在公司内传播，以讹传讹后各种说法都有。其次，现行工资体系在延续了几十年的前提下，要求在几个月内有较大幅度的改变，时间紧迫、准备仓促、大家在思想上很难马上接受，尤其是时间接近年末，许多老职工面临不利的工资调整，更有少数职工要面临下岗的严峻局面，与春节合家欢聚、吉祥喜气的气氛将形成强烈的反差。第三是没有很好地与职工进行沟通，原有思想观念根深蒂固，认为工资改革是皆大欢喜的人人加工资。

针对以上问题，余平决定从五个方面着手开展工资改革。第一，向公司总经理办公会议提交报告，要求将工改最后期限延迟到 1999 年二季度结束。如果仓促进行工改，容易产生强烈的抵触情绪，这会妨碍公司年底的冲刺，影响全年生产经营目标的完成。第二，在公司内部的报刊、广播、计算机网络等媒介上以较大的篇幅刊登华为、中兴通信等国内企业结构体系介绍，请各地的企业管理专家、教授作专题评论。在计算机网络专门开辟 BBS 让职工进行讨论，并且通过党支部、工会等在职工中进行广泛的思想教育和舆论宣传。第三，定期或不定期地召开职工座谈会，充分了解员工的想法。第四，向总经理办公会议提议，由于公司技术开发中心均为年轻职工，建议在技术中心首先进行工资改革试点，也有利于突出对年轻人的重视，让技术开发人员首先从中受益。第五，强调工资改革小组的纪律性，精简小组成员。在工资改革方案提交公司总经理办公会议讨论之前，不许对外透露任何消息，否则后果自负。

公司总经理办公会议在接到余平提交的报告后，经过充分的讨论研究，基本同意余平的建议。1998 年 11 月在 EC 公司技术中心实行了工资改革试点，开发人员的工资有了实质性的提高，开发热情日益高涨，开发进度大大加快。人事部根据试点情况，对部分实施办法进行了补充、修正。同时，经过大量舆论宣传和相互沟通，广大老职工基本接受了工资改革方案，对效益差的部门实行一定的优惠和扶持政策，在根据其经营业绩确定工资总额后，做到减人不减额度，使效益差的部门对管理体制、人员结构进行了大幅度调整，拉大工资差距档次，经过 6 个月的辛勤劳动，公司的工资改革得到顺利实施。

问题：

1. 人事部主任为了保证工资改革的顺利实施，要解决好沟通问题，从该案例看，他应如何考虑沟通的对象，以及针对不同对象的沟通信息策略和内容等问题？
2. 人事部主任为实施工资改革方案，具体的沟通目的是什么？案例中所述的五点建议，能否保证沟通的顺利实现？
3. 在工资改革方案酝酿过程中出现各种不同的意见和说法，这些非正式信息产生的原因是什么，应如何看待这些信息对工资改革方案出台的影响？余平认为应加强工资改革方案出台前的保密工作，你对此如何看？
4. 公司在全面推行新的工资改革方案之前，选择公司技术开发中心作为试点部门。该部门试点的成功是否一定能说明在整个公司推行工资改革方案的成功？你对余平实行的沟通过程作何评价？

案例 2　公司来了“洋经理”

为进一步扩张产品市场份额，在强手如林的竞争中保持优势，1999 年 DX 公司高层作出重要决定：以百万年薪聘请华裔美国人出任 A 事业部总经理，全面负责该事业部的生产、销售和经营管理工作。

“洋经理”到任伊始，震荡也由此开始了。这天一上班，A 事业部写字楼的走廊里挤满了人，原来“洋经理”发布了第一号总经理报告。“洋经理”在报告中说：“过去 A 事业部的管理方式大都只限于发布规章制度，在管理监督方式和管理监督的运作方面，以及在管理监督的精神投入方面缺乏充分认识与执行上的紧密度。对于每位同仁来说，对规章制度不仅要遵照执行，更要促使自己养成习惯。”“洋经理”认为：遵守团体规章制度是个人素质的体现，代表着自身的质量，在美国华尔街先进公司的文化中，男性的修养程度与女性的气质才干，在遵守规章制度上能体现出60%以上。

针对该事业部的现状，“洋经理”特别提出七项规定：

1. 任何人接听电话时必须首先报出自己的部门名称和个人姓名，表示对接听此电话的负责态度。
2. 接听电话时，若对方所要寻找的人员不在，应当征询是否要代为转告，并记下对方所要求的转告内容。一旦当事人回到公司应立即与其联系。
3. 接听电话时态度必须和蔼、谦虚，尤其是当对方口气生硬或感受不合理时，更是必须要耐心、谦虚和礼貌。
4. 个人使用电话时应简洁、明了，私人电话原则不超过3分钟。
5. 上午8:30至下午5:00，一律不许阅读与工作无关的报刊杂志，尤其不许处理私人事务。如有其他非公司盈利行为，各部门直接主管和当事人一并受处。
6. 所有人员必须携挂铭牌。上班着装必须规范。男性须着白衬衣、打领带，女性不得穿无袖装上班。
7. 所有规定，由管理部监督执行，执行不力，则管理部负责人连同管理部人员一律连同受处，以示负责。

围观的员工议论纷纷，莫终一是，更有“好心人”私下热情指点“洋经理”。“洋经理”却说，不要告诉我以前怎么做，也不要告诉我能不能做到，希望大家告诉我有没有更好的办法来做，如果没有，那就请先执行。

一些员工开始嘀咕，这“洋经理”也不过如此，尽抓些鸡毛蒜皮的事，还说是职业经理人，看来也不过如此。

可是后来发生的两件事，使不少员工对“洋经理”有了全面的了解，领教了“洋经理”的“厉害”。

第一件事：“让合适的人做合适的事”

原先该事业部销售人员只承担市场的销售目标任务，销售数量是考核销售人员的主要指标，销售人员只须把产品卖出去，货款能否收回，什么时候收回，则一概不管。日积月累，应收账款迅速膨胀，到

"洋经理"任职之时，已累计几千万元欠款。"洋经理"到任后，一方面立即着手进行销售模式改革，改变原先"一个月赊销期"的销售制度，坚决实行现款现货销售方式；另一方面加紧应收账款的清理工作。

由于人员的变动、信息上的断层、加上资料的流失，处理应收账款工作十分困难，给产品销售工作造成了许多困扰和障碍，也给财务运作方面造成了一系列不必要的问题和麻烦，由此延伸出来的负面效应，严重影响了销售部门的业务运作和利润创造，影响销售人员积极性，甚至还动摇了对目标的认同。针对这一些情况，"洋经理"对手机部经理层进行全面调整，并告示全体员工："各部门自即日起不允许有作官掌权的干部，只有直接负责的经理和主管。"在调整中，"洋经理"打破框框，重新组合，将原先无一官半职的市场人员，提升为负责全面竞争策略和谈判交涉负责人，将原先公司任命的负责事业部综合管理的一位干部派去负责应收账款回收。此举一出，反响强烈。特别是那个干部，更是感到面子下不来。因为当时在一般员工的眼里，应收账款回收工作虽然重要，但只是个敲边鼓的事，与市场销售相比，是一个费力不讨好的工作。那位干部找到"洋经理"表示不满，认为自己是公司任命的干部，与一般人不同，言辞激烈时甚至要辞职。

"洋经理"认为这位干部工作细致，肯钻研并且有部门综合管理经验，可以有效调度资源，是负责应收账款工作的最好人选，目前思想上不通只是因为不理解。经过双方多次沟通，那位干部终于想通并接受了工作。

事后，"洋经理"说，在我们事业部里没有公司任命与部门任命之分，我只让合适的人做最合适的事。

第二件事：神奇的商务谈判高手

"洋经理"经常告诫属下：我们做企业必须以利润为中心，面对合作伙伴（特别是国外的合作伙伴），一定要据理为争，千万不可妄自菲薄。一段时期以来 DX 公司与其合作伙伴的谈判曾一度非常艰难，有时在谈判的相持阶段，企业往往考虑政治因素大于经济因素。"洋经理"的加盟使企业有了一种全新的视角考虑问题，在 LINDE 材料采购谈判中，"洋经理"以其高超的谈判技巧和富有成效的谈判结果而广为人称道。

当时国内市场多是LINDE—1型产品，而高性能的LINDE-2型产品一经推出，立即引起市场的良好反应，迅速成为市场新宠，也为DX抢回不少市场份额。但就在此时，合作伙伴通知DX公司，该产品中某一关键材料价格将提高10%左右，一时间企业陷入被动。

过去碰到类似情况企业往往在对手抛出的提价幅度内进行谈判，陷入对手设定的范围内，最好的结果是不涨价或少涨价，而缺少实质性的突破。可这次谈判不同了，经过精心准备，“洋经理”完全不受对手影响，要求不仅不能涨价，而且还要将原材料价格往下降。谈判桌上摆出的理由是：一、国际原材料价格普遍下降，LINDE—2型产品作为国际化采购产品，逆大势而升，有违常理。二、产品成本计算不合规范，原来对手给DX公司的材料价并不是单纯的费用，而是采用倒推方法计算得来的，即按市场价计算，扣除DX公司利润、管理成本，剩余部分全为材料成本，这样在该产品供不应求之际，市场增值部分全部被单方面独享了，这显然是不能接受的。对此，“洋经理”提出了站在公正立场上的DX材料价格计算法，经过充分谈判，据理力争，合作方终于做出让步，同意在不涨价的情况下，将材料价下调10%。

对于对方作出的让步，DX内部不少人按捺不住，认为可以接受了，可“洋经理”却说不急，我们还要研究。这一研究就过去一个多月，期间对方多次以传真催促。终于有一天，对方拨通越洋电话告知：经过我方再次研究，同意将材料价再下降5%，并同时传来确认传真。看到这些，有些销售经理欣喜万分，纷纷催促“洋经理”，赶快复函确认，唯恐回复迟了，对方变卦。可“洋经理”依然不为所动，只吩咐人回函：情况知悉，我们还在研究，这一来又不再有回音。合作方急了，多次催问，没过多久还传来一封紧急传真告知，经过争取，我方提供的材料价将再下降5%，另外，不管你方接受与否，材料已经发货离岸了。面对这消息，DX人简直不相信自己的耳朵，大家都沉浸在胜利的喜悦之中，不少人由衷的赞叹：谈判不仅要摆道理，还要有心理较量，真是给大家上了生动的一课。“洋经理”也笑了，但他还幽默地说，“我们还掌握着可以说‘不’的权利，因为合作方也是非常急于开拓中国的市场。”据粗略统计，仅此一项，就为企业节约几千万美元。

这一年，在“洋经理”的率领下，该事业部完成总部下达目标的106％，较前一年同期增长36％；应收账款控制成效明显，销售方式上基本实现现款现货形式；与合作伙伴关系更为融洽，地位明显上升。

问题：试分析该案例中所发生的三件事（七项规定、“让合适的人作合适的事”、与合作方的谈判）中，“洋经理”所采取的沟通策略。

* * *

附录 “沟通信息策略的结构安排”讨论参考建议

1. 该结构存在的问题

在这份报告中，最大的问题，在于对某一问题的重复性讨论，不能强调你的观点；思路不清楚，表述混乱；读者不能把握报告的核心观点。由于报告是从其他部门的观点作为出发点，而不是从总经理办公室自身作为问题讨论的出发点，缺乏具体的可操作性。

该报告的问题之二是没有根据“换位思考”的要求，结合总经理的实际情况来安排结构。一般来说，总经理最关注的是问题分析的结果，由于时间等方面的原因，他不太可能对长篇大论作仔细阅读，在这种情况下，就应根据信息的重要程度考虑信息结构。

建议该报告按照办公室人员不同的作用进行概括。这样，办公室人员就可以围绕自己的职能，检查部门的工作，分析和解决工作中的问题。同时，突出重点和你的结论、建议。

2. 修改后的大纲

修改后的大纲（一）

（1）前言：报告的目的（揭示现对办公室人员作用分析的意义、存在问题、背景等）；

（2）作用一：总经理的参谋功能；

（3）作用二：不同职能部门之间的协调功能；

(4) 作用三：公司内有关活动的组织者；

(5) 作用四：职能部门和总经理之间沟通的桥梁；

(6) 结论和建议。

修改后的大纲（二）

(1) 结论和建议

(2) 报告的目的

(3) 本报告的调查分析和发现

(4) 原因分析

(5) 详细对策和建议

当然，这份报告还可以采用“先概括性地陈述最终的结论，再具体围绕主要作用揭示存在的问题，最后详细阐述你的建议”这样的结构思路。

第二章　建设性沟通

【本章提要】　本章在讨论建设性沟通的概念和特征基础上，提出了建设性沟通的本质——换位思考，并从信息组织原则、信息定位原则和尊重他人原则三个方面提出了建设性沟通的策略。信息组织原则强调信息的全面对称、简明清晰、注重礼节、具体生动；信息定位原则强调问题导向、自我显性；尊重他人原则强调描述性、认同性和双向性。有效的沟通者在沟通过程中要建设性地根据沟通对象和沟通问题的不同，组织好沟通的信息。而一个沟通的完成，更要强调在沟通过程中的建设性原则。学习建设性沟通原则，关键在于平时的工作中要有意识地注意自己的沟通技巧，比照学习和讨论的心得，不断提升自身沟通的技能。

2.1　建设性沟通的含义与特征

所谓建设性沟通，是指在不损害、甚至在改善和巩固人际关系的前提下，帮助管理者进行确切、诚实的人际沟通方式。建设性沟通具有以下三个方面的重要特征：一是实现了信息的准确传递；二是沟通双方的关系因为交流而得到巩固与加强，从而形成积极的人际关系；三是建设性沟通的目标不仅仅在于为他人所喜爱，或为了被社会承认，而是为了解决现实的问题。建设性沟通是强化积极性人际关系前提下的一种实用管理工具。比如，没有建设性沟通，就不可能为顾客提供完善的服务，不可能建设性地解决好顾客的抱怨与误解等问题。因此，管理者不仅要培养自身熟练的建设性沟通技巧，而且要帮助下属学习这种技巧。

有研究表明，良好的员工间关系以及管理者与员工间关系会产生最基本的竞争优势。例如，美国管理沟通研究专家汉森在预测 40 家大公司以后五年内的赢利能力时，发现良好的管理者与下属关系的权重是市场占有率、资本紧缺性、公司规模以及销售增长率等四个重要变量之和的三倍（1986）。因此，建设性沟通不仅仅是“做人的技巧”，而且是管理者与组织获取竞争优势的关键要素。

2.2　建设性沟通的本质：换位思考

【例子】　1998年5月的一天，某市《都市快报》报道：该市某用户在前一天下午，家里购置的某名牌彩电发生爆炸，使得该用户在物质上和心理上受到较大的损失。记者采访时，家庭主妇说：“当时我正在厨房间洗菜，彩电在客厅开着。突然听到‘砰’的一声响，过去一看，家里的彩电不知道怎么就炸了，……幸亏当时我正在厨房，否则说不定还会闹出人命来。”当日的报纸还刊登了彩电爆炸现场的照片，墙上也黑不溜秋的，彩电已经看不出原样。

这个事件发生后，引起了媒体和市民极大的关注，《都市快报》明确表示，将对该事件进行跟踪报道，其他媒体也正派记者跟踪此事。

第二天，《都市快报》作了跟踪报道，有多家彩电生产厂家对这个事件给予了快速反应：H彩电企业表示对这个事件的“密切关注”；M彩电厂家表示将以最快的速度组织专家对这次爆炸事件作调查，如果是厂家的责任，厂家将赔偿全部损失；B厂家则在看到报道后马上派专人免费送一台25寸彩电上门，并表示慰问。X厂家、P厂家等等也作了表态。

现请你就上述几个厂家的反应作一评述。如果你是该名牌彩电厂家驻该市办事处的负责人，面临这样的事件，会采取什么对策？

这个案例中所发生的事件，要解决好，关键在于如何采取建设性沟通策略，消除该事件给企业所带来的不利影响，落脚点也就是处理好与用户的关系，以及与媒体的关系，其中前者是根本问题。要处理好与用户的关系，也就是要尽快根据用户的心理特点和实际情况，采取灵活的策略。显然，H、M、B三家企业的策略中，B企业就高一招，而M企业（爆炸彩电是该企业产品）就明显失分，正如后来报社采访B企业一位负责人时，该负责人所说的：如果你是用户，家里的名牌彩电爆炸了，你会怎么想？这时候，你最想要的是什么？我们免费送彩电上门，就是要想别人之所想，急别人之所急……。

上面这样相类似的事情，在生活中比比皆是。无论在何时何地，无论与谁沟通，也无论采取何种方式沟通，要取得成功，没有别的诀窍，惟一的就是能够站在对方的立场去思考问题。如对他人的评价，你可以设问自己：如果别人这样评价我，我是否能接受？这样的评价对方会感觉到真诚吗？当你批评下属之前，可以先问自己这样一些问题：是我布置任务不合适，还是没有给对方以必要的资源？是对方的能力有问题，还是态度有问题？我们说，这种先站在对方立场思考问题的方式，其实可以渗透到我们生活的角角落落。

在沟通中，运用换位思考的方式，可以使沟通更有说服力，同时，也会树立良好的信誉。良好的信誉可以战胜商业活动、行政管理、日常生活中的许多挑战。商家早就明白这样一个道理：善待顾客一定能带来销售和利润的增长；越来越多的企业认识到：优待自己的员工，无论是经济效益上，还是道德上都是明智之举。基蒂·洛克认为，获得声誉有三种方法，包括换位思考、突出正面效应和使用非歧视性语言（2000）。我们认为，这三种方法中，最根本的就是换位思考，因为这点解决了，后面两点也就迎刃而解了。

在沟通过程中，要做到换位思考，必须问自己这样三个问题：

第一，受众需要什么？

第二，我能给受众什么？

第三，如何把“受众需要的”和“我能提供的”进行有机联结？

这三个问题，在本书的第三章和第四章中将作深入分析。这里，以笔头沟通为例，就如何培养换位思考的方式提出一些建议。

在笔头沟通过程中培养换位思考的方式，就是要求作者从读者的角度出发，重视读者想了解的内容，尊重读者的聪明才智，保护读者的自我意识。基蒂·洛克就如何在笔头沟通过程中应用换位思考方式提出了以下 6 个方面的技巧。

（1）不要强调你为读者做了什么，而要强调读者能获得什么或能做什么。以正面或中立的立场，强调读者想要知道的内容。如：

非换位方式：今天下午我们会把你们 9 月 21 日的订货装船发运。

换位方式：你们订购的两集装箱服装将于今天下午装船，预计在 9 月 30 日抵达贵处。

由于受众对货物达到日期比我们何时装船更感兴趣，因此，换位的方式可以使沟通站在对方的立场上实现。注意，“预期抵达”也为可能的改期发货留有余地，如果你对信息了解不确切的话，应尽你所能告诉对方。

（2）参考读者的具体要求或指令。在商务写作中涉及读者的要求、订单或保单时，要具体指明而不要泛泛地称之为“你的订单或保单”。对方是个人或小业主时，这种指明订单内容的做法会显得友善；对方是与你有生意往来的公司，要列出发票或订单号码。如：

［对个人］非换位方式：你的订单……

换位方式：你定购的真丝服装……

［对大的公司］换位方式：你的第 99035 号发票……

（3）除非你有把握读者会感兴趣，否则尽量少谈自己的感受。在大多数商务场合，个人感受都是与业务无关的，应略去，除非是在贺信或慰问信中可以表露个人的情感。如：

非换位方式：我们很高兴授予你 5000 元信用额度。

换位方式：你的牡丹卡有 5000 元的信用额度。

读者并不关心审批这些常规信用申请时，你是高兴还是烦透了，或者是你对授予一个刚刚够格的人的这么大的信用额度表示担心，读者关注的焦点都是从他们个人的角度和观点出发的。

（4）不要告诉读者他们将会如何感受或反应。让别人来告诉我们应该如何感受，特别是断言不准确时，会自然导致关系的疏远，因此避免就读者的感受或反应加以判断。当要告诉读者一个好消息时，直截了当会更好。如：

非换位方式：你会很高兴听到你被公司录用的消息。

换位方式：你通过了公司的全部考核，你被录用了。

（5）涉及褒奖内容时，多用“你”而少用“我”，褒奖的内容与作者或读者都相关时应尽量用“我们”。也就是尽量把叙述重点放在读者方面，而不是你或你的公司。如：

非换位方式：我们为所有的员工提供健康保险。

换位方式：作为公司的一员，你会享受到健康保险。

（6）涉及贬义的内容时，避免使用“你”为主语，以保护读者的自我意识。否则，会使读者有受攻击或侮辱之感，所以尽量不用。一种方法是用指代读者所属群体的名词代替“你们”或“你”，因而读者就不会感到坏消息是专门针对他的。如：

非换位方式：你在发表任何以在该机构工作经历为背景的文章时，必须要得到主任的同意。

换位方式：本机构的工作人员在发表以在此工作经历为背景的文章时，必须要得到主任的同意。

显然，在沟通过程中能够站在对方立场思考问题，能够从“对方需要什么”作为思考的起点，不但有助于问题的解决，而且能更好地建立并强化良好的人际关系，达到建设性沟通的目标。

在换位思考的基础上，要进一步把这样的思考方式贯彻到自己的沟通语言、沟通行为和沟通过程中，就应在沟通信息组织、沟通语言表达时的合理定位，以及沟通时的态度等方面加强理念和技能提升，即要遵守信息组织原则、合理定位原则和尊重他人原则。

2.3 信息组织原则

2.3.1 全面对称

在信息组织中坚持全面对称原则包含两层含义，第一层含义是所传递的信息是完全的，第二层含义是所传递的信息是精确对称的。首先分析其第一层含义。

在战略管理理论里有“核心能力”这个概念，所谓核心能力是指缄默的、不具模仿性的、稀缺的知识。你如果看过或研究过企业核心能力的理论和思想，你可能会正确理解这句话的含义，但如果你第一次看到这句话，你可能很难理解这句话的确切含义。这句话如果用通俗点的语言讲，就是“企业核心能力是指难以用语言表达的技能和技巧，他人学不到、不想学、不敢学的、难以替代的、别人拿不去的组织和个人资源”。那么，为什么大多数人会难以理解这句话的含义呢？如果把这句话用通俗的语言来表达时，又能很好地理解呢？这实际上是沟通信息的完全性问题。

沟通过程的信息接受者和发出者之间由于背景、观点、需要、经历、态度、地位以及心理差别，信息发出者应向接受者发出完全信息，否则信息接受者就不能完全理解信息发送者所发出信息的含义，产生信息失真，或信息不对称。强调有效沟通的完全性原则，就是要求沟通者在沟通过程中掌握三个方面的信息组织原则：沟通中是否提供全部的必要信息；是否回答询问的全部问题；是否在需要时提供额外信息。

这里必要信息的含义，就是要向沟通对象提供 5W1H，即谁（Who）、什么时候（When）、什么（What）、为什么（Why）、哪里（Where）和如何做（How）等六个方面的信息。在提供全面信息的同时，沟通者还要分析所提供信息的精确性，如分析数据是否足够、信息解释是否正确、关键因素是什么等问题。

信息的完全性，就是要求沟通者回答全部问题：以诚实、真诚取信于人。例如，一客户向某销售人员询问七个有关所销售产品的信息，而销售人员只回答了其中四个，并认为另外三个信息已经在所提供的产品说明书或图表中反应出来了，没有给予回答，那么，客户会认为自己被轻视，或认为销售人员对自己不友善，结果是公司失去了一笔订单。以举办一个国际展览会或订货会为例，通过比较可以发现，国外的展览会或订货会的组织者会非常详细地把所有有关的信息事宜告知对方，有时接到信息的人似乎会觉得"对方好像把我看作是一无所知的人"，但正是因为这样，才能使每一个接到信息的人对全部信息有充分的了解。相比较来说，国内的会议通知就非常简单，参加会议的人有时为了完全了解清楚会议的信息，不得不几次向会议的组织者询问详细信息。结果是，国外的有关信息提供方式给人以重视的感觉，而且提高了沟通的效率。

必要时提供额外信息，就是要根据沟通对象的要求，结合沟通的具体策略向沟通对象提供原来信息中不具有的信息或不完全信息。

【讨论】　见如下传真：请把 8 号从上海离港去香港的情况传真给我。若你接到这个传真，你应向对方提供哪些信息？

全面对称的第二层含义是，所提供的信息是精确对称的。如果第一层含义是要求信息源提供全部必要信息，那么第二层含义就是要求根据对方的需要提供精确的信息。

沟通信息的精确性，就是要求沟通者根据沟通环境和对象的不同，采用相应的语言表达方式，并采用正确的数据资料，让沟通对方精确领会全部信息。为实现沟通信息的精确性，要求：

一是采用正确的语言层次，根据沟通信息接受者的对象不同、沟通场合的不同，选择相应的沟通信息编码方式。沟通的语言层次可以分为正式语言、非正式语言和非规范语言三个层次。以笔头沟通为例作说明，正式语言如学术论文、法律文件、政府文件等；非正式语言更多地出现在商业活动中，如外贸函电、一般信件等；非规范语言在笔头沟通中一般不出现，但在口头沟通中出现得比较多，如口语化的语言。

二是在信息内容上要注意其正确性，如检查图表、事实和语言是否正确使用。比如在市场分析报告、学术论文中，要正确表明每一个数据的来源，并采用正确的表述方式进行信息编码。

三是采用能为信息接受者所接受的写作模式。比如，同样是严格规范的学术性文章，在同行专家之间交流时，可用严格的术语表达，但在科普性的文章中，就要避免学术味太浓的语言风格，要把这种语言转化为大家可以接受的语言，当然这种语言风格仍然是逻辑严密的。

信息的对称性，就是要求信息发送者所编码的信息能为接受者完全接受。沟通双方传递和接受信息的不对称是沟通不精确性的最主要原因。许多有关人际沟通的论述都关注所交流信息的精确性，普遍认为沟通过程中的信息在传播与接收过程中基本不改变原意或偏离原意，是有效沟通的基本要求。沟通技巧最关注的就是传播清楚、确切信息的能力，现实中，由于沟通信息的不精确导致惨重代价的事到处发生。

【例子】 马路上，一辆车子的引擎出了问题，司机检查发现是电池没电了，于是，他拦住了一辆过路的汽车请求帮助。那辆车的司机很乐于助人，同意帮助他重新发动汽车。“我的车有个自动启动系统”，抛锚汽车的司机解释说：“所以你只要用大概每小时 30 到 35 公里的速度就能启动我的车子。”“做好事”的司机点点头，回到他的车中。驾车者也爬入自己的车，等着那“助人为乐者”帮助发动汽车，可他等了一会儿，没见汽车上来，便下车看个究竟。但当他转过身时，发现事情糟了：“助人为乐者”正以时速 35 公里的速度撞向他的车。结果是造成了 18000 元的损失。

信息不精确的第二个主要原因是沟通双方在文化和语言上的不对

称。来自不同国家或地方的沟通者，由于语言含义的不对称而导致沟通信息出现偏差的例子比比皆是。如从语言方面看，我国的语言语意比较含蓄，美国比较直白；再如从数字表达看，在英国，billion 表示 10^{12}，而在美国与加拿大 billion 则表示 10^9，这样，当涉及财务问题时，经常会产生误会。类似的情况还如，在美国，如果会议上你"table"（搁置）一项议题，就是将推迟它的讨论；而在英国，"table"（放到桌面上）一个主题，即现在就开始讨论它。从文化方面看，美国商务人员非常讲究效率，谈判过程往往不吃午饭，搞连续作战；但阿拉伯民族的商务人员讲究轻松的环境，不太讲究效率，所以，美国人的行为在亚洲文化背景中常被视为粗鲁、无教养。

【花絮】　一个到日本去谈判的美国商务代表团，常碰到这样一件尴尬的事：直到他们要打道回府前，才知道贸易业务遇到了障碍，没有了达成协议的希望。因为在谈判时，就价格的确定上，开始没有得到统一，谈判快要告一段落时，美方在价格上稍微作了点让步，这时，日本方面的回答是"Hi!（嘿)"。结束后，美方就如释重负地准备"打道回府"。但结果其实并非如此，因为日本人说"嘿"（日语的"是"），意味着"是，我理解你的意思（但我并不一定要认同你的意见）。

所幸的是，随着信息技术的不断发展，使得信息传播的精确性（包括信息的清晰度和准确性）等方面有了很大的进步，同时，信息沟通的速度也迈出了重要的一步。尤其是多媒体功能的计算机网络的广泛应用，人们可在很短的时间内将信息、文件、图像、声音发送到世界任何地方。可以说，未来的商业决策和竞争优势几乎将依赖于这种现代沟通手段的精确性。

信息不精确的第三个原因是提供的原始数据的可靠性与接受者所理解的数据可靠性之间的不对称。在我国，由于统计部门在制度上的不规范，以及数据采集上的巨大工作量，不得不在数据采集时大量依赖于最基层所提供的原始数据，事实上，这样的数据可靠性是很小的——"你应该永远不要忘了，其中每一个数据最初都来自于各个街道、村庄的统计员，而他们往往是凭着当时的喜好写下那个数字的"——这已经是大家的"共识"，而原始数据的真实性，只有最基层的统计员才知道；越到上面的统计员越不清楚，因此，在统计工作中根本无法对数据作修正。由此导致的数据真实性的不对称，也严重影响了沟通的精确性。即使国家统计局采用多么精美的公式、图表，多么复杂先进的运算工具，结果都是徒劳的，而且会南辕北辙。

2.3.2 简明清晰

所谓简明性，就是在沟通时要用尽可能少的语言，既节约自己的时间，更重要的是节约受众的时间，提高沟通的效率。许多管理者在实际工作中存在这样一个问题，在举行会议时，习惯于长篇大论，废话连篇，结果是沟通过程中真正提供给受众有用的信息却很少。由于沟通时不注意简明性原则，受众在参加会议时显得很无聊，会后留在脑海里的信息极为有限，这也是大多数人不愿意参加会议的原因。

注意简明性原则在节约自己和受众时间的同时，也是尊重人的表现。沟通者要善于从受众的角度去思考信息的组织方式，要认识到受众在付出时间听取你所提供信息后所能获得的实际效用，尊重他人的时间。

具体地，坚持简明性原则，可以从三个方面出发，一是避免冗长乏味的语言表达；二是避免不必要的重复；三是组织的信息中只包括相关的有用信息。如宝洁公司有一个规定：提供给高层管理者的报告或备忘录不得超过 2 页纸，这就对沟通者如何以尽可能少的语言完成信息的完全传递提出挑战。

清晰性原则，就是要求沟通者认真准备沟通的信息，包括清晰的思考和清晰的表达两个方面。信息的内容在追求简单明了的同时，也要强调清晰度。尤其是针对不同的受众，由于各方面的差别，对有的受众可以一句话完成沟通，而对有的受众则可能要一段话，其目的就在于沟通者能够让受众清晰掌握沟通的信息。贯彻清晰性原则，要求：一是选择精确、具体、熟悉的词语，避免深奥、晦涩的语言；二是构筑有效的语句和段落，包括长度、统一度、内在关系逻辑、重点四要素。一般而言，一个句子不能太长，超过四十个字的句子，应该分解为几个句子，当然，都是 10 字之内的断句也不好；在统一度方面，就是一个句子只能是一个意思；强调逻辑关系，就是要运用演绎推理和归纳等语言学技巧，增强语言的说服力；强调重点，就是在信息组织时要突出重点，而且在表达时也要突出重点。

沟通信息的清晰，内在地要求沟通者清楚自己想要表达的想法和想要传递的信息，并选择那些能够清晰地表达你的想法的词汇，如应用“KISS (Keep It Short and Simple)”准则，用词简明。

2.3.3　注重礼节

这里的注重礼节，一方面要求沟通主体在传递信息时，考虑对方的情感因素，做到真诚、有礼貌；另一方面要求沟通者在信息内容的组织上能站在对方立场来传递信息，在理念上能够全面周到。

注重礼节，首先，就是要求沟通者不但要意识到听众的观点和期望，还应考虑听众的感情。礼节来自你态度的真诚，不但应习惯性地、礼貌地运用“谢谢”、“请”等词语和社会规范，关键在于你对他人的尊重和关心，是发自内心的。具体应注意以下几个方面：一是沟通者应该是真诚而机智、全面周到、感人的；二是沟通者要以尊重人的语气表达沟通的信息；三是沟通者应选择非歧视性的表达方式。

在实际生活中，尽管随着沟通工具和手段的日新月异，沟通速度越来越快，沟通信息的正确性要求也越来越高，但人与人之间的沟通状况并未产生相应进步。人们还是会因别人的无礼而恼怒；或者自己在沟通过程会讲一些侮辱人的话，与人交流时显得相当笨拙。现举一个非常普遍的例子来说明这一点。

【例子】　某企业要召开一次董事会，董事王铭经过精心准备，在董事会上提出并说明了自己就提高生产率的新计划设想，当王铭讲完后，另一位老资格的董事发言，“按照我的看法，以这个途径来解决生产率问题是幼稚的。情况要比王铭想到的复杂得多，我认为我们不能在这个计划上浪费更多的人力、物力和时间。”

这位老资格董事的观点也许是对的，但是他传递信息的态度可能完全破灭了其他与会人员就问题所想提出的一些想法。结果呢，可以想像，这次董事会就不会再有其他不同的声音，王铭很可能就是一言不发地等到会议结束。像这种情形的出现，一方面，将损害沟通双方的关系，使得某一方产生敌意或抵触情绪；另一方面，将严重阻碍问题的解决，很可能新的想法就会被扼杀在思想的摇篮里。

客观地讲，在平时的沟通中，我们对自己的上级或长辈比较注重礼节，而且沟通过程也比较注意策略。但对于自己的下级则往往忽略这一点，因为很多管理者习惯于对下属发号施令，习惯于让下属按照自己的意愿去做事，却忽略了对下属的尊重。所以对于有效的管理者，在平时更应该注重与下属沟通的礼节。具体要注意以下几个方面：

- 坚持平等相待的原则。要从一般的人与人之间关系的视角来看待与下属的关系。
- 坚持相信下属的原则。要相信下属的创造力和工作主动性。
- 坚持以平常心看待自己的原则。无论你身处什么位置，只不过是他人赋予你更多的工作权利而已。

当然，这里讨论的建设性沟通原则，同样普遍适用于管理者与下级之间的沟通行为。以下引用英国前首相、著名政治家麦克米伦的轶事来看看他是如何以平常心看待自己、对待普通人的。英国前首相希思是这样描述刚当选为英国首相时的麦克米伦的：

在他（麦克米伦）当选首相的那天晚上，我们（麦克米伦和希思）一起吃晚饭。他希望到一家著名的餐馆用餐，但我（希思）建议到一个不太引人注目的地方。唐宁街上挤满了各大媒体的记者，我们跌跌撞撞地钻进汽车，偷偷来到一家俱乐部，我们慢悠悠地走进酒吧，选了两张凳子坐下来，点了点儿喝的。那里只有一个客人。他正在阅读晚报，头版标题赫然写着“麦克米伦当选首相”。那人抬头看到了首相，但他只是随便地问道：“最近打猎了吗?”麦克米伦说：“没有。”他说：“太可惜了。”当我们喝完酒准备离开后，那人抬起头说道：“顺便说一句，应该祝贺你。”当我们吃完牡蛎、牛排，喝了咖啡和白兰地后，俱乐部经理走过来弯腰说道：“先生，我已经安排好了，您可以从后门离开。”麦克米伦说：“先生，从前门走完全没问题，你知道吗？我觉得当首相不是一件不光彩的事。”

注重礼节，还要求沟通者从信息接受者的角度去准备每一个沟通的信息，要设法站在受众的位置去思考问题，充分关注受众的背景和需要，尽可能向受众提供全面系统的信息，也就是要求沟通者以全面周到的理念去传递信息。其中最为重要的，沟通者要去领会和认识受众的愿望、问题、环境、情绪和可能的反应。为实现沟通信息的全面周到，可从以下三个方面入手：

- 理念上要着重于“你”而不是“我”、“我们”。也就是要求沟通者站在对方的立场去考虑问题，但在表达时，有时用“我们”则又表现出客体导向，用“你”就显示排斥情绪。因此，在思想上永远是“你”，而言行上是“我们”。要恰当地处理和运用好“你”、“我”的关系。比如当你去拜访客户时，交谈过程中应采用“我们都希望……”；“让我们共同想办法把这件事处理好”等这样的语言。

✚ 关注并告知受众的兴趣和利益。这是着重“你”的最本质的特征，语言是表面的，而利益是内在的。如在会议的开始，主持人可以这样开头：“会议的目的在于就这次工资改革的方案，征求大家的意见，让我们充分提出和讨论可能的建议，共同努力把工资改革搞好。”

✚ 运用肯定的、令人愉悦的陈述 。要学会肯定对方，要善于从对方的语言中提炼出正确的思想，肯定对方是对对方的尊重，不要显示自己高人一等，好为人师。

【例子】　我们看两个句子：“请勿越线，违者罚款”；“请问：你越线了吗?”这两个句子在我们上街时在马路上经常看到的，请问你看到这两种表达方式，有何感想?

【例子】　我们再看一个学校的财务规定：“根据学校某某次会议通过的规定，讲师出差不能坐头等舱”，现在假设把这个规定修改一下：“讲师可以报销普通舱、经济舱”。这两个句子，要表达的意思是基本一致的，但，假如你是被规定的对象，你看了以后感受上有什么差别?

当然，对于一部分沟通对象而言是有效的沟通语言，对另外的人则不一定有效，因此，一定要根据沟通对象的不同而选择陈述的方式，见下面的一则小幽默。

【幽默】　某马路的街角里侧，经常有人在此小便，严重影响了环境。周围居民便在街角拐弯处立上一块牌子，上云：“请注意环境卫生!”，结果无效。几日后，人们发现牌子上的字已改为：“请勿在此小便，违者罚款!”仍无效!，又几日，人们发现牌子上第三次写的为：“在此处大小便者是畜生”。终无人在此小便也。

2.3.4 具体生动

强调语言的具体、生动、活泼，而不要用模糊的、一般性的说法。在沟通过程中，应该运用风趣幽默的语言风格。具体在沟通信息组织上，可运用以下三个方式：一是用具体事实和数据图表，并运用对比的方法加强语言的感染力。如今年同期销售额比去年有大幅度的增长，去年同期为 300 万，今年为 358 万，增长近 20%；或者以图表方式表示，如比尔·盖茨睡了 8 个小时醒来，发现自己的口袋里多了 400 多万美元；如果把比尔·盖茨的钱，以 100 美元一张叠起来，其高度超过多少，等等方式。二是强调句子中的动词，或突出关键词，这样会给人以明确、人格化、简洁等感觉。三是选择活泼的、有想像力的词语，如毛泽东同志提出的，并为大家所共识的"正确路线确定后，干部是决定因素"；海尔的张瑞敏提出"有了思路才有出路；没有思路只有死路"、"人才，人才，人人是才"；浙江东方集团的滕增寿提出的"金钱面前不动摇，美色面前不动心"等等，以形象上口的语言来表达自己的观点，给人留下深刻的印象。四是通过类比的方式，突出要说明的主题，给人以深刻的印象。以井植薰在《我与三洋》书中的一段话举例说明。当 1979 年三洋电机的海内外总销售额突破 1 兆日元大关时，他这样描述"1 兆"的概念：

假如我们把这 1 个兆的日元同时间联系起来，比如说 1 个兆的秒等于多少年，那么你大概就会被这个数字吓一跳。1 年有 365 天，每天有 24 小时，每小时有 60 分钟，每分钟有 60 秒。最后，你可以计算出，1 个兆的秒等于 31710 年！如果再假定，一个人 1 秒钟可以赚 1 元钱，那么等他日夜不停地赚到了 1 个兆的日元时，时间已经过去了 300 多个世纪，比整个人类迄今为止的文明史还要长出 5～6 倍来。如果我们再设想把一个日元的硬币一块块地叠起来，那么 1 兆日元的硬币足足可以叠成 100 万公里的长度，这个长度等于地球赤道的 25 倍，足足可以从地球到月亮打个来回。

2.3.5 谈话连贯

连贯的沟通就是前后话题的延续性，如果沟通过程中出现偏离先前的话题，就出现沟通的中断。在平时沟通过程中，三种最常见的出现沟通中断的问题是：第一，缺少平等的说话机会。当一个人打断另一个人，或当某人控制了气氛，或当两人或更多的人想同时说时，沟通就被打断了，互相交流会变得不流畅。第二，过长的停顿也会使沟通中断。一个人在讲话时有过长的停顿或在答复前有过长的间歇，都是中断。停顿不应是完全沉默，期间可填入“嗯”“啊”之类语气词或重复先前说过的话，作简单的连接。第三，主题的失控可能导致沟通中断。如当一人单方面决定下一个谈话的主题；或突然将主题转到与先前所说毫不相干的方面，谈话就可能中断。

因此，“轮流讲话、时间控制、主题控制”三个因素是有效的进行建设性沟通的关键。有经验的沟通者在保持沟通连贯性方面的经验有：(1) 在相互交流时，为形成连贯沟通的气氛，要学会多提问，而不要急于就对方的观点下结论，推销自己的观点，在回答对方的问题之前，先要听完对方的话，不要轻易打断别人的话，即使需要提出问题，一次只说二、三句，给别人以插话的机会。(2) 要避免长时间的停顿；(3) 话语应与先前讲过的相关；(4) 轮流讲话，肯定他人话语的价值，目的在于共同帮助解决问题。

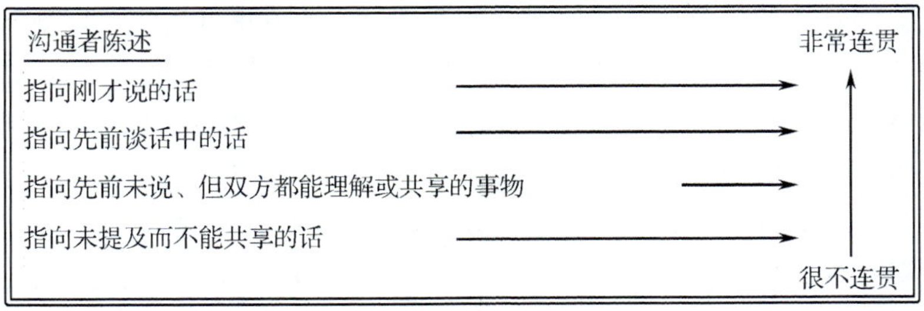

图 2.1　连贯性谈话的连续性

2.4　合理定位原则

2.4.1　问题导向定位：对事不对人原则

人们在沟通过程中常会出现两种不同的导向：问题导向和人身导向。所谓问题导向，沟通关注的是问题本身，关注的是如何处理和解决好问题；而人身导向的沟通关注的则是个人品质而不是问题本身，沟通者以给他人的人身作评判的方式进行沟通。建设性沟通的“对事不对人”原则就是要求沟通双方不要搞人身攻击；不要轻易给人下结论，要学会克制自己，从解决问题的角度考虑沟通策略。即使在进行以行为和事件为中心的人事评估时，问题导向的沟通还是有用的，如果以人身导向的沟通方式发出信息，还是解决不了问题。

人身导向的沟通，典型的沟通语言就是“你独裁”、“你麻木”、“你这个人不可理喻”等。人身导向一般着眼于对方的动机，而忽视问题本身，如“原因在于你想控制他人”。人身导向沟通的结果是，人们能改变他们的行为却很少能改变他们的个性，因为人身导向沟通通常没有什么具体措施，这种方式往往导致人际关系的恶化而不是解决问题，如你对下属说，“你是一个不合格的经理，一个懒惰的人或一个感觉迟钝的办事员”，结果是引起下属的反感和防卫心理，因为大多数人对自身是认可的，即使沟通所表达的意见是正向的，如“你是个出色的人”，若它没有与行为或成就联系在一起，也可能被认为是虚言。当出现极端现象时，即使你本意在于表扬对方，而对方还会认为这是讽刺，或者觉得“你很虚伪”。可以说，没有具体指向的人身评判是人身导向沟通的最大弱点。

问题导向的沟通，关注的是问题的发生、发展和解决，以事实说话，来表达沟通者的思想。“我不参与决策”、“我们并不那么认为”这样的语言，往往是从描述问题出发的，常被用于问题导向沟通的表达方式。问题导向着眼于描述外部行为，如“在今天的会议上，你作了几番讽刺性的评论”等。为实现问题导向的沟通原则，沟通者应与普遍接受的标准或期望结合起来，而不应是个人观点，通过与行为、外部标准比较得出的陈述，给人以信服感。

当然，有效的建设性沟通者也没有必要完全避讳讲出从他人态度或行为得出的个人印象或感觉。只不过在必须这么做的时候，应当关注其他建设性沟通的原则。

【分析】　请比较以下的三种表达方式：(1)“我不喜欢你这身打扮”；(2)“你的这身打扮与公司的衣着规定不符”；或 (3)“大家希望你能系领带上班”。并分析这三种表达方式可能引起的心理反应和沟通效果。

2.4.2　责任导向定位：自我显性原则

自我显性的沟通，承认思想源泉属于个人而非他人或集体，承担个人评论的责任。使用第一人称“我”、“我的”，以表明自我显性的沟通。如果采用第三人称或第一人称复数，如“我们想”、“他们说”或“有人说”，则是自我隐性的沟通。自我隐性的沟通将信息归之于不为人知的第三者、群体或外部环境，而沟通者就逃避了对信息承担责任，因而也就逃避进入真正的交流。自我隐性的沟通，给对方这样一个信息：沟通者很淡漠，或对对方漠不关心，或者对所说的话没有足够的自信以承担责任。有的人认为自我隐性的沟通似乎在告诉对方这样一个暗含的信息：“我想与你保持距离”。相反，自我显性的沟通则表明了希望建立联系，希望成为伙伴或帮助者的意愿。

当你的下属采用自我隐性的沟通方式时，既要给下属拥有自己说话的权利，同时应通过要对方举例的方式，引导下属走向自我显性的沟通方式。如下面的交谈例子：

【例子】　下　属：其他人都说我的工作是很棒的。

管理者：那么除了我之外，就没有人对你的工作不满或建议改善一下吗？

下　属：……，×××报怨我有时因为取巧想走捷径，结果要他帮我收拾残局。

管理者：他这种抱怨对不对？

下　属：也许是吧。

管理者：那你为什么取巧？

下　属：我的工作堆积如山，我怕完成不了。

管理者：工作积起来了，就去取巧。这种情况经常发生吗？

下　属：不时有。

这就是一个管理者如何使用连贯性问题引导下属从自我隐性的答复，到承认影响个人表现的行为——沟通答案的自我显性化。

2.4.3　事实导向定位：描述性原则

先看一个例子。

【例子】　假设你想告诉你的下属，他们接电话时唐突的方式和说话的语速可能会给顾客留下不好的印象。你就此事与下属沟通，可能出现下面两种方式。

方式一：“小刘，你接电话的方式真是太唐突了，你需要从现在开始接受职业化的训练。”

方式二：“小刘，我正在关注你在电话中与顾客的交谈方式，我想和你讨论一下。我注意到你讲话的速度相当快，因而，我担心对一些顾客来说，可能很难理解你所表达的，毕竟你比顾客更了解、更熟悉情况。”

显然，第一种方式可能会使小刘感到不安，也不会改变小刘的接电话方式，因为缺乏明确清晰的指导对小刘是无益的。小刘可能会想：“我怎么唐突了，唐突和职业化是什么意思?”这样的批评既不会改变她的唐突，也不会使她职业化，而且用“你太唐突了”这样的结论给人以排斥情绪；“从现在开始就……”这样的口气又太强硬，结果达不到沟通的效果。

建设性的沟通就要避免这种给人简单下结论、贴标签的评价性方式。“你错了”、“你不合格”，这样的评估会使他人感到受了攻击而产生防卫心理。因而对方可能会这样回答：“我没错”、“我的能力并不比你差”。结果是问题没有解决，双方情绪会变坏，甚至破坏人际关系。评价性沟通的问题在于沟通一方自视甚高，习惯以命令的方式给别人贴标签，结果往往又使对方将标签贴到你身上，会进一步引起你的防卫心理。于是沟通的准确性和质量遭到破坏。

与评价性沟通相对，描述性沟通可以较好地解决评价性沟通可能造成的负面影响。描述性沟通尽量避免给人作评价和下结论，也避免了无穷无尽相互防卫的倾向。实现描述性沟通的过程可分为三步（见图 2.2）。

第一步，描述需要作修改的事情或行为。这种描述应指明能为他人承认的行为要素，而且这种要修正的行为应与被接受的标准作比较，而不要以个人好恶作取向，要避免对他人动机作主观判断。举例，“你在这个月完成的计划比部门中的任何人都要少”，这样一个描述是客观的，它严格限定在行为与客观标准之间，来评估下属的行为特征。下属不会感到受了不公正对待，因为并没有什么评价性标签贴在他的行为或人身上。与评价一个行为相反，描述一个行为是相对中性的，只要管理者的态度与要传播的信息是一致的。

第一步：描述客观事情、行为或环境。要求：

✚避免指控 ✚列出数据或证据

例如：这个月有三个顾客向我抱怨，你没有对他们的要求作出答复。

第二步：关注行为与你的反应，而不是他人的态度。要求：

✚描述你的反应和感受 ✚描述已发生或将发生的客观结果

例如：每一个顾客都威胁说，若我们再不对他们作出更有效的反应，他们将不再到我们这儿来了，我对这种情况很担心。

第三步：关注解决问题方案。要求：

✚避免讨论谁对谁错 ✚建议另一可接受的替代方案

✚对其他的替代方案要开明

例如：我们俩都需要重新获得他们的信任，并向他们表明你是负责的。例如，你可以对他们的系统作一次免费分析。

图 2.2 描述性沟通的步骤

第二步，描述对行为或结果的反应。这种描述的核心集中于行为所产生的反应或结果，要求沟通者能明确界定好自己应有的反应，并描述出来。比如，“我很关心我们的生产率”，“你的这个工作成绩使我感到灰心”。这种描述，着重于结果及自我的感受，其效果可以减少防卫心理的产生，因为问题被限定在沟通者的感觉或客观结论之中，而不是针对个人的态度。如果感受或结论的描述不是以一种苛刻责备的方式出现，沟通者就会考虑怎么集中精力解决问题，而不是先为自己构筑心理防卫。

第三步，建议一种更可接受的替代方式。把行为主体和行为分开来，能帮助行为主体保住面子，并感到自身是有价值的，因为行为主体觉得自尊已得到了维护，需要改进的仅仅是行为。此时，沟通者就应强调去寻找一种都能接受的解决方案，而不要去判定谁对谁错或谁应改谁可不改等无关主旨的问题。如沟通者可以提出，“我建议让我们定期会面来帮助你完成本月新增的六个计划”或“我愿意帮你分析妨碍你取得更好业绩的原因”。

要说明的是，在现实中，并不是要每个人都通过描述性沟通的这三个步骤，达到改变对方所有行为的目的，常常达到的是双方都满意的中间状态，如某人对一些敌意行为能更加容忍；某人对工作变得比以前努力了。

【问题】 当你要对下属一年来的工作作总结时，往往不可能都从描述性原则去沟通，此时，需要你就下属一年来的成绩和问题做出精炼、合理的概括。你会如何去评价？

另外，如果沟通时必须要作评价性的描述，则要注意以下三个方面原则：

- ✚ 评价应以一些已建立的规则为基础。如“你的行为并不符合公司现有规定的要求，会在同事中留下不好的影响”；
- ✚ 以可能的结果为基础。如“你的行为继续下去会导致更糟的结果”；
- ✚ 与同一人先前的行为作比较，如“你做得没以前好”。

上述三个方面的原则，最重要的一点在于要避免引起对方的不信任和激起防卫心理。

在沟通中要坚持客观描述性原则，一个有效的策略是沟通的信息具有针对性，沟通主体能针对具体问题与对方交流自己的看法。总的来说，沟通语言越有针对性，就越能起到良好的沟通效果。先比较下面的两种说法：（1）“你不会利用时间”；（2）“你今天花了一小时安排会议，这可以由秘书去干的。”这两种说法中，前面的说法就太泛了，作用不大，对方不会认可，甚至很可能会反驳这种说法。后一种说法就很有针对性，能帮助对方认识自己的行为，并对以后工作的开展提供启示。

针对性的沟通，要求采用特定的陈述方式，比如，“这次活动，你60%的时间都用于评价性议论，而描述仅占10%”。就具体问题作特定的描述，远比非特定性的“你需要提高沟通技巧”这种说法有效得多。特定的陈述可以避免走极端和绝对化，相反，极端的陈述将会导致防卫心理，而使对方难以接受。

【例子】 试分析下述三组沟通的效果：

第一组 A：“你从不征求我的意见。”
B：“不，我征求了。在我做决定之前总是向你请教。”

第二组 A：“你从不考虑其他人的感情。”
B：“不，我是考虑的，我是非常为别人着想的。”

第三组 A：“这工作糟透了。”

B：“不，这是项非常不错的工作。”

针对性的沟通，还要求避免绝对化的选择句式，例如“你要么照我说的去做，要么辞职”，“生活要么是勇敢的冒险，要么啥也不是”。这种极端化和选择性的陈述带来的结果就是否认了任何其他可能性，使得沟通接收者可能的答复受到限制，如果对方反对或否认，则又往往会导致防卫性争论。阿道夫·希特勒在1933年的一段论述就表明了这种极端性、选择性沟通的破坏性：“每一个德国人都是国家社会主义者；少数的党外人不是疯子就是白痴。”

在建设性沟通中，特定而非一般的陈述，因为它们关注行为事件本身，对帮助解决问题非常有用。在前面的一组例子中，如果采用针对性的表述，结果就会大不一样。

第一组 A：“你昨天作的决定没有征求我的意见。”

B：“是的。尽管我通常征求您们的意见，但我原以为这件事不重要。”

第二组 A：“你给我们的答复带着讽刺意味。让我觉得你不太考虑我们的感受。”

B：“真对不起！我也知道自己常常说话不注意方式，没有顾及他人的感受。”

第三组 A：“按时完工的压力影响了我工作的质量。”

B：“按时完工是我们工作的一部分，让我们想想办法来减轻压力。”

2.5 尊重他人原则

沟通过程中要达到既解决问题，又强化良性人际关系的目的，很重要一点就是要学会尊重他人。沟通过程中主张尊重他人，就要做到表里一致、认同对方、双向沟通。

2.5.1 表里一致原则

良好的人际沟通和人际关系基础是沟通双方在所表达的和所思考的之间具有一致性，就是说，语言和非语言的交流应与个人的所思所感一致。表里不一致主要表现为以下三种情形：一是沟通双方处事的态度与他们所意识到的态度之间的不一致。一个专注于自我的人可能不会意识到他的语言和方式正构成对别人的威胁，而对方已经感到非常难堪，比如一个事业有成的人向一个不很熟悉的、同时工作遇到不顺心的人大谈自己如何富裕，无意识中使得对方心理难以接受。二是个人的感觉与所表达的不一致。例如，个人可能感到愤怒但又拒绝承认自己的心态。三是所说的内容与举止、口气的不一致。如果想表达对某件事物的自我真实看法，但你用一种含糊、嘲讽、或者玩世不恭的口气说出这种想法，对方就会对你思想的真实性表示怀疑，尤其是沟通双方的关系在历史上曾有过不良“记录”，更会反映出这样的情况。

有研究者认为，沟通的一致性处于人际关系的中心位置。沟通者的实际状况、感受和言语越一致，与沟通对象所形成的关系就越可能产生相互一致性倾向，双方能够共同正确理解沟通对方的心理倾向，提高双方心理适应性，并不断提高和强化对相互关系的满意度。相反地，实际情况与感觉状况越不一致，所形成的关系越可能会影响到沟通的质量，导致相互之间的适应性下降，对双方之间关系的不满意度提高。

当然，致力于表里一致性并不意味着要压制自己的一切不良情感，如愤怒、失望、攻击等，也不是强调一致性原则至上论。在实际沟通过程中，其他建设性沟通的原则要综合起来考虑，不能为了追求一致性原则，而抛弃其他原则，这往往会得不偿失。如在交换意见时，有时过于直截了当的说法会使对方下不了台，或者自己在“真实地回答”和“冒犯对方”之间难以取得平衡，此时还是应该考虑其他建设性沟通的原则。

【思考题】　设想这么一种情境，你向下属暗示了他的部门业绩正在下滑，而他却没有去努力以达到你要求的目标，并且态度也显得很冷漠。你应采取怎样的沟通策略，使得沟通后既能加强与下属的关系，也能解决问题呢？一个人如何能既将真实感觉与看法说出，又能保持对事不对人的立场？一个人如何能非常坦率而又不冒犯他人？

2.5.2　认同性原则

当我们去观察他人、甚至自己的沟通时，会发现人们对别人的话总是不愿花时间去听、去理解，而经常会打断他人的谈话，或者对他人的谈话漠不关心；但自己在讲的时候，往往说话啰唆、不连贯、不诚实或教条化。如果你的下属不注意听你的讲话，你就会认为这样的下属没有积极性和上进心。那么，为什么会有这样的心态呢？从建设性沟通的角度看，就是在沟通过程中没有遵循认同性原则，对沟通对方在心理上产生排斥情绪。

认同性的沟通使对方感到自己被认可、被承认、被接受和有价值；而排斥性沟通常会使对方在自我价值、认知能力和人际关系处理能力上产生消极情绪，这种沟通实际上否认了他人的存在，否认了他人的独特性和重要性。

排斥性沟通最突出表现是沟通者的自我优越感、冷漠、严厉和冥顽不化。

优越感导向是排斥性沟通中第一种重要类型。以优越感导向的沟通给人一个印象就是谈话一方是博学、合格、胜任而有力的；另一方却是无知、不合理、不胜任而无力的，这在双方间造成了障碍。优越感导向的沟通，主要表现形式有：

+ 奚落。这样使沟通者显得很棒，而对方却显得很糟；或表现为救世主的态度，在别人的敬意中抬高自己；
+ 自夸。如“如果你懂得像我一样多，就不会这样了”；
+ 事后诸葛亮。如，“如果你早跟我说，我就会告诉你这计划是通不过的”。
+ 以行话、惯用语、术语等形式将圈外人排除在外，形成关系障碍。医生、律师、政府员工，还有其他许多职员都是以使用行话、缩语来排斥他人抬高自己而闻名。在不懂外语的人面前讲外语也给人一种高高在上的印象。要记住，在大多数场合，用听者不懂的词或语言是不礼貌的，因为你在排斥他人。

过于严厉是排斥性沟通的第二种主要类型。过于严厉的沟通表现为绝对不容怀疑、不容质问；对其他观点不加考虑。在独断的气氛中，排斥性沟通会降低对他人成绩的认可，甚至会使他人对自我价值产生怀疑。除了独断态度外，还有下面的一些态度也会导致沟通的过于严厉。

✚ 根据自己的意愿和观点去重新解释他人的观点；
✚ 从不说“我不知道”，对每一件事都要表现出自己在行而提供答案；
✚ 不愿忍受批评或接受其他观点；
✚ 复杂问题简单化，在他人面前要显示出自己“非凡”的洞察力，总是设法给复杂的事情下简单定义或加以归纳；
✚ 喜欢在讨论之后作总结性发言，并设法要在他人心目中制造一种该总结是结论性的、完全的和绝对的印象。

排斥性沟通的第三种类型是冷漠，这种类型一般发生在他人的存在或重要性未被承认的情况下。人也许会表现出沉默，不作语言回答，不作眼睛接触或无任何面部表情，经常打断他人，用非指称性词汇（用“人不应该”而不是“你不应该”），或在交谈中干别的无关的事。信息传达表现为对他人不关心，给人以对他人情感或愿望漠不关心的印象。

漠不关心意味着信息传达者不承认他人的感情或观点。他人或被贴上非法的标签——“你不该那样认为”或“你的看法是错的”——或被贴上天真的标签——“你不懂”“你被误导了”或“你的观点是误导的（更糟）”。

与排斥性相对应的，建设性沟通应强调认同性原则。认同性原则要求在沟通过程中做到尊重对方、灵活开放、双向沟通。

尊重对方，就是不管与谁沟通，要设法克服自己的优越感导向，尤其在管理者给下属作指导或提建议时，如果心理自我感觉与下属有明显的等级差距，下属就很容易感到一种被排斥感。相反，建设性沟通者在尊重人的基础上，通过平等交流的方式，使下属意识到双方是在讨论问题，而不是简单的下达指令；而上级凭借自身的修养、知识和洞察力，树立在下属中的威信，使下属意识到存在的问题，从而设法提高自身解决问题的能力。

管理者如果将下属看作是有价值的、能胜任的、有洞察力的问题解决者，就会从理念上强调合作解决问题，而不是高高在上。要做到这一点，有效的建设性沟通者应采用灵活开放的沟通方法和用语。沟通中的灵活就是沟通者要从内心里承认，除了自己已经想到的解决问题的可能办法外，还可能存在别的数据和方法，承认他人也能为解决问题和建立良好的关系作出贡献。这是一种真正的谦虚，是一种对新观点的开放态度。如本杰明所说，“认识到无知是走向有知的第一步”。沟通中的开放，解决打破自我的心智模式，不要以自我为中心，沟通的目的在于双方达成良好的合作解决问题的意愿，而不是要控制他人或自视为师长和传教士，不要把自己的观点或假设当作真理来宣布，而应该认识到自身由于知识、资料和信息的有限性，应该从他人处获得更多的信息支持。

双向沟通是尊重和灵活的自然结果。当沟通双方都给予自由表达观点的机会，并参与到问题解决的过程中来，他们的价值就得到了认同。双向交流就达到了认可下属的价值，使团队气氛的形成成为可能。为了达到双向沟通的目的，建设性沟通策略有：

- 在沟通时先提炼出对方的主要观点，而后是其他零碎的看法；
- 先指出沟通双方的一致之处，后讨论不同之处；
- 先肯定下属观点和行为中的优点，后对缺点提出批评；
- 先提出下一步解决问题时可采取的正确做法，后指出以前的错误。
- 先帮助下属确立他们的自我价值与自信，使他们实现自我激励，然后让他们考虑如何提高工作业绩。

2.5.3 积极倾听原则

在平时，可以发现有的人为了一件无关原则的小事，吵得面红脖子粗，好像自己的嗓子比他人低，就是自己没有主见。极端的是，有的人明知自己的观点是站不住脚的，碍于面子问题，还是争论不休。这种过分的争论，其结果，一方面是失去了听取他人意见的机会，另一方面，给人留下难以沟通的印象而失去更多的学习机会。

主张建设性倾听方式，因为建设性倾听是有效领导者的第一素质。建设性倾听既是解决问题的有效方式，也是提升自我意识的有效工具。每个人在形成对某种事物和观念的正确判断之前，往往只有一些模糊的、朴素的认识，这些认识往往是混沌和秩序、随机和准则、自由和约束、感性和理性等矛盾的概念按照某种特定的方式组合在一起的。在矛盾交杂的心境下，依靠自己的思考往往很难找出“到底是什么”的答案。在这种状况下，有效的倾听有助于从他人的理念、思维模式和思考途径中去探寻出适合自身的结果出来，这种境界就是“听君一席话，胜读十年书”的写照。这种写照反映在积极倾听过程中，就是自我思想和他人思想的交融过程，一方面可以不断廓清自己的思维，另一方面，思想的交叉是产生灵感的最有效途径。一旦当沟通对方的思想撞击你原来的观念，就产生了新的思想，这就是创造性思维活动。

要学会积极倾听，首先要从内在认识到倾听的重要性。其次，要从肯定对方的立场去倾听。积极倾听的态度是：“从个人来讲，我对你很感兴趣，我认为你的感觉很重要；我尊重你的想法，即便我不赞同，我知道这些想法对你是合适的；我相信你是有理由这么做的，我认为你的想法值得听听，并希望你能知道我是愿意听的那一类人。”其三，要有正确的心态，克服先验意识。当管理者有强烈的先验判断，或当他们对沟通者或信息原本就持否定态度时，就会阻碍有效的倾听。另外，不要为了面子，或者因为担心自己的权威或地位受到挑战，不能接受与自己的观点相左的思想，要以“有容乃大”的气度去倾听他人的建议。其四，要学会给对方以及时的、合适的反应。建设性倾听者的标志是能对他人的话作出合适的反应，通过反应来加强人际关系。大多数人不管在任何场合，都习惯于用一、二种方式作回答，而且大多数人首先采用的是评价性或判断性的反应，也就是说，他们在听别人陈述时，大多数人倾向于作同意或不同意的判断，但建设性倾听要避免简单地作评价与判断之类的第一反应，相反，应该采取灵活的反应方式，使之与环境相适应。

根据人们在平时沟通过程中倾听技巧的总结，可以把积极倾听的技巧分为以下五种。

一是解释。倾听者要学会用自己的词汇解释讲话者所讲的内容，从而检查自己的理解。比如：

讲话者：我觉得很压抑，因为我自愿加班加点，尽了最大努力，按时完成了项目，但是好象人人都不赞同我。

听　者：看上去你很失望，你没有得到足够的支持。

讲话者：是的，正是这样，并且……

二是向对方表达你对他感受的认同。当有人表达某种情感或感觉很情绪化时，传递你的神入。比如：

讲话者：我真是厌烦极了。这项预算非常不精确，他们希望我严格管理。我花费了大量的时间熟悉它们，发现错误，却耽误了我的工作。

听　者：是的，真是够烦的。

讲话者：别开玩笑，关键是还有许多事要做。我需要有人去做，我的大脑需要休息。

听　者：听起来你确实厌烦极了。

讲话者：我建议……我宁愿……

三是要适当表达反馈意思。即把讲话者所说的内容、事实简要概括。如：

讲话者：你不在时发生了许多事情。李撞了车，需要几天才能治好；王患了流感；张扭伤了脚。此外，我们必须有一份临时计划，不知谁故意把我们的主要文件弄丢了。你回来了我真高兴。

听　者：看来这段时间做了大量的工作，而且一定忙到现在，对吗？

讲话者：我要说的是，如果由我自己来做，我会把一切管理得井井有条，并且我已经在做了。

四是能够综合处理对方信息，即综合讲话者的几种想法为一种想法。如：

讲话者：第一件事主要是政策改变，没有人能够预言；第二件事是我们最好的一个技术员辞职了；第三件事是这个项目的最后期限到了，我建议检查一下，看看我们应该做些什么？

听　者：你的意思是有一系列的障碍使得我们这个项目的完成更加困难了。

讲话者：你别开玩笑，我认为最关键是政策的变化。如果政策不变，我们会有机会。

听　者：不是所有都失去，而是我们肯定还会有机会。

五是大胆的设想，即从讲话者角度大胆地设想。如：

讲话者：我真不知该如何选择，每项活动都有赞成和反对两种意见，而且反应都相当强烈。

听　者：如果我处在你的位置上，我想我宁愿慢些作出决定，以免得罪某一方。

讲话者：是的，……我想我需要更多的信息，或许应该再收集一些意见，向所有这方面有经验的人请教。

通过不断实践自己的倾听技巧，你的倾听技能将会得到不断提高。而且，你还会发现这些努力是非常值得的。没有人为了给你面子才去积极倾听。

要学会听，应该养成良好的听的习惯。表 2.1 列出了好和不好的倾听习惯。你不妨反思一下你在平时谈话过程中的习惯，逐条对照，发现自己在交流过程中的不足，并有意识地修正自己的不足，不断提高自己的倾听技巧。在听的过程中，学会从对方的身体语言中判断对方的心理，是一种沟通的技巧。

表 2.1　好和不好的倾听习惯

学会倾听是成功领导者的基本素质	
不好的倾听习惯	良好的倾听习惯
喜欢批评，打断对方谈话	了解对方的心理
注意力不集中	听时集中注意力
表现出对话题没有兴趣	创造谈话的兴趣
没有眼睛的交流	观察对方的身体语言
反应过于情绪化	辨析对方意思，并给予反馈
只在了解事实而听	听取谈话者的全部意思

如何能做到积极倾听，有研究根据临床心理学及心理治疗的研究与经验，归纳出了以下十条积极倾听的建议。

第一，即使你认为对方所讲的无关紧要或者错误，仍然从容而耐心地倾听。虽然不必表示你对他所说的都赞同，但应在适当间歇中以点首或应声之类举动，表示你的注意和兴趣。

第二，不仅要听对方所说的事实内容或说话的本身，更要留意他所表现的情绪，加以捕捉。

第三，必要时，将对方所说的予以提要重述，以表示你在注意听，也鼓励对方继续说下去。不过语调要尽量保持客观和中立，以免影响或无意中引导对方的讲话。

第四，安排有较充分而完整的交谈时间，不要因其他事而打断，更不要使对方感到这是官方式谈话。

第五，在谈话中间，避免直接的置疑或反驳，让对方畅所欲言。即使有问题，留到稍后才来查证。此时重要的是获知究竟对方有什么想法。

第六，遇到某个你确实想多知道一些的事情时，不妨重复对方所说的要点，鼓励他做进一步解释或澄清。

第七，注意对方尽量避而不谈的有哪些方面，这些方面可能正是问题的症结所在。

第八，如果对方确实想要知道你的观点，不妨诚实以告。但是在“听”的阶段，仍以了解对方意见为主，自己意见不要说得太多，以免影响对方所要说的活。

第九，不要在情绪上过于激动，此时尽量要求了解对方；不管赞成也好，反对也好，稍后再加评论。

第十，倾听并不是任何情况下都能应用，或应用之后都能生效，还须考虑合适的条件。如主管者是否有这么多的时间用于倾听，或者说，是否值得投下较多时间于倾听下属的意见或反应；必须认识到每个人都有每个人的特殊之处，包括他的态度、价值观念和情绪之类，这样才会去注意和发掘各个人的特点和问题；主管者本身要有适当的修养，保持冷静和客观等。

2.6 本章案例

案例3 找他人会谈

陈振辉是某制造机器工具集团的新任总经理，一天，他去手下的一个分公司。他安排了与郭翔兴的会谈，郭翔兴是向他负责的分公司经理。

陈振辉（陈）：小郭，在看了你的业绩报告后，我安排了这次会谈。我想与你谈一些问题。我知道我们从未面对面谈过，但是我想我们该谈谈你在做些什么了。只是我担心我要说的事情可能不太受欢迎。

郭翔兴（郭）：陈总，不要客气，我想我会听的。在这之前，我与那些新来乍到并自认为懂得这儿一切的人已经谈过几次了。

陈：小郭，我希望今天的谈话是一种双向沟通。我不是来给你下判决，也不是来听你汇报的。我只想知道哪些方面需改进。

郭：好吧，这我从前也听到过，您就直说吧，屈尊了。

陈：我不认为是屈尊。但这儿有几件事你应听一听。一件是我在这次调研中发现的，我认为你与一些女员工太亲密了。

郭：噢，你以前没来过这儿，并不知道这儿非正式的融洽关系。办公室人员与楼下的女职员经常会听到一些开玩笑的恭维话。

陈：也许是这样的，但你该注意些。也许你对她们究竟怎样不敏感。我注意到了出现在厂子里的另一件事。你该明白，在我们公司，整洁的厂房多么重要。今天早上我走过时，发现这里没有像我希望见到的那么整洁有序，东西放得杂乱无章，够糟的。

郭：在整洁方面，我敢说我的厂子肯定能打败我们集团中的其他任何厂，你也许发现一些工具不在原位，那是有人在用它们。但我们还是以整洁而自豪。我不明白你为什么说一切杂乱无章。你在这儿没经验，下什么判决呢?

陈：我非常高兴你能关注整洁问题。我要说的也就是你该注意一下，不再说整洁了。我发现你穿得不像一个分公司经理。我想你在创造一种不戴领带的标准形象。但便装可能会成为员工穿得拖拉的借口，那可不好。

郭：我不希望在经理与员工之间有距离。我认为穿得像车间中的员工，能帮我们减少许多障碍。另外，我也没有那么多钱去买那些衣服，它们每天都可能被油弄脏。这似乎对我太挑剔了。

陈：小郭，我不是在挑剔。我所提到的事对我感触太深了。然而还有其他一些事需作改正。一个就是你交到总部的报告，有太多错误，拼写错误，我猜想还有数字的错误。我想知道你是否对这些报告很上心，看来你只是敷衍了事。

郭：我们这儿太多的一件事就是报告。我要花四分之三的时间用于填写这些表格，为总部汇总数据。你为什么不给我们一些机会去干工作而取消这些文件工作？

陈：你的想法与我一样。我们的确应多控制一下我们的生产率、质量与成本。你是应该更加关注工作职责的那一部分。

郭：我不想再争论那问题了，对我来说，每提到这个问题，我最后总是失败者。总部从来都不会减少要我们写的浪费时间的报告，但是，陈总，我也有一个问题想问您。

陈：说吧。

郭：你为什么不去找其他人了解一下情况？我要回去工作了。

讨论

1. 建设性沟通的哪些原则在这儿被打破了？
2. 哪些交流可以被改进一下以产生一个更好的结果？
3. 将语言分类，并标上遵守或违反的建设性沟通的原则。
4. 在下一次与郭翔兴会谈中，陈振辉该做些什么？

案例 4　被拒绝的计划

下面的谈话发生在一家大公司的两名员工之间。谈话表现了建设性沟通的几个特征。

刘伟(刘)：昨天与毛世农（注：公司市场部经理）的会谈怎么样？

赵国栋（赵）：嗯——啊——这不是很重要。

刘：看起来你心情很不好。

赵：是的。这次会谈几乎是完全失败的，让我说，我希望将这事忘了。

刘：事情往往不像我们想像的那样。

赵：对极了！对那家伙抱希望简直不可能。我认为上交的计划是非常清楚而周到的，但他全盘否定了。

刘：你说他一点都不接受。

赵：对。

刘：老赵，我们以前见到过你的工作，你总是一流的。我很难想像你的计划被毛世农否决。他怎么说的？

赵：他说不现实，很难实施……

刘：真的吗?

赵：真的。当他这么说时，我觉得他是在对我进行人身攻击。但另一方面，我也很恼怒，因为我认为我的计划很好。要知道，我对计划中的每一细节都花了巨大精力。

刘：我能肯定。

赵：对我真是一个打击。

刘：我敢打赌，遇到这样的事，我也会沮丧的。

赵：毛世农肯定有些什么事要反对我。

刘：尽管你对这些计划尽了很大努力，但还是不能分辨毛世农到底是反对你，还是反对你的计划，对吗?

赵：对。你又能怎么分辨呢?

刘：我完全能理解你的困惑与迷糊，你感到毛世农的行为是不合情理的。

赵：我只是不明白他为什么要这样做。

刘：当然。如果他说你的计划不切实际，那他到底是什么意思?我的意思是，你是如何去处理这样一个基本问题的?这也许太笼统了。他是否提了一些具体事件?你有没有要他指出问题或要他将反对的原因说得更具体点呢?

赵：好主意，但你知道——受到拒绝，我是多么失望，简直就像在云里雾里，你明白我的意思吗?

刘：是的。那是一次不成功的经历。你是那么自尊，以至于想通过尽快放弃计划来挽回留下的一点点尊严。

赵：对极了，我只想在我说出令人后悔的话之前，尽快逃离那儿。

刘：然而，在你思想背后，你也许想着毛世农并不会仅仅因为不喜欢你本人而让公司去冒险。但是……计划是好的！这其中的矛盾很难处理，对吗?

赵：完全是这样。我知道应该让他说出更多的想法。但我站在那儿时像个木偶。但你现在又能做些什么呢?事情已经弄糟了。

刘：老赵，我不认为全失败了。我的意思是你告诉我的——他所讲的与你所讲的——我认为这还不是结论。也许他未理解计划，也许这天本该他休假。谁知道？有很多可能，与毛世农定个时间坐下来，一点点问他反对的理由，怎么样？你认为与他再谈谈，如何？

赵：我想我会知道得更多一些。至今，我还不知道如何修正或改动计划。你是对的，我真的不知道毛世农是怎样看待我或我的工作的。经常，我只是作出反应，而很少进行回答与解释。

刘：也许该安排另一次会谈。

赵：好吧。我想我应该与他在下星期安排一个会面。我很想搞清楚问题究竟在我，还是在计划。（停顿）谢谢。

讨论

1. 根据建设性沟通的特征或回答的类型对谈话作分析。
2. 谈话中的哪些话最重要？你认为哪些话可能会导致对方产生心理防卫，使谈话中止？
3. 对于解决赵国栋的问题，直接给出建议的缺点在哪儿？为什么刘伟没有简单告诉赵国栋该怎么做？问赵国栋什么是最好的解决方案是否使话题分散了？

2.7　沟通技能训练

技能训练说明

管理者的职能不仅包括与员工的一对一的指导和建议，也包括经常性地帮助他人理解指导和建议。有时意味着某些有指向的交流，如帮助其他人学会建设性沟通的正确原则，这是练习工作的一部分。在一个群体环境中，由于多种信息、多重主题，使得指导与建议变得更为困难。然而，巧妙的建设性沟通使得小组成员在交流中感到被支持理解，即使问题的解决也许不总是与他（她）希望的一样。

在这项练习中，请运用建设性沟通的原则通过角色模拟的方式完成一次沟通技能训练。第一，各小组先读案例，将下列角色分配给小组成员：李明、丁正予、陈欣和观察者。假定在事件结束之后，李明、丁正予、陈欣立刻组织了一次会谈。扮演分配的角色，试着解决问题。观察者在练习结束时对三个表演者作评论。练习后面为观察者设计的表格用来帮助提供反馈。

联合化学公司

案例背景

联合化学公司是一个大型日化产品生产商与经销商，有五个制造工厂。在北京和天津的两个主要工厂，既是公司的制造工厂，又是公司的研究开发中心。

工序设计小组由八位男性工程师与项目经理李明组成。该项目小组已在一起工作了许多年，各成员之间关系十分融洽。由于小组工作量增加，李明又雇用了一位新设计工程师——陈欣。她刚从一所国内著名的大学获得硕士学位。陈欣被分配到负责扩大工厂现有设备能力的项目中。另有三位设计工程师也被分配到项目小组中：丁正予（38岁，在公司任职15年），曲萧（40岁，在公司任职10年）和高宏波（32岁，在公司任职8年）。

作为新员工，陈欣对合作工作十分热忱。她非常喜欢她的工作，因为工作具有挑战性，并向她提供了一个应用在大学中所学到知识的机会。在工作上，陈欣对自己要求严格。她和项目小组成员的关系也很友好，但她从不与他们进行非正式交谈。

陈欣是一位勤奋的员工，对待工作很认真。偶尔碰到难题时，她会用几个小时去解决它。因为她的执着和她所受的教育，在项目的不同阶段陈欣总是能比她的同事提前几天完成自己那部分工作。这对她来说有时是一件烦恼的事，因为在她的同事赶上来之前她不得不去向李明要求其他额外工作以使自己变得繁忙。起初，她也曾想帮其他三人完成他们的工作，但每次都遭到断然拒绝。

在陈欣进入设计小组五个月后，丁正予就小组中的问题找到了李明。以下为两人间的对话：

李　明：丁正予，我知道你想和我讨论一个问题。

丁正予：是的，李明。我不想浪费你的时间，但小组内其他工程师希望我能就陈欣问题与你谈谈。她自以为无所不知的自负态度激怒了每一个人，她并不是那种我们愿意与之共事的人。

李　明：丁正予，我并不那么认为。陈欣是一名优秀员工，她的设计工作总是完成得很好。她正在做公司希望她做的事情，而且也做得很不错。

丁正予：公司从没有叫她破坏小组中的士气或叫她告诉我们该怎样做工作。小组内的敌对情绪最终可能会导致整个小组工作质量的降低。

李　明：这样吧。我准备在下周和陈欣谈一次，讨论一下她这六个月的表现。我会把你的意见放在心上的，但我并不能保证她会就你们所认为的自负态度有所改变。

丁正予：改变她的行为并不是问题，关键是她并没有权力指导其他人。她公开指明其他人做什么。你可以想像她正在用她威力无穷的、毫无用处的方程和公式，给你上一堂高级设计课程的感觉。她最好赶快调离，否则我们就走人。

李明仔细考虑了下周与陈欣的会谈。他知道丁正予是设计工程师中的非正式领导，他通常代表其他工程师说话。第二周周四，李明把陈欣叫到办公室，对她半年来的工作进行回顾。以下为谈话的一部分：

李明：我想谈谈你工作表现的另一方面。正如我刚才所说的，你的技术工作非常优秀；但你和其他同事的关系存在着些问题。

陈欣：我不明白，你所说的问题指的是什么？

李明：好吧，说得具体点。某位设计小组成员向我抱怨你的“无所不知”的态度和试图指导其他人如何做的行为已经给他们造成了麻烦。你应当对他们耐心一些，不能公开指明他们的工作表现。这是一个优秀的工程师小组，他们在过去几年中的工作是无可指责的。我不想有任何问题影响小组的工作质量。

陈欣：我的看法是，首先，在他们或在你面前，我从没有公开指责过他们的工作表现。起初，当我领先于他们时，我曾想去帮助他们。但我被直率地告知应关心自己的工作。我听取了建议，专注于自己本职工作。但你不清楚的是，在小组中五个月后，我发现设计小组向公司索取了过高薪水。其他工程师都在偷懒；他们的工作进度明显落后于他们工作能力所能达到的。他们对收音机所播放的音乐、当地的足球队、准备去酒吧更感兴趣。我很抱歉，这与我所受的教育完全不同。于是，最后他们不再把我看成是一个合格的工程师，而只是一个破坏了他们的职业规则的女人。

根据上述场景描述，现在各小组分别分派各组员承担场景中所描述的三个角色——李明、丁正予和陈欣；此外，指定二至三名组员担任观察员的角色，负责对情景模拟的三个角色进行评判。依据建设性沟通的有关原则、沟通的技能和技巧，按 9 个方面分别给予评分。

说明：该背景只作为参考，学员可以有适当的联想，小组成员共同设计出沟通的环境和场景，采取相应的沟通策略。建议沟通的目标是建设性的。

小组组号：

组员姓名：李明扮演者______；丁正予扮演者______；陈欣扮演者______；观察员______。

观察者的反馈表

观察员负责评价角色扮演者有效行使下列行为的程度。将各扮演者的姓名填入角色 1、角色 2 和角色 3 的栏目下的横线上，并且在姓名旁对各行为方面的表现水平打上评价分数，由此帮助各成员识别自己在建设性沟通方面的技能和技巧水平。各表现者根据观察员的评价思考自己如何提高建设性沟通的水平。

注：评价成绩由低到高分别为 1，2，3，4，5，即 1＝低，5＝高。

角色 1	角色 2	角色 3	行为
			1. 使用问题导向的沟通。
			2. 沟通过程表里一致。
			3. 使用描述性沟通。
			4. 沟通过程注重对对方的认同。
			5. 沟通语言有很强的针对性。
			6. 沟通过程注重语言表达的连贯性。
			7. 用自我显性的陈述。

8. 全神贯注地听。
9. 使用多种响应方式。

观察者对李明、丁正予、陈欣的评论：

1. 对李明扮演者的评论：

2. 对丁正予扮演者的评论：

3. 对陈欣扮演者的评论：

*　*　*

附录　自我技能测试

1. 步骤

步骤 1：在阅读本章内容之前，请你对下列陈述根据度量标准进行评分，并将分值写于左栏（预估），你的回答应该反应你现在的态度和行为，而不要有意根据你所希望的结果那样去评价，要诚实。采用这种方式是为了帮助你发现自己在解决问题及建设性沟通方面的能力处于何种水平。通过自我评价，你就可根据需要调整你的学习方向。

步骤 2：完成本章的学习后，尽可能把所学的知识和技能与实际结合起来，根据自己工作的体会，结合平时的工作反思，不断修正自身的沟通技能，然后盖起你第一次的答案，重新回答下列测试题，将分值写于右栏（后估），当你完成这次调查后，检测你的进步，如果你在某一技能领域成绩依然较低，说明在这些方面你还得不断加强理论和实践的结合。

2. 评价标准

非常不同意/不符合（1 分）　　不同意/不符合（2 分）
比较不同意/不符合（3 分）　　比较同意/符合（4 分）
同意/符合（5 分）　　非常同意/符合（6 分）

3. 测试问题

学习前　学习后

______　______ 1. 我能根据不同对象的特点提供合适的建议或指导。

______　______ 2. 当我劝告他人时，更注重帮助他们反思自身存在的问题。

______　______ 3. 当我给他人提供反馈意见、甚至是逆耳的意见时，能坚持诚实的态度。

______　______ 4. 当我与他人讨论问题时，始终能就事论事，而非针对个人。

______　______ 5. 当我批评或指出他人的不足时，能以客观的标准和预先期望为基础。

______　______ 6. 当我纠正某人的行为后，我们的关系常能得到加强。

______　______ 7. 在我与他人沟通时，我会激发出对方的自我价值和自尊意识。

______　______ 8. 即使我并不赞同，我也能对他人观点表现出诚挚的兴趣。

______　______ 9. 我不会对比我权力小或拥有信息少的人表现出高人一等的姿态。

______　______ 10. 在与自己有不同观点的人讨论时，我将努力找出双方的某些共同点。

______　______ 11. 我的反馈是明确而直接指向问题关键的，避免泛泛而谈或含糊不清。

______　______ 12. 我能以平等的方式与对方沟通，避免在交谈中让对方感到被动。

______ ______ 13. 我以“我认为”而不是“他们认为”的方式表示对自己的观点负责。

______ ______ 14. 讨论问题时，我通常更关注自己对问题的理解，而不是直接提建议。

______ ______ 15. 我有意识地与同事和朋友进行定期或不定期的、私人的会谈。

4. 自我评价

如果你的总分是：80～90 你具有优秀的沟通技能

70～79 你略高于平均水平，有些地方尚需要提高

70 以下 你需要严格地训练你的沟通技能

选择得分最低的 6 项，作为本部分技能学习提高的重点

第三章　沟通客体分析

【本章提要】　管理沟通的本质是沟通者能站在对方的立场思考问题。成功的管理沟通关键在于沟通者能否根据客体的需要和特点组织信息、传递信息，实现建设性沟通。以此为主线，本章讨论了以下三个问题。一是如何分析受众的背景信息；二是如何根据受众的利益和兴趣传递信息；三是对受众的类型进行了分类，并根据不同受众特点采取相应的沟通策略。本章还专门就如何与上司，以及上司的上司（间接上司）这一类特殊沟通客体进行建设性沟通作专题分析。

3.1　客体导向沟通的意义

管理沟通的本质是沟通者能站在对方的立场思考问题、传递信息，所以，成功的管理沟通是客体导向的沟通。客体导向沟通最根本的前提要了解沟通对象是谁，分析他们的特点，了解他们的动机，学会和他们接触，通过对客体的深入分析，帮助沟通者根据客体的需要和特点组织信息、传递信息，实现建设性沟通。

沟通客体（受众）分析策略，是指根据受众的需求和利益期望组织沟通信息、调整沟通方式的有关技巧。由于这一策略的运用在使受众更好地理解沟通内容以达到预期目标方面作用重大，因而，可以说，沟通客体分析是整个沟通过程最为重要的环节。沟通客体分析策略先应分析以下三个问题：(1) 他们是谁？(2) 他们了解什么？(3) 他们感觉如何？在弄清楚这三个问题之后，再采取相应的策略去激发他们的兴趣。本章的核心就是围绕这些问题作讨论。

在讨论策略之前，先看一个例子。

【例子】　2000 年 3 月 23 日，×市电信局账户中心来了 7 个人，他们是某电视台新闻评论部记者李某，当地某快报的记者范某，以及 2 名电话用户等。他们到账户中心后，向工作人员递上一份由该中心打印的、主叫号码不详的长话清单，在该清单上，不足 1 分钟的电话有9个，其中通话时长为2秒和4秒各1张。他们认为用户不可能在如此短时间内进行通话，认为电信局多收了电话费，要求账户中心作出解释。

账务中心业务科长作了接待并作了解释，答复的内容主要有：电信局交换机只有接到对方局的应答信号才开始计费，这些话单肯定是电话接通后才收费的；造成超短时话单的原因有多种，如对方线路上有未知的终端设备（如传真机、录音电话、服务器等），或是对方电话办理了转移呼叫等业务，或是对方手滑，电话刚拿起来就掉了等。

记者李先生等对上述解释不能接受，表示当天要弄个明白，并要求账务中心提供相应资费文件。账务中心与该电信局市场经营部联系后，请他们到市场部作进一步咨询，于是，以上人员来到了市场部。在市场部，李先生等重复提问了有关超短时话费问题，向局方出示了清单，同时说，现在A大学107位教授正就此事联名投诉（未出示联名投诉书），要求对“不明不白”多付的钱要有个说法。市场部当时的答复，与账户中心基本一样，这些到访人员对市场部的答复仍不满意。

于是，在3月27日那天，该市的快报和市电视台等一些地方新闻媒体相继发表了题为“长话未接却收费，百名教授不理解”，“与教授一模一样，众百姓纷说长话收费”等新闻。从发表新闻中，电信局得知记者们已经采访过教授们：“百位教授的代表人之一M教授举着电信局账务中心打印的长话明细单说，我们有许多打通了没人接听的电话，被电信局收了费……”；“这页单子上将近一半是超短时电话，谁会在3分钟之内连打4个只讲几秒钟的长话呢?”；“投诉的100多位教授都有类似情况，偶尔出现一次还说得过去，如此频繁就不好解释了。’一旁的N教授补充。但是，至此A大学的107位教授还没有向×市电信局提出投诉。

新闻出来后，引起了南方周末、中央电视台等多家媒体关注，4月2日，中央电视台记者到A大学进行采访；次日，央视记者会同×市电视台记者李、快报记者范等到×市电信局对超短时话单事宜作跟踪采访。×市电信局S副局长接受了采访。

随后，中央电视台（新闻调查）、人民日报华东版、南方周末、×市地方报纸等媒体作了大量报道。南方周末还刊出了有107位教授联合签名的投诉书；另有一些报刊的文章中出现怀疑或暗示“在超短时话费上的收费是不是故意操作行为”。×市电信局的压力越来越大。

对于这个例子，该市电信局应如何去解决，确实是一个比较困难的问题，因为这不但涉及到国家信息产业部、电信总公司的有关政策，以及该市电信局的自主权等体制性方面问题，还涉及到电信计费系统等技术性方面的问题。作为市电信局，客观上存在一定的“无能为力”的问题，而且在随后的计费系统测试中，也没有出现电话没接通被计费的现象。但对于这样的事件，究竟应如何处理呢？有几个问题值得电信系统反思。首先，从 3 月 23 日 7 位顾客到账户中心要求对超短时话单作说明，一直到 3 月 27 日当地媒体对此的新闻报道，再到 4 月 2 日全国性媒体的关注，在这其中的 10 多天时间内，该市电信局采取了什么对策？尽管最终测试情况看，计费系统是没有问题的，那么，应如何看待这 7 位到访者和 A 大学 107 位教授的投诉？这些教授和用户在这次事件中，所希望得到的结果是什么？他们这种期望是否合理？为什么电信局和客户之间的矛盾会不断激化？电信系统在面临这样的问题时，应采取何种措施？显然，这些问题的解决，根本上要从电信系统应如何正确看待用户和公司关系的层面去寻求答案。这个事件的解决，其实就是如何进行成功的管理沟通的问题，而其中的核心就是电信系统应从客体导向来检讨自身的行为。

这些在实际生活和工作中经常发生的事，要有效地得以解决，就应该分析沟通对象的要求和期望，根据其利益要求，采取相应的策略，最大程度地以有效沟通的方式，消除双方之间的认知隔阂，寻求对问题看法上的统一。为此，本章将重点讨论如何分析受众，并根据受众特点制定沟通策略。

3.2 沟通对象的特点分析

3.2.1 他们是谁

对沟通对象的特点进行分析，首先要解决“他们是谁”。分析这个问题的目的在于解决“以谁为中心进行沟通”。要解决这一问题，具体可以从两个方面入手：

（1）哪些人属于受众范畴

在很多沟通场合中，沟通者可能拥有或考虑到会拥有多个不同的受众（群），当对象超过一人，就应当根据其中对沟通目标影响最大的人或团体调整沟通内容。一般来说，沟通中的受众包括五类：

- 第一类为最初对象。他们最先收到信息，有时这些文件就是这些最初对象要求你提供的。
- 第二类是守门人，即沟通者和最终受众之间的“桥梁受众”，他们有权阻止你的信息传递给其他对象，因而他们也有权决定你的信息是否能够传递给主要对象。有时让你起草文件的就是守门人；有时守门人在公司的更高层；有时守门人来自企业外部。守门人分析在于分析是否必须通过此人来传达信息？如存在，则分析他是否会因为某些理由而改变信息或封锁信息？
- 第三类是主要受众，又称直接受众，即那些直接自沟通者处获得口头或书面信息的人或团体。他们可以决定是否接受你的建议，是否按照你的提议行动，各种信息只有传递给主要对象才能达到预期的目的。
- 第四类是次要受众，又称间接受众，即那些间接获得信息，或通过道听途说，或受到信息波及的人或团体。他们可能会对你的提议发表意见，或在你的提议得到批准后负责具体实施。
- 第五类是意见领袖，即受众中有强大影响力的、非正式的人或团体；他们可能没有权力阻止传递信息，但他们可能因为拥有政治、社会地位和经济实力，而对你的信息的实施产生巨大影响。
- 第六类是关键决策者，即最后且可能最重要的，可以影响整个沟通结果的关键决策者。如存在则要依据它们的判断标准调整信息内容。

要说明的是，上面的六类受众中的某几类可以是一个人充当，如负责人常常既是最初对象又是守门人；有时最初对象既是主要对象，又要负责对文件的提议付诸实施。

【例子】　李刚是一家广告公司的财务经理助理。他的老板让他起草一份关于客户新推出的一个产品市场营销策划书。为了成功起草这份报告，他认为，该报告的主要对象是客户公司的执行机构，因为由他们决定是否采用他的策划书。次要受众是客户公司的市场营销人员，他们会提出些建议，其他次要受众还包括广告策划艺术人员、文案写作者和发布广告的媒体，这些人会在方案获得批准后负责细节的落实。在他的策划书交给客户之前，他的老板先得批准，所以他的上司既是最初对象，也是守门人。

(2) 怎样了解你的受众

一旦确定了受众的范畴，就应仔细地对之进行分析。有时可以借助于市场调研或其他已有的数据，但大多数情况下，对受众的分析是相当客观的，即要站在他们的立场上，想像自己是他们中的一员，在向所信任的人征询意见。

- ✚ 对受众作个体分析。可以对受众成员逐一进行分析，考虑他们的教育层次、专业培训、年龄、性别以及兴趣爱好，他们的意见、喜好、期望和态度各是什么？
- ✚ 对受众作整体分析。即通过分组的方式对受众进行框架式分析，如受众的群体特征是什么？立场如何？他们的共同规范、传统、标准准则与价值观怎样？

3.2.2 他们了解什么

通过上述分析，可以明确受众的类型，现在应进一步分析的是，“在特定的沟通过程中，受众已经了解，但仍需了解的是什么？”其中，特别需要解决的是以下三个问题：

(1) 受众对背景资料的了解情况

即分析有多少背景资料是受众需要了解的？对沟通的主题他们已经了解多少？有多少专门术语是他们能够理解的？若受众对了解背景资料的需求较低，就不需要在无谓的背景资料介绍上花费时间；若受众对背景资料的需求量高，则应该准确地定义陌生的术语和行话，将新的信息和他们已经掌握的信息结合起来，并给出非常清晰的结构。

(2) 受众对新信息的需求

即分析对于沟通的主题，受众需要了解什么新的信息？他们还需要多少细节和例证？对于新信息需求高的受众，则应提供足够的例证、统计资料、数据及其他材料。对于新信息需求低的受众，如有的受众倾向于依赖专家意见，把作出判断的权力交给了沟通者，则主要向这些受众提供决策的建议。概括而言，沟通者应考虑受众实际需要什么信息，而不要只考虑能为他们提供什么信息。

（3）受众的期望和偏好

即分析在沟通的风格、渠道和格式方面，受众更偏向于哪一种？具体在风格偏好上，要分析受众在文化、组织和个人的风格上是否有偏好，如正式或非正式、直接或婉转、互动性或非互动性交流形式？在分析渠道偏好时，则要分析受众在渠道选择上的偏好，如书面还是口头？纸面报告还是电子邮件？小组讨论还是个人交谈？

【例子】　某公司董事长有一个习惯就是轻易不接受下属的直接口头汇报工作，而要求用书面的方式提交报告。董事长审阅递交的报告后，认为有必要找报告人面谈，再约一个固定的时间；不需要自己面谈的，就转交给相关部门的经办人去办理即可。该董事长的体会是，只有这样，工作时间才是自己的。

如果你的上司是这样的一种管理风格，显然，笔头沟通是有效的沟通渠道；而且，从这个领导的管理风格看，他的时间管理意识很强，因此，即使在提交笔头报告时，你也应该“长话短说”，简明扼要地表述你的想法，以尽可能少的笔墨，让你的上司对你的建议感兴趣。

3.2.3　他们感觉如何

分析受众的感觉，也就是要去掌握受众会如何想。为使沟通者对其与听众的沟通过程中可能产生的情感反应有一定了解，需要解决以下问题：

（1）受众对你的信息感兴趣程度如何

这是一个非常关键的问题，沟通者要分析受众对沟通主题及结果的关注程度，或者他们认真阅读或聆听信息的可能性大小，为自己制定沟通策略提供依据。对于受众来说，沟通的信息如果对他们的财务状况、组织地位、价值体系、人生目标产生较大影响，就会对信息感较大的兴趣。根据这些问题的考虑，受众可能出现三种意见倾向：或正面，或负面，或中立。若估计受众会表现出正面或中立的意见倾向，沟通者只需强调信息中的利益部分以加强他们的信念；若估计受众会出现反面意见，则要运用以下技巧：

- 将预期的反对意见在开始时就提出来，并作出反应，如列出反对意见加以驳斥，这要比受众自己提出反对意见更有说服力；
- 先列出受众可能同意的几个观点。若他们赞成其中的二三个关键之处，那么他们接受沟通者整体思想的可能性就比较大；
- 首先令他们同意问题确实存在，然后解决该问题。

(2) 你所要求的行动对受众来说是否容易做到

即考虑你预期的行动对于受众来说，完成的难易程度如何？他们是否会感到过于耗时、过于复杂或过于艰难？若你估计对受众比较难，则一定要强化你所希望的行动对于受众的利益和信念；若过于艰难，则要采取下述对策：

- 将行动细化为更小的要求，"积跬步以致千里"。
- 尽可能简化步骤，如设计便于填写的问题列表。
- 提供可供遵循的程序清单和问题检核单。

3.3　激发受众兴趣

3.3.1　以明确受众利益激发兴趣

前面对受众背景的分析，最直接的动机是明确受众的利益期望，创造出高效的受众受益处。受众的利益期望包括他们在接受你的产品、服务和信息后，或者根据你的建议执行相关的活动过程中所能够得到的好处和收益。总体来说，受众的利益有两类：

第一类是具体好处，即强调某一事物的价值或重要性（但不要夸张，否则适得其反）。

第二类是事业发展和完成任务过程中的利益。包括：

- 向受众展示沟通者所表达的信息对于他们目前的工作有所裨益；
- 任务本身的驱动，如受众往往会更乐于接受具有挑战性的任务或者共同处理艰巨的工作；
- 对个人事业的发展或声望感兴趣，如表明你的沟通内容将有效地帮助他们得到组织上或上级的重视，有利于他们获得声誉和建立交际网络。

比如，在说明性公文中，强调读者的受益可以用来解释为何要执行你宣布的政策，说明该政策是好的；在劝说性沟通中，强调受众为什么能在实施你的建议后，有助于他们实现自己的目标，从而克服对方的抵触情绪。再如，假如你想劝说销售商经销你的产品，商品广告从消费者角度说明的种种理由，诸如颜色漂亮、线条流畅、使用方便、经久耐用、价格合理等，并不一定能激发出经销商的兴趣，为了让你的信息更有说服力，可能试着从营业额、预期利润、旨在唤起消费者认同和兴趣的全国性广告宣传方面的设想等向经销商进行说服更有效果。

简单地说，以明确受众利益激发兴趣，就是解决“什么能打动他们”的问题。为了更好地通过明确并传递受众利益激发他们的兴趣，有两点是显然的，首先要明确受众的利益；其次是传递恰当的信息给受众以利益。对于不同的受众以及他们所期望的不同的利益，有的是直接的，因而，沟通者比较容易识别，沟通时能够明白地告知。有的利益是只可意会而不可言传的，沟通者就需要深入去了解和发掘。对于后一种类型的利益，使用下面的技巧可能有助于我们去确认受众的利益：

✚ 了解能引起受众需求动机的感受、恐惧和欲望；
✚ 找出自己产品的客观性能或将推行的政策对受众的影响；
✚ 说明受众怎样利用介绍的产品和政策才能达到他们自身的需求。

洛克认为，分析受众的感受、恐惧和欲望可以从马斯洛的需求层次理论分析入手，以某一产品为例，通常企业所提供的产品能同时满足几个不同层次的需求，在信息沟通过程中，应重点强调与受众最相关的内容，如薪水已经很高的经理，整日忧心忡忡，那么，其原因可能是夫人刚刚失业，而他们得同时抚养孩子上大学和赡养老人。由此，在沟通时就要针对受众的具体需求动机提供相应的沟通信息。

寻找针对受众具体需求的沟通信息，关键在于找出自己产品的客观性能或政策有助于实现这种感受（恐惧、欲望）的理由。有的受众需求，其满足条件是显而易见的；有的要有很多条件才能满足，在考虑时，要力求全面。假如你想劝说人们到你的饭店消费，的确，每个人都要吃饭，但是仅仅说明可以在这里解决饥饿问题显然是很难吸引顾客到你饭店来的，必须要根据顾客的要求安排不同的沟通信息，具体以表 3.1 为例说明。

表 3.1　提供不同就餐者的产品性能

人群	特色
在外打工族	快餐式中饭；适合同事聚会、客户洽谈的轻松场所
孩子尚小的家长	高坐椅，儿童餐，等着上菜时供孩子们嬉戏的娱乐设施
常常外出吃饭的人	富于变化的食品和装饰
囊中羞涩者	经济食品，而且不用付小费（咖啡馆或快餐点）
特殊要求	低糖食品，低热食品，素食，清真食品
以外出用餐作为晚间消遣的人	音乐伴奏，歌舞表演，优雅环境，餐后观看表演的定座服务，这样看完表演后仍可就餐的晚间服务。

（引自，基蒂·O·洛克，商务与管理沟通（第五版），机械工业出版社，McGraw-Hill，2000 年 7 月，p63。）

说明受众如何利用介绍的产品或政策才能达到他们自身的要求。仅强调特色未必能引起受众的购买欲望，把特色同受众的利益相结合，提供必要的细节，会使受众受益生动感人，所以在许多时候，对受众受益的描述一定要具体。现引用洛克的一个例子：

简单化：我们店备有拼图猜谜游戏。

具体化：您可以边等比萨饼，边让孩子们玩 MINICAL 拼图猜谜游戏。如果他们没能猜出谜底食物就来了（因为食物上得很快之故），可以把谜语带回家或下次再来时继续。

3.3.2　通过可信度激发受众

受众对主题的涉及和关注程度越小，沟通者就越应该以可信度作为驱动因素。具体策略有：

一是通过确立“共同价值观”的可信度激发受众。以“共同价值观”的可信度驱动，就是构建与受众的“共同出发点”。如果在一开始就能和受众达成一致，在以后的沟通中就更容易改变他们的观点。从共同点出发，即使讨论的是全不相关的话题，也能增强你在沟通主题上的说服力。比如先谈及与受众在最终目标上的一致性，而后表明为达到目标在方式上存在的不同意见。

二是以传递良好意愿与“互惠”技巧激发受众。遵循“投桃报李、礼尚往来”原则，通过给予利益而得到自己的利益；通过己方让步换得对方的让步。

三是运用地位可信度与惩罚技巧激发受众。地位可信度的一种极端驱动方式就是恐吓与惩罚，如斥责、减薪、降职、乃至解职。但这种方式只有在你能确保对方的顺从且确信能消除不良行为的产生时，才能奏效。

为了运用可信度激发受众的技巧，前提是沟通者要设法提升自身的可信度。沟通者提升可信度的策略在第四章“主体分析策略”中有论述。

3.3.3　通过信息结构激发受众

通过信息结构激发受众，即利用信息内容的开场白、主体和结尾等结构的合理安排来激发受众。

通过开场白激发受众，就是从开头起就吸引受众的注意力，如一开始就列举受众可能得到的利益；先列举存在的问题，采用“提出问题—解决问题”的模式；先讨论并明确话题和受众之间的关系，唤起受众兴趣。

通过沟通内容的主体激发受众，就是通过适当的内容安排在沟通过程中增加说服力。具体技巧有：

- “灌输”技巧，即通过先列举系列反对意见并立即加以驳斥，或直接向受众“灌输”自己对可能引起的反对意见的不予认可；
- “循序渐进”技巧，即将行动细化为可能的最小要求，然后逐步去得到更大的满足；
- “开门见山”技巧，即先提出一个过分的且极可能遭到拒绝的要求，然后再提出较适度的要求，因而后者更可能接受；
- “双向”技巧，即将受众可能提出的反对意见和自己注重的观点加以比较阐述，并表现得更为中立与合情合理。

通过信息结尾安排激发受众，就是通过简化受众对目标的实现步骤以激发兴趣。如列出便于填写的问题表或易于遵循的检核清单，或列出下一步骤或下一行动的具体内容。

3.4　受众类型分析和策略选择

成功的一一沟通，首先要分析沟通的环境、明确沟通的目标、以及沟通双方的关系。在此基础上，进一步分析沟通的对象，从而选择相应的策略。其中沟通的目标在绪论中的目标策略里作了讨论。本部分将围绕沟通对象（个体）分析和相应的策略分析两个方面作深入讨论。

3.4.1　沟通对象的类型

学习型组织强调团队合作的重要性，制定好的决策需要互补的团队，而一个互补的团队就需要由不同知识背景、风格和性格的团队成员组成。这就要求每一个成员掌握沟通的技巧，提高自身的管理技能。尤其在面对面的一一沟通中，沟通对方的反应判断将直接影响到沟通策略的选择。如果不能对沟通对方的反应有正确的判断，将会出现沟通的中断、人际关系的恶化，最终问题得不到解决。

管理沟通的过程是管理者推销自己观点的过程。在沟通策略的选择上，要根据对象的不同类型作选择。但其前提是对自我的正确认识，要坚持“人所欲，施于人”的理念，而不要以“己所欲，施于人”的理念去进行沟通，要把注意力放在与你谈话的人身上。你应该不断地问自己这样一个问题：“如果与他人沟通时，想像让别人与你沟通时那样，你会犯什么错误?”

沟通对象由于心理需求、性格、气质、沟通风格等的不同，可以分为各种不同的类型：

- 按照心理学的观点，人由于心理需求的不同，可以分为成就需要型、交往需要型和权力需要型三类；
- 根据个性的不同，卡尔·荣格（Dr. Carl Jung）博士把人分为内向型和外向型两类；
- 根据信息处理方式的不同，卡尔·荣格把人分为思考型、感觉型、直觉型和知觉型四类；
- 根据处理人际关系方面的不同风格，凯瑟琳·迈尔斯和伊莎贝尔·布里格斯把人分为统治指挥者、社会活动者、平和处世者和谨慎思考者四个群体；

✚ 根据个体气质的不同，可以分为分析型、规则型、实干型和同情型四类；

✚ 根据不同个体管理风格的不同，把管理者分为创新型、官僚型、整合型、实干型四类。

针对不同类型的人，在沟通过程中，应采用不同的策略。现在对不同分类法下的个体特点及相应的策略作分析，其中重点将根据不同类型个体的管理风格作具体的讨论。

3.4.2　心理需求分析及沟通策略

不同的个体由于心理需求的不同可分为成就需要型、交往需要型和权力需要型三类。承认不同个体的需要特点，在沟通时朝着满足他人需要的目标努力，既有助于问题的解决，又有助于建立良好的人际关系，以实现建设性的——沟通。

1. 成就需要型

具有成就需要型的人通常为自己建立具体的、可以衡量的目标或标准，并且在工作中朝着目标努力，直到实现他们的目标。他们总想做得更好，或比他们过去做得更好，或是比其他人做得更好，或是要突破现行的标准。与这类人沟通时，可以采取的策略是：

【策略】　要充分认同这类人自己对工作的责任感，沟通过程不要输出“你们要认真负责，要把事情做好”之类的信息，沟通时应给予他们的是大量的反馈信息，要对他们表示肯定的态度，如告诉他们“你们的工作做得很好”。

对于这类人，对于下一次挑战，他们从来不会说“干不了”，他们的满足感来自于已经实现的目标。

2. 交往需要型

具有交往需要的人，更看重友情和真诚的工作关系，令他们愉快的是能有一种和谐的、既有付出又有收获的、轻松的工作氛围。交往的需要驱使他们写很多的信，打很多的电话，花费很多的时间与同事沟通。与这类对象沟通时，建议采取以下策略：

【策略】 以交朋友的姿态和口气与他们交流，要设法与他们建立良好的人际关系。从理念上应该始终坚持平等相待的原则。在具体沟通过程中，可以先询问他们的家庭情况、生活情况（如聊聊周末的计划安排），了解他们的兴趣爱好，甚至可以与他们在参加活动的过程中以轻松的氛围交流些看法，与他们交流对一些事物的想法和感受。

3. 权力需要型

具有权力需要的人，热衷于对工作负责，具有很强的权力欲。他们瞄准权力，以便使自己能够事事做主，决定自己和他人的命运。他们渴望一种权威作为他们权力的象征。交流中他们果断行事，而且在大多数的交流场合能够影响他人。与这类人沟通时，可以采取的策略思路是：

【策略】 应采用咨询和建议的方式，而尽量不要以命令和指导的方式。要认同他们在工作中的职责，在沟通时要对他们的职责给予肯定。在倾听过程中，对于对方的影响力要特别表示出你的兴趣。

【思考题】 请按照上述成就需要型、交往需要型和权力需要型三类划分方式，首先，把你周围熟悉的人归类填入下表中（每类至少3人以上，使之有代表性）；其次，分析平时自己与他们沟通时的对策和存在问题；第三，对照建议策略，思考完善与他们沟通的策略。

表 3.2 不同需求的对象归类和策略选择

类型	代表人物	过去存在问题和经验	以后沟通的对策
成就需要型			
交往需要型			
权力需要型			

3.4.3 信息处理风格和沟通策略

【测试】 在讨论本部分之前，先做本章附录中关于管理风格的测试题，帮助你认识自己的信息处理风格。

根据不同个体在捕捉和处理信息上的方式不同，可以分为思考型、感觉型、直觉型和知觉型四类。大多数人偏向这四类中的某一类，如果需要，有时也会运用其他不同的方式，但总体来说，每个人都有一种偏向性的捕捉、处理信息风格。以下通过不同类型的分析，以寻求沟通的策略。

1. 思考型

思考型的人，思路非常清晰，富有逻辑思考。他们富有条理，善于分析和领会事物的本质，也善于运用事实和数据来做系统的分析和研究。当我们与思考型的人沟通时，可考虑以下策略或思路：

【策略】 首先，为思考者提供机会，使他帮助你概括地描述你想表达的理论和概念。你要虚心，以谦虚的态度、以在理论和逻辑思维方面寻求帮助的态度与他们沟通；其次，给予他们充分的信息，使之通过逻辑推理得出结论；其三，不掺杂任何个人观点，客观地对待事物，并保持始终如一。

2. 感觉型

感觉型的人，基于他们个人的价值观和判断能力来对待事物，而不是在充分权衡利弊的基础上再对问题表示赞成或反对。他们温和、开朗、善交际，能与人友好交往。他们在团队中善于处理公共关系、商谈事情、作出决策。与感觉型的人沟通，可考虑以下策略和思路：

【策略】 要明确表达你的价值观念，以便使他们能够了解你。在沟通信息的组织上，要突出你对他们的支持，要让他们感觉到你是支持他们的，而不要让他们感觉到有威胁。

3. 直觉型

直觉型的人具有丰富的想像力，并且能够提供具有创造性的想法。他们凭直觉、预感和可能性做事，对他们的第一感觉有很强的自信心。他们善于做长期的计划，进行创造性的写作和产生思想。与直觉型的对象沟通，建议采取以下策略：

【策略】 沟通的过程中，要充分利用和发挥他们的想像力，不要轻易给他们问题的答案，这样，他会觉得没有发挥自己的价值，同时，不要轻易否定或批驳他的观点；要告诉直觉者你的想法、你的观察和最终目的。让他们的创造性思维帮助你达到目的。

4. 知觉型（或理智型）

知觉型的人，是实事求是的人。他们精力充沛、富有实践，他们善于行动，而不善于言辞。他们处理问题当机立断。他们善于发起一个活动、签订协议、调解纠纷、将理想转化为行动。与知觉型人沟通，建议采用以下策略：

【策略】 不要对事物添加太多的细节和幻想的结论。清晰地交流，抓住要点，在实践中获得结果。

【思考题】 请按照上述四类划分方式，首先，把你周围熟悉的人归类填入表 3.3 中（每类至少 3 人以上，使之有代表性）；其次，分析平时自己与他们沟通时的对策和存在问题；然后，对照文中的建议，思考完善与他们沟通的策略。

表 3.3 不同需求的对象归类和策略选择

类型	代表人物	过去存在问题和经验	以后沟通的对策
思考型			
感觉型			
直觉型			
知觉型			

3.4.4 气质类型和沟通策略

1. 分析型

分析型的人，其创造性思维是非常有价值的。他们对待事物严肃认真，不断战胜自我。他们常常为了工作置婚姻于不顾，工作是他们生命的一部分。他们擅长于推理，善于逻辑思维。他们独自工作时效果最佳。与分析型人的沟通策略建议：

【策略】 沟通时只要告诉他们你想要的，并且给予他们机会展开计划，给予他们评价的标准，而不要提供太多的细节、常规行为和实际事情干扰分析家。当你需要建设性意见时，可以与他们沟通以询问他们的建议。

2. 规则型

他们信守信用、认真、忠诚、负责任，他们稳重、谨慎、实际，给人以安全感、不善变化。他们善于做具体的工作，在有计划和有组织的条件下工作效果最好。与规则型人沟通的策略建议：

【策略】　首先，沟通的主要目的在于告诉他们行为的规则、组织形式等。平时要为他们提供有组织的训练，沟通过程中要让他们理解并相信他们的工作系统和组织是可以得到保证的，使他们能够按规则和标准做事。其次，要为他们提供完成任务的详细资料，对于他们的贡献和努力要予以充分肯定。对待他们要守信，不要怀疑他们。第三，如果事情发生变化要耐心、详细地向他们解释，以免他们抵制变化。

3. 实干型

实干型的人善于做技术性的、循序渐进的工作。他们富于实践，适应性强，善于调解纷争。他们的工作富有成效，具有一种自发的推动力和活力，并爱好刺激。他们开朗、宽容、灵活且善于处理变化。建议沟通策略：

【策略】　给予他们循序渐进的训练，帮助他们自我调节，并加强时间管理。给予他们大量的自由和工作多样化，帮助他们从机械的工作中走出来。沟通者应帮助他们完善工作技巧，提高危机意识。要乐于与他们为伴。

4. 同情型

这类人善于帮助、支持和鼓励他人。他们性情温和，有灵性，善于交流。他们最善于创造和谐的工作环境。建议的沟通策略：

【策略】　给予富于同情心的人以指导和鼓励，使他们认识到他们的重要性。赞赏他们的贡献。如果必须给予他们否定的反馈，要注意谨慎，不要使他们感觉到这是个人攻击。要给予他们自治权和学习的机会，不要让细节成为负担。

在上面四类中，实干型和规则型的人较多，大约占70％～80％。

而分析型和同情型的人约占 20%～30%。但不管属于何种类型的气质，本身没有好坏之分，他们以各自的方式展示出各自的价值。作为一个有效的管理者就是要通过不同的沟通技巧，发挥每一位下属的工作积极性，使他们积极配合，把问题解决好。

【思考题】 请按照上述四类划分方式，首先，把你周围熟悉的人归类填入表 3.4 中（每类 4 人以上，使之有代表性）；其次，分析平时自己与他们沟通时的对策和存在问题；然后，对照文中的建议，思考完善与他们沟通的策略。

表 3.4　不同气质类型及沟通策略选择

类型	属于该类型的你周围的人员	过去存在问题	以后沟通对策
分析型			
规则型			
实干型			
同情型			

3.5　客体分析专题：与上司沟通

3.5.1　上司管理风格类型分析

伊查克·爱迪思在《把握变革》一书中，根据不同个体在思考问题时的结构化程度差别、过程和结果之间的优先级不同（目标导向）、注意力视角的不同和沟通速度的快慢四个维度，把不同个体的管理风格分为四种类型：创新型（E）、官僚型（A）、整合型（I）、实干型（P）①。本章引用爱迪思的分类方式，把上司这一特定的沟通对象区分为整合型、创新型、官僚型和实干型四类，进而从管理沟通的角度探讨与这些不同管理风格的上司在沟通时可采取的策略。图 3.1 是从四个维度区分不同管理风格的框架。

在讨论不同对象的特征之前，先解释关于思考过程的结构化和非结构化区别，可以打一个比方来说明。在非结构化的过程中，一个人

① E，P，A，I 各为英文 Entrepreneuring、Performing、Administering 和 Integrating 第一个字母的大写。

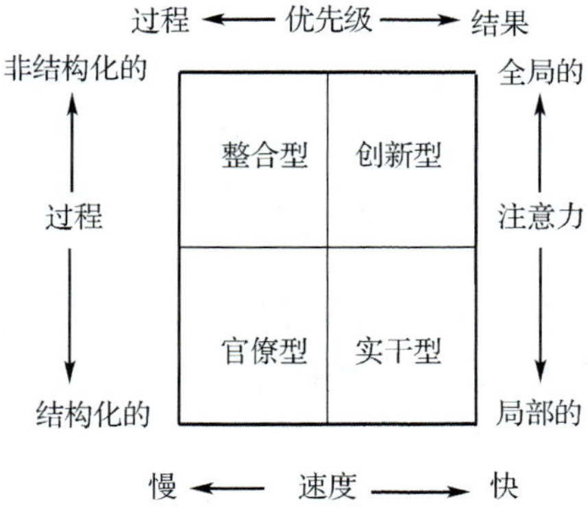

图 3.1　不同管理风格的上司分类矩阵

可能从谈论事情 A 开始，这件事使他想到了事情 Z，然后他又去处理事情 Q，接下来是 B，最后事情到了 C，他这样东一榔头西一棒的，是因为他在按照一种独特的方式在思维，认为任何事情都是与其他事情联在一起的。然而在结构化的过程中，人们是直线型的。在他们完全理解事情 A 之前，他们是不会开始 B 的事情的，而且在事情 B 完全理解之前，他们也不会去想着开始事情 C 的。所以，结构化思考表现出收敛性思维模式，而非结构化思考，更偏向于发散性思维模式。

1. 创新型上司的特征

创新型的上司，在沟通过程中性格比较外露，当他们不同意某种主张时，他们总是形于声色；即使赞成，他们也会表现出来。创新型的人凑在一起时，喜欢争论，好象彼此都不赞同，但实际上他们却是在加强彼此的观点；一旦当他们听了某个观点后保持沉默，很大的可能是他们已经同意了你的观点。在创新型人的字典里，“是”和“不”的含义有他们自己的解释。“是”往往意味着也许，说“不”则表明了他们明确的态度。从处事风格看，创新型的人具有全局性的眼光，动作很快但却是非结构化的。这类人往往是急性子，他们总是先从自己出发开始考虑，关注的是“如何告诉对方‘我为什么要这样做’”，而不是“他会怎么想”。当这类人去跟他人会面时，往往边走边在考虑问题，可能当他刚进会见方办公室时，他的脑子还在以接近光速的速度在思考。

创新型上司不喜欢约定时间，他们一有了主张就想去处理。他们可能会事先不打招呼就往他人办公室里跑，而官僚主义者最恨的就是这样的人。在他人的观念中，创新型上司没有时间概念，或者说，他们的时间概念与众不同。

创新型上司有很强的感觉力，他们一天到晚在思考新的点子，他们不关心问题，把很大的注意力集中到机会的发现，但他们往往拿不出解决问题的办法。下面例子中的这位老师就是一位典型的创新型特征的人。

【例子】 有一次，某老师把他的学生叫到办公室里，他对学生说："你最近安排一次到B厂去作个调查。我的意思是，搞研究的人必须经常下到实践中掌握第一手材料，不了解实际，怎么做研究呢?"

学生听了之后，马上答道："好的，那么我先与这个单位联系一下，安排好时间。"

于是，这位学生就开始与对方联系，安排包括住宿、交通、时间进度、调查问题等在内的具体任务。一个星期后，学生找到了他的老师："老师，我准备明天到B厂去调研，不知您是否还需要安排其他同学一起去?"

这位老师听了，大怒："谁叫你现在下工厂去。现在你要静下心来好好看看各方面的资料，要大量阅读国内外的研究文献，认真扎实地打好专业理论基础，只有这样，下去调查才有收获，才能在现场调查中发现并解决问题。"

这位学生目瞪口呆，惴惴不安地咕哝一句："是您说……要我去工厂的"。于是，他不知下文如何处置。

"我只是说搞理论研究的人要到现场中去了解实际，提醒你要注意思考、学习和研究方法。"

对于创新型上司，人们往往搞不清楚他明天还有什么新的主意出来，正如那位老师，说不定两天后又要这位学生到工厂去了。结果是，当下一次新的主意出来时，学生想，"反正明天又有新的主意，能拖则拖。"，于是把布置的事搁置起来。可结果呢，这位老师对此事没有改变主意，因此把这记在心上，几天后，当询问这件事的结果时，竟然没有答案，便又大怒："你们怎么这样不负责，这么点事拖那么长时间没有解决。”学生又一次愕然。

【思考题】 根据创新型的特征，请试着对你身边熟悉的领导作判断，哪些人是这类特征的人？你认为应如何与创新型的上司实现建设性的沟通？

2. 官僚型上司的特征

从图 3.1 中看出，官僚型特征的上司，无论在管理上，还是在相互沟通过程中，强调结构化的模式和风格。如在与人约会时，官僚型上司会在每次约会（不管是否正式）前就打电话预约，并很守时。在交谈时，他会喋喋不休地谈论问题的来龙去脉，好像不知其历史你就不理解这个问题一样。等到切入问题的主旨时，发现时间已经过去两个小时了。再然后，他会对问题可能带来的结果作全面剖析，最后的结论往往是：“太困难了！这件事简直没法干。”

正因为官僚型上司强调结构化的风格，他们非常强调整个过程。在面临某个事件，无论是常规事件，还是偶发事件，他们会细心规划整个事件的处理过程，他会认真去考虑可能出现的各种可能问题，然后分析如何去解决问题。因此，可能的结果，等官僚型的人找出最佳的解决途径时，事情已经过去了。

由于官僚型上司在决策过程中非常谨慎，他们不会轻易就某个事作出决定，他们往往会这样告诉你：“你的想法不错，但能否实施，如何实施，还有待我们研究研究。”因此，官僚型上司，制定决策比较慢，瞻前顾后，反应也比较慢。关于官僚主义者有一个笑话，“你最好不要在星期五对官僚主义者讲笑话，因为他们有可能要到星期天中午吃午饭时才笑得出来。”官僚型上司的慢性子不是因为他们笨，而是因为他们正在考虑对方会说什么，在思考他们所主张的反应是什么。因为要把每一个主张都条理化需要花点时间，因此，当他们碰到与具有创新精神的人的主张发生冲突时，那情形就如雪崩一样。他们处理起来确实会比较困难。对每一个创新型上司的主张，至少会有10个让官僚型的人觉得重要的反应，于是官僚型的管理者会觉得不堪重负，也无法处理这种速度，于是，他们会很快放弃思考和倾听，让这些主张成为耳旁风，心里却在嘀咕“这个人怎么这样头脑发热、异想天开，还不快点走”。

【思考题】 根据官僚型的特征，请试着对你身边熟悉的人作判断，哪些人是这类特征的人？你认为应如何与官僚型的人实现沟通？

3. 整合型上司的特征

整合型上司处事灵活，没有结构化程式的限制，能够根据不同的情形采取相应的沟通方式，而且当他说出某句话后，可以从不同的角度解释这句话的含义。整合型上司对人的感觉比较敏感，但对于现实的需求并不敏感。他一般不会轻易地说出“是”或“不”，如果说了，可能是迫于压力使然。今天说了“是”，可能在明天他能解释为“也许”。

整合型上司很看重沟通的过程，他会在沟通的过程中取得相互之间的平衡，至于结果对他来讲并不重要，因为结果对他来说无关紧要（下面的例证作了说明）。由于整合型的人要考虑各种关系人的平衡，所以全局观强，在没有弄清一个事件的全局影响之前，是不会轻易表达自己意见的，而等到他有意见时，也就不是什么意见了。

与整合型特征的上司沟通，内外部政治关系的处理非常重要。整合型上司习惯于考虑他人（尤其是上司的上司）是怎么想的，而不愿意自己做主去决定某件事，他们总是设法圆滑地摆平各方面的关系，因此，这类人往往被称为是“老狐狸”、“跟屁虫”。下面的对话，典型地反映出整合型特征的人的沟通风格。假使你是总经理办公室的秘书，公司的一项决定要你去征求各位副总经理的意见，于是，你去请示这位具整合型特征的上司。

【例子】 你来到王姓副总经理的办公室，你进门后这样告诉他：“王总，问题是这样的，解决方案是那样的。我们想获得你的同意。”他会回答：“还没到时候，我们还没有准备好。”接着，他会问：“你跟甲谈过吗？跟乙呢？跟丙有没有谈过？”这时，你就得巩固你所有的基础，你可以这样回答：“我们已经和甲、乙、丙都谈过了，并且就解决问题的方案取得了一致意见，现在想听听您的意见。”这时，他又会问：“那么，丁的意见又如何呢？”如果你没有跟丁谈过，他就会说：“嗯，我认为我们还没有准备好，还要进一步研究研究。”但如果你说：“我们跟丁也谈过了，他完全赞成。”这时，他就会说：“那我们还等什么呢？干！”

【思考题】　根据整合型的特征，请试着对你身边熟悉的人作判断，哪些人是这类特征的人？你认为应如何与整合型的人实现建设性沟通？

4. 实干型上司的特征

在根据气质分类法中已经谈到了实干型上司的一些特征。从图3.1看，实干型上司的思考过程具有结构化特点，他们习惯于直线型的思维方式。实干型上司像铁路工程师，他们会说，“你只要知道轨道往哪儿走，别的就别管了。”

实干型对象的另一个特点是追求快速反应，他们往往是快速决策者，他总是恨不得马上有个结果。他们最见不得他人干事拖拖拉拉，拖泥带水。在工作现场他们最喜欢说：“需要你干什么？你们去干吧。我们有事干就行。少废话，多干事。”

也正因为实干型对象的结构化风格和快速反应作风，他们没有多少时间去不断考虑事情的结果是什么，在他们的心目中，“只要把过程老老实实地做好了，结果是不会错的”，所以他们会把每个细节都做得很好，有很高的效率；而对效益则不太关心。

【例子】　某公司一位姓张的高工，负责新产品开发的总体技术工作。由于产品的不断更新换代，公司决定开发换代新产品。于是公司总工程师找到这位高工，要他负责这个产品开发的具体技术工作。这位高工非常乐意，“其实，我早就认为应该搞这个产品了。”他这样说了之后，马上接着说：“那么，给我安排一批助手，我们明天就讨论技术方案。”果然，此后的一周时间内，他们就拿出了总体设计方案，并开始工程化设计。

一个月后，公司总工程师又找到这位高工，“老张，通过情报收集，我们发现国外已经搞出了这种换代新产品，而且国内已有厂家引进了这种技术，看来，我们得放弃这个项目，搞另外一个”。老张很失望，但一想也对，“跟在人家屁股后面搞，确实没意思”。于是，他马上又着手组织搞另外一个。

结果是，三天后，公司又通知他不要搞了，因为…… 而此时，老张已经把第二个项目的初步设想搞出来了。

【思考题】　根据实干型人的特征，请试着对你身边熟悉的上司作判断，哪些上司是这类特征的人？你认为应如何与实干型上司实现建设性沟通？

由于不同类型对象的不同风格，在沟通时，要能够正确去判别他人沟通的语言表达方式。这里特别就不同类型的对象所说的“是”和“不”的定义差别作解释。对于创新型特征的人来说，“是”意味着也许；说“不”的时候，他们是肯定的。相反，对于官僚型特征的人来说，说“不”的时候，只是意味着也许，你还可以回头去说服他们，但一旦当他们说“是”的时候，他们的决心就已经定了。对于实干型的来说，“是”就是是，“不”就是不，然而，对于整合型的人来说，无论说“是”还是“不”，都只能理解为“也许”，所以，这类人往往被称为是“政治动物”。表 3.5 为四类不同上司的特征。

表 3.5 创新型、官僚型、整合型和实干型上司的特征

类型	特征	是和不的含义	较适合的工作
创新型	有全局性眼光、动作快、非结构化风格	是——也许； 不——不	市场营销部门、高层管理部门
官僚型	结构化风格、动作慢、关注过程与细节	是——是； 不——也许	办公室、会计部门
实干型	动作快、结构化风格、关注细节和结果	是——是； 不——不	生产部门、技术开发部门
整合型	动作慢、非结构化风格、关注过程导向、有全局眼光、能够变革并适应变革	是——也许； 不——也许	党政职能部门

3.5.2 不同上司的沟通策略

根据不同上司的特征，就可以采取相应的策略以实现与不同对象的有效沟通。在与创新型特征的上司沟通时，由于他们很希望在每个事情的处理上留下他们的痕迹，并且对各种机会有他们独到的认识，应该让他们参与到问题解决中来。在沟通时，不要带着“最后”答案去见他们，而应该让他感觉到“问题还处在未决状态”，因此，在信息组织上，可以这样说：“我建议……”、“我一直在想……”、“您怎么认为?”……。这种表达方式不但对你的上司有用，对同级、下属一样有效。

与官僚型上司沟通时，应记住“方法比内容重要”的原则，你必须使自己的风格适应他的风格。具体说，你要十分注重形式。比如，跟他有事情相商，你老老实实地也打电话预约一下，千万不要作不速之客。同时，沟通时还要放慢速度，控制自己的情绪。在沟通过程中，如果你是创新型的人，要注意不要把没有成熟的观点一股脑儿地倒给他，这样，你反而会什么答案都得不到。

与整合型上司沟通时，注意的策略应该是把所有相关的背景资料都准备好，把有可能要他承担责任的问题，先处理好。当你就某个问题请教他时，他会告诉你，你要注意影响，要注意他人的看法，然后，他会告诉你，要注意谁谁谁的看法。对于问题的过程和方式如何，他不太关心。

与实干型特征的上司沟通，你要注意主动性。由于他们一般不会授权于你，你要采取主动的行动。而且在问题的提出上，要直接从问题的结果出发，要使他感觉到问题的压力，甚至让他觉得问题不解决是一种潜在的危机，以引起他的注意，让他马上觉得这个事情确实非办不可。如果你与实干型下属沟通，注意要肯定他们踏实勤奋的工作作风，但要有意识地引导他们在工作过程中考虑效率问题，你可以这样问："你认为这件事的结果会怎样?"

特别说明的是，上面对上司管理风格的分析也适合你的下属，所建议的策略对不同的下属也有对应性。

3.5.3　与上司以及上司的上司沟通例证分析

上面是从不同管理风格类型对你的上司进行分类，分析具有一定的理论指导性，而且更多地侧重于心理分析来考虑对策。但对于实际情况，大多数人的特征不是很明显的，如果与上司接触时间不长，他们的管理风格也不是很快能够识别的。这里针对工作中更多发生的实际，以专题例证的方式探讨在工作中如何考虑有效的沟通策略，实现与上司，或者与上司的上司之间的建议性沟通。

【事例背景】　你是公司市场部的职员，大学本科毕业已经有三年了。你部门的经理是初中毕业，很有闯劲。由于年龄、文化程度等方面原因，你对经理在管理过程中的一些做法有不同意见，比如，经理更多地采用经验式管理方法；在激励方面，过于注重过程导向，却忽视结果导向，缺乏目标激励。你曾经与经理谈起过自己的想法，建议采用目标管理思路，从结果导向对员工进行考核激励，但经理好像没有反应。对此你感到非常不满，一段时间来，你一直在考虑，希望与公司主管经营的副总经理作一次沟通。

现在，考虑这样两个问题：(1) 与上司的上司沟通（副总经理）是否合适？(2) 如何与副总经理沟通？根据管理沟通的一些启发，建议设计一个与上司的上司沟通的办法。

为了实现成功的管理沟通，你必须同时考虑你的直接上司和间接上司（即你上司的上司）的背景特点，以及直接上司和间接上司之间的关系，这种类型的沟通关系比较复杂，应该在沟通前有一个全面的考虑。对这种沟通，我们认为，应该系统思考这样几个方面的问题：这次沟通的目标是什么？应考虑哪几个方面的策略？直接上司和间接上司的背景如何？我自身的特点如何？应选择何种沟通渠道和什么样的沟通环境？以下就围绕这些问题，提出相应的建议。

首先，对于这种类型的沟通，你的目标要非常明确。不外乎这样两个方面：一是取得间接上司对你建议的认同；二是避免直接上司给你"穿小鞋"。为实现这两个目标，沟通过程中一个基本原则是，整个沟通必须坚持以事实和问题为导向，避免以人身为导向。

其次，在沟通策略的思考上，基于前面提出的目标，应深入分析两个沟通对象的特点，包括他们的背景、偏好、思维方式等；分析自身的特点，对自我作恰当定位；分析沟通渠道策略的选择，确定最佳的沟通路径；分析沟通信息的内容、表达方式、信息的客观性和被认同性；分析沟通环境的选择，要尽量选择与对方特点和自身特点相适应的沟通场合。

具体对沟通对象的分析，关键要做好以下几个方面的工作：

- 充分掌握间接上司和直接上司的背景。分析他们各自的心理特征、价值观、思维方式、管理风格、偏好和知识背景（包括学历和文化层次、专业背景等）如何。如果间接上司的管理风格是不能接受越级汇报的做法，你只好放弃这种想法；如果你的间接上司有较好的沟通技巧，能够设身处地为你考虑，通过恰当的沟通技巧避免他的下属（也就是你的直接上司）给你"穿小鞋"，你就可以有较少的顾虑与间接上司去沟通。

- 要了解直接上司不愿意接受你的建议的原因。这一点很重要，因为有可能你的间接上司就不希望你所在部门改变原来的管理模式；或者你的直接上司可能已经向他的上司谈起过你的建议，是你的间接上司不主张马上改变局面，如果事实是这样，你去沟通也就没有意义。
- 要了解直接上司和间接上司之间的关系。他们之间是相互信任的，还是不信任的；他们之间原来的关系是否融洽，如果不融洽，原因何在。显然，如果这两个上司本来关系就非同一般，你恐怕就没有必要去冒这个风险。
- 要了解间接上司对越级反映问题的态度及其处理艺术。包括间接上司对越级沟通的态度是支持、中立还是反对；对间接下级所反映的问题是乐于接受还是不乐于接受；是否能够艺术性地处理好越级反映的问题。比如，他能够以策略性的手段把他下属的下属所反映的意见，转达给他的直接下属，同时，能够恰当地减少这个过程中给你带来的副作用，这显然对你的沟通是有利的。

对于自身地位和特点的认知，在越级沟通时也是非常重要的。对自我的认知，重点在于弄清楚以下几个问题：

- 弄清楚“我是谁?”和“我在什么地方?”也即能够对自己在公司里面的地位和身份有合理的认知，不要以为自己懂得管理，而你的上司就没有考虑过这些问题，说不定你的直接上司老早就考虑过。
- 弄清楚自身的可信度，考虑间接上司对我的认同程度，分析自身在公司中的地位和影响力。如果你在公司中口碑并不好，在人家心目中的印象是负面的，就可能会影响你沟通的效果。
- 弄清楚你对问题看法的客观程度，对目标问题考虑的深入程度和系统程度。如果你所提出的只有问题，没有对策，你最好不要提，因为谁都会对问题发牢骚，领导听得多了就失去了沟通的兴趣，领导可能更感兴趣的是如何解决这些问题的建议。

对于信息策略的分析，关键点在于问自己这样三个问题：“我是否是站在组织的立场思考问题的?”“我是否能站在上司的立场思考问题?”“上司最感兴趣（或最关心）的是什么?”从这些问题出发，可以明确，在一般情况下，与上司沟通要贯彻以下四个处理策略：

- 就事论事，对事不对人，如根据个人感受，立足于公司的利益去确定内容；不对上司的人身作评论，不对他人评头论足。
- 在信息结构安排上，能从客观情况描述入手；引出一般性看法；再就问题提出自己的具体看法。比如以征求间接上司意见的方式引出话题，在恰当的时机提出相应的建议。
- 在语言的表达上，言辞不能过激，表情平淡，态度谦虚。

对于沟通渠道和沟通环境的选择上，应根据上司的背景选择用口头沟通，还是用笔头沟通；用正式渠道，还是非正式渠道。一般来说，为了尽量避免直接上司知道，私下沟通较为合适，比如可以通过工会开会、合理化建议的方式作为反映问题的通道，或者用其他灵活方式安排的沟通渠道。在沟通环境策略的制定方面，应选择合适的时机、合适的场合，以咨询的方式提出，比如以“表面上的不刻意，实际上的精心准备”作为策略，营造合适的、宽松的氛围（如单位集体活动、工会组织召开的本身是鼓励反映情况的座谈会），向间接上司提出你的建议。

3.6 用礼貌语言来请求的30种方法

无论是何种类型的客体，有一个共同点就是希望在沟通时得到对方的尊重，尤其是向对方提出请求时，恰当地运用策略，能够收到特别的效果。用礼貌语言来请求，能够让对方感受到被尊重，能维护对方的面子，照顾对方的意愿；而对于沟通主体，能够反映出自身良好的素质，并由此使对方乐意接受你的请求，达到自己的目标。这里列举了用礼貌语言来请求的30种方法，供大家参考。

用礼貌语言请求的30种方法

1. 间接法：通过间接的表达方式，以商量的口气提出请求，令人易于接受。例如：

好的表达：你能否尽快帮我一个忙，把这件事情处理好？

对照表达：尽快替我把这件事办一下。

2. 缓言法：借助于辅助语来减缓话语的压力，避免唐突，充分维护对方的面子。例如：

好的表达：小王，不知您可不可以把这封信带给他？

对照表达：小王，把这封信带给他！

3. 悲观法：通过流露不太相信能成功的想法把请求表达出来，给对方和自己以退路。例如：

好的表达：你可能不太愿意，不过我还是想麻烦你一趟。

对照表达：你去一趟！

4. 缩小法：把要求说得很小，以便对方接受，从而达到满足自己的愿望和要求的目的。例如：

好的表达：你帮我这一步就可以了，其余的事情我自己来做。

对照表达：（前提是这件事有些为难对方）这件事就全靠你了。

5. 谦恭法：通过抬高对方，贬低自己的方法把请求表达出来，显得彬彬有礼。例如：

好的表达：您老就别推辞了，我们都在恭候您呢？

对照表达：请您出席我们的会议。

6. 知错法：表明自己知道不该提出请求，只是出于无奈。例如：

好的表达：真不该在这个时候打扰您，但实在没有办法。

对照表达：麻烦您去一趟。

7. 体谅法：先说明自己体谅对方的心情，再提出请求。例如：

好的表达：我知道你手头也不宽裕，不过实在没有办法，只好向你借一借。

对照表达：请你借一点钱给我。

8. 迟疑法：首先讲明自己本不愿打扰对方，再提出请求，缓和语气。例如：

好的表达：这件事我实在不想多提，可你一直没有帮我办。

对照表达：你怎么一直没有替我办？

9. 述因法：提出请求时把具体原因讲出来，使对方感觉很有道理，应该帮助。例如：

好的表达：隔行如隔山，我一点儿也不懂那里的规矩，你是熟悉的，就替我办了吧。

对照表达：你帮我办吧！

10. 乞谅法：先请对方谅解，再提出请求，显得友好、和谐。例如：

好的表达：恕我冒昧，又来麻烦您了。

对照表达：我又来麻烦您了。

11. 被动法：通过运用被动句式，避免提及对方，来婉转表达请对方帮助办事的有关意图。例如：

好的表达：如果事成了，不会让你白操心的。

对照表达：如果按时完成，我就奖励你。

12. 不定法：运用不定代词代替“你”、“我”来表达相关意思，使话语平和。例如：

好的表达：谁求不着谁？任何人都会这样做的。

比照表达：我只好这样做了。

13. 复代法：用“我们”来代替“我”，来表达自己的意愿，以免显得武断。例如：

好的表达：我们是实在没有办法了才来找您帮忙的。

比照表达：我是没法子才来找您帮助的。

14. 谦称法：用谦虚的自我称号来代替“我”，显得谦和有礼。例如：

好的表达：晚辈失礼了，这点儿小事还来打扰您。

比照表达：我失礼了，这点小事还来打扰您。

15. 远视法；用无指代词等把时间、地点等方面的视点推远，使语句婉转，减轻对方的心理压力。例如：

好的表达：那种事情费不了你多大的劲儿。

比照表达：这件事你肯定办得了。

16. 定规法：通过讲述有关的规定，来表达有关意思，避免直接指明对方，减少个人发号施令的口气。例如：

好的表达：上头规定此事由你负责，所以我非求你不可。

对照表达：这件事由你负责。

17. 感激法：提出请求时表示自己对人家的感激之情，显得尊重人家对自己的帮助。如：

好的表达：如蒙鼎力相助，我们将不胜感激。

对照表达：我们会感激你的帮助。

18. 暗示法：通过暗示语句来表达有关意思，以免直接驱使对方，而使对方感到面子难下。如：

好的表达：我要出差了，那件事来不及办了，可没人接手不行。

对照表达：那件事你接着办吧。

19. 线索法：通过提供有关线索，间接引导对方考虑自己的请求，给对方留下余地。如：

好的表达：我们公司离你家很近，几步路就到了。

对照表达：请你到我公司来谈。

20. 预设法：通过蕴涵的前提来暗示有关意思，使对方自然而然地按照自己的要求去做。例如：

好的表达：上周是我值的班。

对照表达：这周该你值班了。

21. 淡化法：有意用轻描淡写的语言表达有关意思，使请求易于让对方接受。例如：

好的表达：请你帮助我把这间房间稍微粉刷一下。

对照表达：请把这房间彻底粉刷一下。

22. 夸大法：用夸张的语言把有关意思表达出来，求得对方的谅解。例如：

好的表达：我是上天无路，入地无门了。

对照表达：我只能给你添麻烦了。

23. 重言法：借助同语反复句式来表达请求，显得较为通情达理。例如：

好的表达：领导毕竟是领导。

比照表达：这事非你不行。

24. 矛盾法：用自相矛盾的语言来表达有关意思，在模棱两可中提出请求。例如：

好的表达：我本来不想跟你提这件事，可还是提了。

比照表达：请你帮我忙。

25. 反语法：用反话来密切双方的关系，表达自己的请求，显得轻松愉悦。例如：

好的表达：朋友说你帮人很热心的（实际上很冷淡）。

比照表达：你怎么对这事不热心？

26. 反问法；通过反问句表达有关意思，避免直陈己见而显得缺乏涵养。例如：

好的表达：除了请你帮忙，我还能怎么办呢？

比照表达：我没办法了，只好请你帮忙。

27. 歧义法：使用多义语言来表达混夹多种意思的请求，以免与对方产生直接分歧。例如：

好的表达：这可是一件见仁见智的事情。

对照表达：这件事是好事。

28. 笼统法：用笼统的语言来表达有关请求，避免令人反感的直接吆喝，效果会更好。例如：

好的表达：这里需要盖个章。

对照表达：请您给我盖个章。

29. 含糊其词法：用不点名道姓的办法来表达请求意思，照顾人家的面子，对自己有益。例如：

好的表达：好像有人在为难我们。

对照表达：你在为难我。

30. 不言自明法：用说半句、留半句的方法来表达请求，点到为止。例如：

好的表达：我已在这个岗位干了八年了……

对照表达：我想换个岗位。

3.7 本章案例

案例5 钢铁公司人事制度改革

1998年9月初，某钢铁公司为了深化企业改革，决定对公司的人事制度进行重大改革。公司决定人事制度改革将从两个方面入手，一是提高公司员工的工资和福利水平；二是对富余人员实行下岗分流。但公司决定向全体员工传达这两个信息时，却陷入一种尴尬的境地，因为这个决定对大部分员工来说，是一个好消息，但对小部分员工来说，却是一个坏消息，这很可能会导致公司人心很大的波动，而且明显的反差会强化这样的结果。当董事长和助手们讨论这件事时，他们意识到向全体成员传达信息将面临一个熟悉但艰难的问题，并且，看起来需要对员工传达信息方面的某些传统作法作重新评价。

1. 好消息和坏消息

好消息是公司近期将全面提高员工的薪水和福利水平，其中退休补贴、假期、医疗保险、人寿保险和内部职工股的权益都将有不同程度的提高。这些变化，一方面来自于公司狠抓内部管理，不断降低生产成本；另一方面来自整个外部市场需求的增加，以及经济形势的回升。通常情况下，这些变化是通过公司文件、公告和内部定期出版的刊物向全体员工传达的。在内部出版刊物中，“H钢新闻”面向正式员工，“家庭”面向临时工。

坏消息是公司近期将有相当一部分员工要下岗，包括正式员工和临时工。作为一个成熟性的行业，钢铁工业的长期萧条使公司不能灵活地应付来自国内外公司的竞争，预计在未来的18个月内，H钢铁的业务将下降25%。与此同时，公司需要大量的资金。为了在与国内的宝钢、邯钢、武钢等公司，以及欧洲和日本的企业竞争中取得一定的竞争力。该钢铁公司需引进和装备新的生产流水线，建造最新型的卷板厂和热轧厂。另外，公司还需要应付国家日益严格的污染防治法规。因此，在接下来的五年中，公司的资金需求将达到每年20亿元。为此，公司急需在各方面节约开支以降低成本。

近几年来，该钢铁公司已经想方设法在采取措施，以不断降低生产成本和管理成本，如公司撤消了几个规模小、效率低的设备和生产线；搁置了一些不适合环境要求的项目；限制加班和临时工的使用；采取招投标方式等降低原材料采购成本；压缩产品销售成本，如控制出差及其相关费用；只要可能，会议都将在公司内举行。尽管采取了这些措施，但还不能达到预期的效果，现在，他们不得不考虑裁员的问题。公司并没有规定裁员的具体数量，但公司希望裁员的数量保持在尽可能低的水平，但大约有 2000 名左右的员工将受到影响。通过提早退休和职位调动，能削减其中半数的人员。公司原计划，当条件成熟时，把原来通过内部员工调动的方式进行补充的公开职位保留下来，通过与高校接触与签订协议，以招聘的方式引进。但实际上，自 1994 年以来由于人员平衡的原因一直都没有实行。尽管如此，还将有 1000 名左右的员工将不得不下岗。

2. 正式员工

钢铁公司正式职员从一般职员到高级经理分为 18 级不同的岗位。1～10 级包括服务人员、维修工人、办公室文书人员、生产组长、普通工头、生产主管、普通工程师。从 11 级开始包括高级工程师和管理者。裁员将包括从基层到高层领导者，而且比例相当。没有哪个级别的员工因为比其他级别的员工更为重要而减少裁员的幅度。每一位在公司工作一年以上的正式职员在下岗时，公司会支付他们一笔生活费；同时，他或她将获得一笔依据工龄的补偿费（根据员工实际工龄计算费用）。在下岗后，保险的期限将持续半年；并且，如果他们愿意支付一笔较为合理的费用，保险的期限将会继续下去。但是，公司领导层考虑到，这次下岗的相当部分正式员工在再就业方面将会遇到较大的麻烦，因此，打算尽其所能去帮助下岗的正式职员找到一份新的工作。

对于临时工（他们中的 1000 名在 11 月 30 日前由于合同到期而被解雇），公司将根据公司在 1996 年制定的" 临时工权益保障制度"给予补偿。“临时工权益保障”是公司工会为其会员提供的，除公司的失业补偿和国家的有关规定给予补偿外，下岗员工将根据其服务的年限的不同，最多能获得一份相当于以前两年基础工资总和的补偿。

3. 如何传达这些信息

按照惯例，公司一般不向公众公开宣布减员的计划和原因。有关主管只是将个别员工叫到办公室，通知他的职务被撤消了，或公司已不需要他们的服务了，把他调离一个岗位，或直接通知其下岗。

罗铭是负责人事的副经理，建议在这种情形下，董事长应该重新考虑信息传达的方法。罗铭认为，若按传统的方法去操作会使局面进一步恶化、谣言四起。与其让谣言胡乱猜测，还不如告诉员工全部事实。他强烈要求董事长向全体员工解释公司之所以作出这项决定的原因，尽量使风波变得平静。

九月中旬，当助手们讨论这件事时，罗铭的观点得到了广泛的接受。但当这个决定在开始执行时又有几个问题：

- 提高工资福利水平和裁员这两件消息是放在同一个文件中向职员传达还是放在不同的文件中？
- 如何安排好常规渠道的传达（“H 钢新闻”、“家庭”）和特殊渠道的传达？
- 由谁签署命令——是执行副总裁、人事部经理还是董事长自己？
- 公司是否应召开一次会议作出书面说明或录像声明？
- 该用什么方法与外界进行最有效的沟通？

4. 助手们的讨论

这些问题引发了相当大的讨论。人事部经理李娜主张只需要一份文件，而罗铭觉得需要两份文件来说明。他认为，不管如何详细的解释，这两个消息看起来是相互冲突的。因可能下岗给员工带来的焦急和愤怒将抵消由福利带来的喜悦，而董事长则同意人事部经理的观点，认为一份文件就足够了。然而，他强调员工和大众传播媒体都应该被认为是关键要素来考虑。也许，一份文件和一个新闻应该按顺序发表。助手们并不完全同意向员工强调任何文件或备忘录。罗铭觉得应该告诉员工来自钢铁工业普遍衰退的冲击和公司将要采取的降低成本的方法，并且，他主张应该明确告诉员工谁将要下岗。

李娜小心地试图说明公司面临的局面，她觉得这种员工的情绪对信息传达来说是十分棘手的，对员工来说似乎是虚伪的，因为职工会认为公司欺骗了他们。

助手们同时讨论了特殊传达方式的对象和应由谁签署的问题。一些人极力主张发表由董事长签署的“全体性”公告；而另外一些人觉得应由主管人事的李娜签署。但每个人都同意时间非常重要：在新闻披露以前，公司应该告诉员工公司的计划，他们同时达成共识，认为一旦事情实行，职工和新闻界将会提出各种各样的问题，公司急需成立一个机构来应付此类事件。

明天董事长将起程前往日本，但他觉得该是对助手们的讨论作出决定的时候了。罗铭同意起草一份行动计划，准备必须的材料。

讨论

1. 在传达钢铁公司好的和坏的消息时，哪些人是应该考虑的关键对象？为什么？
2. 针对这些不同的对象，应采用什么信息策略？信息内容如何安排？
3. 你认为如何解决九月中旬开会时所提出的五个问题？
4. 请从客体导向设计出沟通的过程。

*　　*　　*

附录　自我认知风格测试

该测试的目的是为了帮你去发现面临碰到的各类信息时的思考方式。答案没有对错之分，而且相互一样都是好的。要试着去真正发现你现实的或可能的反应，而不要刻意去想我应该如何反应。对于每个场景都会给出三对选择。在每一对选择中，选择最真实反映你的反应的答案。假如你不是非常肯定，就猜测与你最接近的答案。当回答完所有的问题后计算你的得分，这个得分可作为与他人比较的基础。

1. 假设你是一个天体科学家，你的工作是收集有关水星的卫星的信息。下列哪一条是你在研究中最感兴趣的？

(1) a. 卫星之间的相似点

　　b. 卫星之间的差异点

(2) a. 整个卫星系统是如何运作的

b. 每个卫星的特性

(3) a. 水星及其卫星与地球及地球的卫星之间的区别所在

b. 水星及其卫星与地球及其卫星之间的相同之处

2. 假设你是一个企业的总经理，要求你的分公司主管在年末做述职报告。下列哪一条对你最有吸引力？

(4) a. 一个有详细分析数据的述职报告

b. 着重整体远景的述职报告

(5) a. 展示分公司对公司整体贡献的述职报告

b. 展示分公司单独贡献的述职报告

(6) a. 分公司的运作细节

b. 分公司业绩数据的大体概括

3. 假设你正在某一个亚洲国家访问，现在你正要写信回家讲述你的游行经历。下列哪一种是你最典型的叙述方式？

(7) a. 对人和事件的详细描述

b. 一般性的观感和感受

(8) a. 重点介绍与本国文化的相似之处

b. 重点介绍他国文化的独特之处

(9) a. 整体的、概括性的经历观感

b. 经历中某几个片段的个别的、独特的观感

4. 假设你正欣赏由著名交响乐队演奏的音乐会。下列哪一条是你最有可能去做的？

(10) a. 倾听单个乐器的不同演奏内容

b. 倾听所有乐器合奏的和谐乐章

(11) a. 集中于欣赏音乐整体旋律的全部情感

b. 主要欣赏乐曲不同部分所带来的不同的感受

(12) a. 集中于欣赏指挥的整体风格

b. 重点在于欣赏指挥是如何演绎不同乐章的

5. 假设你正考虑接受某一组织的工作。就决定是否接受这项工作，下列哪一种行动是你最可能采取的？

(13) a. 系统收集该组织的有关信息

b. 依赖个人直觉或灵感

(14) a. 首先考虑该工作是否适合自己
b. 首先考虑在组织中要取得成功所需的政治关系问题
(15) a. 收集数据和做决定都是很有条理性的
b. 主要考虑个人本性和内在感受

6. 假如你继承了一份遗产，并准备进行投资。恰好你得知一家新成立的高科技企业在发行股票。当你决定购买该企业的股票时，下列哪一条同你实际情况较一致？

(16) a. 你是依靠自己的预感来投资
b. 只有在经过对该企业的系统调查以后，你才进行投资
(17) a. 你进行投资多多少少有些冲动
b. 你按照一个预定的程序进行投资决策
(18) a. 你能理智地将投资于不同企业的投资决策进行比较
b. 理智地将投资于不同企业的投资决策进行比较对你来说是件很困难的事

7. 假设你正接受电视采访，以下是你将被问到的问题和相应的选择，选择最适合你的答案。

(19) 你是如何做菜的？
a. 使用烹饪手册
b. 不使用烹饪手册
(20) 你如何预测下一赛季全国足球甲级联赛的冠军？
a. 经过系统研究球队人员构成和以往战绩
b. 预感和直觉
(21) 你最喜欢哪类游戏？
a. 随机性的游戏
b. 国际象棋、围棋等逻辑性的游戏

8. 假设你是一个经理，现在需要聘请一个经理助理。下列哪些是你最有可能做的？

(22) a. 使用一套问题来面试每个候选人
b. 以对每个候选人的个人感受和直觉为判断
(23) a. 主要考虑你和候选人之间的性格是否合拍
b. 主要考虑候选人能力是否满足职务的要求
(24) a. 依靠候选人真实的、历史的背景做决定

b. 依靠个人感觉和印象做决定

"认知风格"测试题答案评判

评分要点

为了在两维的认知风格中决定你的得分，在下表中圈出你选择的条款。然后加总你圈出的条款数并添入下面的空格中。

搜集信息		评价信息	
1a	1b	13a	13b
2a	2b	14b	14a
3b	3a	15a	15b
4b	4a	16b	16a
5a	5b	17b	17a
6b	6a	18a	18b
7b	7a	19a	19b
8a	8b	20a	20b
9a	9b	21b	21a
10b	10a	22a	22b
11a	11b	23b	23a
12a	12b	24a	24b

直觉　得分　　感觉　得分　　思考　得分　　知觉　得分

比较数据

	直觉	感觉	思考	知觉
男	5.98	6.02	6.08	5.20
女	6.04	5.96	6.94	5.06

第四章　沟通主体分析

【本章提要】　本章首先提出了沟通主体分析的两个基本问题：我是谁，我在什么地方。在解决这两个基本问题基础上，分析了如何确定沟通的目标和策略。沟通主体分析的目标在于让沟通者识别自身的优点和不足，不断提高自身的优点，改善自身的不足。本章重点分析了沟通者如何提高自我沟通技能的策略和艺术。自我沟通是成功的管理沟通的基础，自我沟通技能是管理者实现成功沟通的内在素质要求，为帮助沟通者提升自我沟通技能，本章提出自我沟通技能提升的“三阶段七艺术”观点，并分析了自我沟通的艺术：审视自我动机、静心思考自我、修炼自我意识；善于积极倾听、转换视角、开放心灵；超越目标和愿景、以自我为目标。

4.1　沟通主体分析的两个基本问题

沟通主体分析的根本是解决“我是谁?”、“我在什么地方?”这两个问题。沟通者分析“我是谁”的过程，就是自我认知的过程；而分析“我在什么地方”的过程就是自我定位的过程。

概括而言，要弄清楚“我是谁”，关键在于解剖自身的物质认知、社会认知和精神认知，分析自身内在动机和外在动机之间的统一程度。具体如何分析，在以下的自我认知中将作具体论述，这里首先就沟通者如何提高自身的可信度提出一些建议。分析“我在什么地方”，就是要对自身的地位、能力、个性特点、价值观和形象等方面有客观的定位。

4.1.1　沟通者的可信度

【讨论】　你是一位刚从学校毕业才到公司报到的年轻人，公司在每年都要召开一次对新员工的欢迎大会，参加大会的除了刚分配来的员工，还有不同年龄层次的老员工，以及公司的主要领导。很荣幸，公司安排你在这次大会上代表全部新来员工作个演讲。你也认识到，这是一次只能成功不能失败、而且对你的发展可能是一个机遇的重要演讲，可你从来没有在这样大的场合中演讲过，你想到这些就感到很紧张。那么，你将采取什么措施，来最大程度地保证这次演讲的成功?

要解决上面所述的问题，应该有许多方面工作需要准备，比如演讲稿、服装、语言表达方式等等。所有这些准备的目的中，最重要的是对自身可信度的准备，因为你的可信度将成为决定演讲成败的第一因素。

所谓可信度，简单地说，就是你如何让对方感觉到自己是值得为大家所信任的，自己的演讲内容也是值得大家去接受的。分析自己在受众心目中的可信度，就是沟通者在策略制定时需要分析受众对自己的看法，因为你的可信度将影响到你与他们的沟通方式。根据福兰契（French）、莱文（Raven）和科特（Kotter）的观点，沟通者的可信度受到沟通者的身份地位、良好意愿、专业知识、外表形象、共同价值等五个因素的影响。其中：

- 身份地位分析时要明确自身的等级权力，有时为了增强沟通效果或达到沟通目的，可以强调你的头衔与地位，以增强自身的可信度；
- 沟通者的良好意愿状况，可根据个人关系长期记录来获得沟通对象的信赖；
- 沟通者自身的专门技术水平和素质，特别是知识能力是构成沟通者可信度的内在要求；
- 沟通者的外表形象，是产生吸引力的外在因素，当沟通者有良好的外表形象时，能强化听众喜欢你的欲望；
- 沟通者和沟通对象的共同价值，包括道德观、行为标准，是沟通双方良好的人际关系和持续沟通的本质要素，尤其是沟通双方在沟通开始就建立共同点和相似点，将信息和共同价值联系起来，可迅速提升沟通者的可信度。

沟通者通过对自身这五个因素的分析（见表 4.1）和提升，不但可强调整自己的初始可信度，而且还可增加后天可信度，增强沟通者在受众心目中的整体可信度。

表 4.1　影响可信度的因素和技巧

因素	建立基础	对初始可信度的强调	对后天可信度的加强
身份地位	等级权力	强调你的头衔或地位	将你与地位很高的某人联系起来（如共同署名或进行介绍）
良好意愿	个人关系、“长期记录”等值得信赖	涉及关系或长期记录	通过指出受众利益来建立良好意愿
		承认利益上的冲突，作出合理的评估	
专业知识	知识和能力	包括经历和简历	将你自己与受众认为是专家的人联系起来，或引用他人话语
外表形象	吸引力，受众具有喜欢你的欲望	强调受众认为有吸引力的特质	通过认同你的受众利益来建立你的形象；运用受众认为活泼的非语言表达方式及语言
共同价值	道德准则	在沟通开始就建立共同点和相似点，将信息与共同价值结合起来	

注：资料引自玛丽．蒙特，管理沟通指南——有效商务写作与交谈，钱小军，张浩译，清华大学出版社，1998。

初始可信度是指在沟通发生之前受众对你的看法。作为沟通策略的一部分，沟通者可能需要向听众强调或提醒他们你的初始可信度。在那些你拥有很高初始可信度的场合下，你应该把它当作“可信度银行账户”，假如人们对你推崇备至，即使你的决策或建议不受欢迎或者不能完全与他们的预先期望相一致，他们仍可能对你充满信任。但是，应意识到的一点是，就像使用你的银行存款后储蓄减少一样，使用你的初始可信度会降低你的可信度水平，因此，你必须不断通过良好意愿和专业知识来提高你在“可信度银行账户”上的储蓄水平。

后天可信度是指沟通者在与受众沟通之后，受众对沟通者形成的看法。即使受众事先对你毫无了解，但你的好主意或具有说服力的写作和演说技巧有助于你赢得可信度。因此，获得可信度的最根本办法是在整个沟通过程中表现出色。

4.1.2　沟通者自我背景

前面具体就沟通者在受众心目中的可信度作了讨论，可信度分析是弄清楚“我是谁”的重要内容。接着的问题是要分析“我在什么地方”，也就是自我定位。本章后面的“自我意识”中将就如何自我定位展开分析，这里先提出沟通者如何对自我背景作测试。沟通者自我背景测试的内容包括：你在组织中的地位、可获得的资源、组织传统和价值观、人际关系网络、领导者的利益和偏见、沟通渠道、你和竞争者之间的经营现状、文化环境等。这些内容将在以后的内容中不断展开，这里先列出沟通者策略选择的测试框架（见表4.2）。

表4.2　沟通者自我背景测试框架

- ✚ 我的沟通目标是否符合社会伦理、道德伦理？
- ✚ 在现有内、外部竞争环境下，这些目标是否具有合理性？
- ✚ 我就这个问题作指导性或咨询性沟通的可信度如何？
- ✚ 是否有足够的资源（如信息、资料等）来支持我的目标的实现？
- ✚ 我的目标是否能得到那些我所希望的合作者的支持？
- ✚ 我的现实目标是否会与其他同等重要的目标或更重要的目标发生冲突？
- ✚ 目标实现的后果如何，能否保证我及组织能够得到比现在更好的结果？

4.2　目标和策略的确定

4.2.1　沟通目标的确定

沟通者策略，即沟通主体为达到某一目标，通过自身的特点、身份背景、地位、素质等的分析，采取相应的策略去实现沟通的目标。任何一个管理者在沟通行为的发生之前，都必须明确自己沟通的目标。

这种目标可分为三个层次：总体目标、行动目标和沟通目标。

- ✚ 总体目标：指沟通者期望实现的最根本结果；
- ✚ 行动目标：指导沟通者自身走向总体目标的具体的、可度量的、有时限的步骤；
- ✚ 沟通目标：沟通者就受众对笔头、口头沟通起何种反应的期望。

例如，某公司为了实现研究开发部门、制造部门和市场部门的有机协调，公司总经理决定这三个部门的负责人每月举行一次例会，共同讨论在研究开发、生产、市场几个部门之间如何高效协调的对策，在这个协调会上，总经理的总体目标是为了实现公司内部各部门之间的沟通；行动目标是要求各部门每隔一个月时间协调讨论一次；而沟通目标是要求各部门的负责人能够了解各个部门之间工作的实际情况，并且让各部门的负责人能够领会每个阶段公司的意图。

4.2.2　策略的选择

在沟通过程中，沟通者根据自己对沟通内容的控制程度和沟通对象的参与程度不同，可采取四种不同的沟通形式，即告知、说服、征询、参与（如图 4.1）。

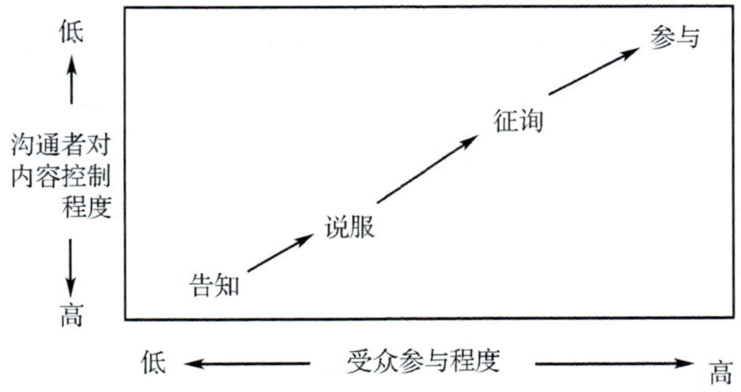

图 4.1　沟通者策略的选择

（资料资源：该图引自文献“M. E. Hattersley，L. McJannet，Management Communication：Principles and Practice，McGraw－Hill Companies，1997，p14）

告知策略一般用于沟通者属于权威或在信息掌握程度上处于完全控制地位的状况，沟通者仅仅是向对方叙述或解释信息或要求，沟通的结果在于让受众接受你的理解和要求。如老板要下属知道或明白规定任务的完成，但不需要他们参与意见。

说服策略一般发生在这样的背景下：沟通者属于权威或在信息方面处于主导地位，但受众有最终的决定权，沟通者只能向对方建议做或不做的利弊，以供对方参考，但沟通者的目标在于让受众根据自己的建议去实施这样的行为。如销售人员向客户推销产品，或技术部门主管向预算委员会提出增加研究开发经费的建议，对方可以接受或不接受你的建议或你的预算，最终决策权还在听众。

征询策略一般发生在沟通者希望就计划执行的行为得到受众的认同，或者沟通者希望通过商议来共同达到某个目的。双方都要付出，也都有收获。如沟通者希望说服同事支持他向高层管理者提出某个建议。

参与策略则具有最大程度的合作性。沟通者可能起先尚没有形成最后的建议，需要通过共同讨论去发现解决问题的办法。如采用头脑风暴法，让与会者就某个创新性的问题提出新的思想。

在上述四种策略中，我们把前两者（告知和说服）统称为指导性策略，把后两者（征询和参与）统称为咨询性策略。现在分析在何种情况下应该用指导性策略，何种情况下应采用咨询性策略。一般来说，当沟通者认为沟通的目的在于通过为下属或他人提供建议、信息或制定标准的方式帮助下属提高工作技巧时，可采用指导性策略。而当沟通者认为沟通的目的在于帮助他人或下属认识他们的思想情感和个性问题时，则更适合采用咨询性策略。指导性策略重在能力，而咨询性策略重在态度。

在讨论策略选择前，先分析下面的例子。

【例子】 你是一家专门为航天工业提供零部件的生产企业的总经理，李明义是销售分公司经理，他直接向你负责。很长一段时期以来，李明义的分公司总是达不到计划的要求，销售员人均销售收入低于公司平均水平，而且李明义每月的报告总是迟交。在得到年度中期报告后，你决定找他谈谈，并约定了他。但当你准时到李明义办公室时，发现他不在。他的助手告诉你，李明义手下的一位销售部门负责人刚刚过来作突然拜访，抱怨一些新员工上班迟到，中间休息时间太长。李明义马上与那位经理去销售部，打算给销售员们一番“精神”训话，激励他们勿忘业绩目标。当他回来的时候，你足足等了15分钟。你公司还有一位叫白露的管理人员，刚从国内某著名大学管理学院获得了MBA学位，最近加入了你的公司，任职于财务部门，负责财务计划小组内的工作。她是揣着非常有力的推荐与学历证明进入公司的。但是，白露刚来时间不长，就发现她在加强个人声誉方面似乎有点不择手段。近来，你听到越来越多有关白露的议论，比如：她行为傲慢，自我推销，公开批评小组内其他成员的工作。当你第一次与她就小组业绩进行交谈时，她否认小组中存在问题。她宣称如果有什么的话，那就是她正通过提高小组工作标准对小组业绩产生了正面影响。当听到了最近来自她同事的一系列抱怨后，你决定再次安排时间与白露谈谈。

【问题】 这个案例中你的两个下属所存在问题的关键是什么？你将如何与李明义、白露交谈，使得你在解决问题的同时与下属的关系也得到加强？你将说什么、如何说，才可能有一个最好的结果？

这个案例能较好地帮助我们厘清两类不同的人际沟通方式。对于李明义，可以发现在管理方面能力比较缺乏；提供的信息或是无效信息，或是错误信息；所管理的下属工作不称职。为此，你需要告知他如何更好地安排工作，以取得更好的业绩。这时，你作为李明义的上级，为他提供有关建议、信息或者标准的信息非常重要，应该让他意识到问题所在，以及如何克服等具体管理问题。所以，对他你应该采用指导性沟通方式。

在李明义的问题上，有一个典型的现象——管理者的“下属替代”行为。他不允许下属们自己解决问题，导致他自己管理效率低下。由于他要求下属向他报告的是问题，而不是解决问题的方案，并且直接与有问题的下属面议，李明义就把自己埋在了工作堆中。所以，李明义需要得到的指导还应包括如何避免“下属替代”现象，以及如何有效地承担责任和树立权威。

对于白露，则说明了何时应采取咨询性沟通策略。我们认为，当问题源于态度、个性冲突、防卫心理或其他与情绪有关因素时，沟通者就需要给对方提供咨询意见，采取共同讨论和协商的方式，帮助下属解决存在的问题。就白露来说，她的管理能力并不是问题，只是她没有意识到自己在工作方式、个性和工作态度中存在的问题，也没有意识到应向他人征求咨询性意见。应该说，白露在这个职位上是合适的，你找白露沟通的目标应在于帮助白露认识到存在的问题和识别解决问题的方式。当咨询性策略用于态度问题时，沟通者的目标应在于帮助下属或他人认识到问题之所在，当他们意识到问题之所在后，他们自己完全有能力去解决。

相反，如果对白露采用指导性沟通策略，就会恶化问题的解决，引起她的防卫心理，并可能引起她抵制自身的改变。沟通者如果对她指手划脚，建议她如何做工作或者她不应该做什么，可能会使得她的防卫情绪更加严重。

4.3 自我沟通的作用

以上所讨论的沟通者的自我认知、自我定位，沟通目标的确立和沟通策略的选择，都需要在沟通行为发生前就解决好。我们把这些内容都包含在沟通主体自我分析策略的范畴之内。在沟通主体自我分析过程中，最根本的问题就是自我沟通。

成功沟通的前提是成功的自我沟通。“要说服他人，首先要说服自己”就是对自我沟通重要性和必要性的现实概括。在一般情况下，无论从管理民主性看，还是从激励理论看，每一个个体的积极性发挥来自于自身对工作的认同。管理者要指导、管理和激励下属去完成某一项任务，首先应该从内心里认同工作的价值。管理者自身和下属共同认同工作价值的过程，实际上是一个自我沟通前提下的人际沟通过程，是一个主体和客体认知趋同的过程。在双因素激励理论中，研究者认为个体对工作的兴趣属于内在的激励因素，因此，管理者要成功地实现管理的职能，本质上要求管理者自我意识到工作本身的价值，并由此产生对工作的兴趣。在特殊情况下，实际工作和管理过程中存在服从原则，在必要时候要求下属无条件地服从工作安排。为了使服从原则能得到执行，其前提仍然是服从者说服自己从内心中认为接受服从是必要的，如果管理者自己认为服从是不必要的，却要求下属服从，就违背了建设性沟通的表里一致原则，结果是下属仅仅因为你的权威和命令才去遵守这样的服从命令。所以，每个个体说服自己接受“服从”的过程，内在地，同样是一个“自我沟通”的过程。

无论从一般意义看，还是从特殊状态看，自我沟通技能的开发与提升是成功管理者的基本素质。自我沟通的目的在于取得自我内在认同的基础上，更有效率、更有效益地解决现实问题，自我沟通是手段和过程的内在统一，而最终目标在于解决外在的问题。因此，自我沟通是一个内在和外在得到统一过程中的联结点，没有自我沟通过程，自我认知和外界需求就成为各自孤立的分离体。

4.4 自我沟通的过程和特点

【案例讨论】 在分析自我沟通的过程之前，我们先来讨论这样一个问题：如果你是一个建筑安装公司的经理，你公司的业务是承包工程项目中的安装施工任务。公司主要由两个部分组成，一是项目部，负责具体的业务生产；另一部分是公司职能部门，负责公司总部的管理工作。由于项目部的工作性质特点，项目部员工是没有休息日的，工地上的生产人员与管理人员从来没有休息天，而公司总部的管理部门，以前一直有法定的休息日（一周休息两天）。

由于休息时间的区别对待，项目部管理人员一直对此有意见，认为工地的员工没有休息日，而总部员工有休息日，这是不合理的，因为项目部在施工过程中，经常需要总部管理人员的配合，如果总部管理人员不上班，项目部门生产过程中碰到的问题不能及时得到管理人员的协助解决。根据项目部门的意见，公司经理决定，总部办公室员工也要在周末加班，一周工作六天。

这个规定一出台，马上又招致了总部办公室员工的反对。认为公司不能强迫办公室员工加班，如果加班必须支付加班工资。现在实际情况是，尽管总部办公室人员在新的规定下加班了，但因为他们不愿意加班，在加班过程中，工作效率特别低下，抵触情绪很大。

为解决好这些问题，如果你作为经理，要解决好这个问题，你得与办公室人员或项目部管理人员沟通。为此，你可能会考虑：项目部管理人员和办公室管理人员两方面的意见，哪方是合理的？为了执行你的政策，你准备如何与他们沟通，你是如何思考这个问题的？成功的管理沟通的前提是什么？

管理沟通是一个主体为了某种目标，通过编码和组织信息，选择有效的沟通渠道（媒体）输出信息，客体通过解码并接受信息，并以反应的方式对信息作出反馈，使沟通得到连续的过程。在管理沟通过程中，包含了主体、客体、目标、信息、媒体和反馈等要素。同样地，自我沟通作为特殊的人际沟通方式，也是主体为了某种目标输出信息，由客体接受并作出反馈的过程（见图 4.2）。

自我沟通除了在过程上与一般人际沟通具有相似性外，在具体要

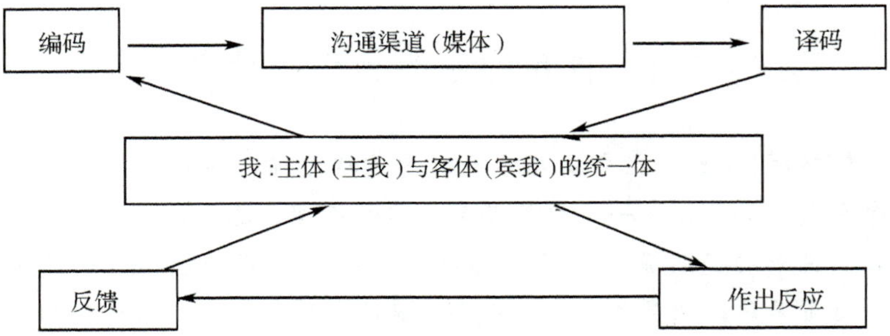

图 4.2 自我沟通过程

素和活动上有其自身的特殊性，主要表现在：

(1) 主体和客体的同一性。自我沟通中，沟通的主体和客体都是“我”本身。“我”同时承担信息的编码和解码功能；

(2) 自我沟通的目的在于说服自己，而不是说服他人，因此，自我沟通常常在自我的原来认知和现实外部需求出现冲突时发生；

(3) 沟通过程中的反馈来自于“我”本身——主我。由于信息输出、接受、反应和反馈几乎同时进行，因此，这些基本活动之间没有明显的时间分隔，它们几乎同时进行，也同时结束；

(4) 沟通中的媒体也是“我”本身。沟通渠道可以是语言（如自言自语）、文字（如日记、随感等)，也可以是自我心理暗示。

正如人际沟通中要进行要素策略制定一样，自我沟通过程中同样有受众策略、信息策略、媒体策略等问题。受众策略分析就是自我认识的过程；信息策略制定就是如何通过学习，寻找各种依据和道理对自我进行说服，这种信息可能来自于自身的思考，也可能来自他人的经验或书本的知识；媒体策略则是每个个体根据自己的特点选择相应的沟通渠道，如有的人习惯于通过写日记的方式表达自己的感情，有的习惯于通过冥思苦想的方式来解脱自己；有的习惯于看书，借助于书中的人物来发泄自己的矛盾心态，如此等等都是不同个体的沟通渠道选择和决策。上述这些决策的目的就是根据个体的生理、心理、以及所处的社会环境特点，选择最佳的沟通方式。

自我沟通过程中的反馈，表现为思想上的自我本来定位与现实要求之间的冲突发生和解决过程。基于自身长期的学习，人们不断建立其具有个体特征的对问题作鉴别、分析和处置的特有方式和价值观，因此，当他们面对某一事件时，会根据他们对客体（人、事物）的先验判断去制定相应的对策和措施，一旦当自身这种先验性判断与外部的要求（如上级的要求）发生矛盾时，冲突就出现了。这种冲突出现后会表现出烦躁、不安、反感、恐慌，甚至抵触态度和行为，这些反应会冲击自己原来的判断。为了使自己的心态得到恢复，就必须不断说服自己，调整自己的判断标准和价值观、或者处理问题的方式。我们把这种由于自我本来定位与现实要求之间的冲突产生、发展、缓解和最终解决过程，称为自我沟通的反馈；把面对冲突时表现出来的外在形态，称为反应。从沟通过程看，成功的自我沟通就是要求自我在面临问题时，有良性的反馈，并表现为积极的反应。

4.5 自我沟通的艺术

自我沟通从某种意义上讲是我们每个人的本能，只不过不同的人通过不断的自我修炼和自我完善，在自我沟通技能上存在差别。在日常工作中，无论是遇到快乐的事，还是面临悲伤的事；无论是处于积极的环境，还是处于消极的环境；无论遇到生活上的挫折，还是心理上的挫折，我们都会通过自我调节，消除这些问题存在的负面影响，或者强化正面作用，使自己从不安、忧虑或困惑中解脱出来，释放心理的压力，适应新的内外环境。对于这个自我调节的过程，在心理学中研究比较多，这里不再从原理上作探讨。从沟通的过程来看，这种自我调节过程，就是一个自我沟通的过程，自我沟通的目的在于说服自己去接受这个现实，并适应这个现实，或者以自己的努力去改变这个现实。

但当不同的人面临同样的问题，或者同一个体在不同阶段面临相同的问题，其解决方式总是不一样的。在我们年轻时，会因为处事比较冲动而后悔，而到年纪大了之后，又会因为处事不会冲动而遗憾；当心情好时，即使突然面临挫折也能泰然处之，但当心情不好时，即使是小的挫折也会使你心烦意乱。那么，为什么会出现这样的不同呢？这从自我沟通的角度看，就是自我沟通的技能在作动态的变化。每个人在成长过程中，往往年轻时自我沟通技能较差，随着阅历的增加和不断的学习，自我沟通技能得以不断提升。这里把通过自我的不断学习和交流、不断思考和总结，使自身的沟通技能得到不断提高的过程，称为管理沟通技能的自我修炼。正如自我的发展是一个认识自我、提升自我、超越自我的过程一样，自我沟通技能的提高也是一个不断认识自我、提升自我和超越自我的“三阶段”过程，在这个过程的每个阶段，都要从不同角度去提升自我沟通的技能和意识（见图4.3）。本部分从这三个阶段来讨论自我沟通的艺术。

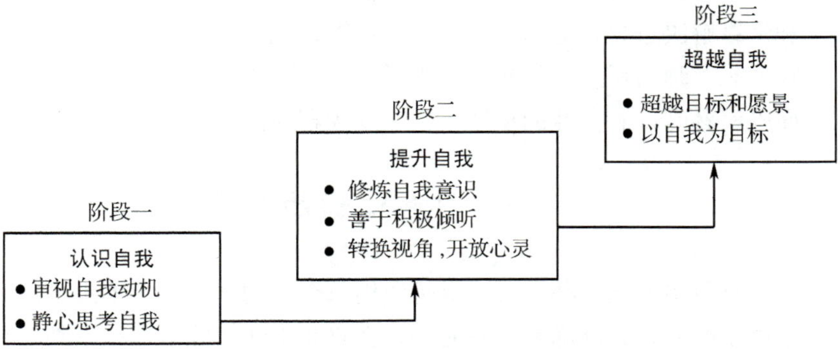

图 4.3 自我沟通技能提升的“三阶段”过程

4.5.1 认识自我的艺术

艺术之一：客观审视自己的动机

认识自我，就是人在社会实践中，对自己（包括自己的生理、心理、社会活动和整个主观世界）以及自己和周围事物的关系的认识。它包含在人的自我观察、自我体验、自我感知、自我评价等活动中。要认识自我，首先要理性审视自己的动机。从心理学的观点看，人因为有需要，引起了动机，从而产生行为，在心理学中，把动机定义为由需要而引起的个体的行为倾向。其中动机可以分为内部动机和外部动机，所谓的内部动机，就是从个体自身的需要出发而产生行为，而外部动机是根据社会环境的需要而产生行为。内部动机和外部动机是一个相互作用的过程，如果内部动机与外部动机发生冲突，但仍按内部动机去发生外部所不需要的行为，往往会演变成不纯的动机；相反，如果外部动机所需要发生的行为与内部动机不吻合，就会缺乏内在的激励力量而导致行为发生强度的减弱。所以，重新审视自己的动机，是为了唤起自己残缺的内在动机，激发工作的兴趣，认识自我在工作中的价值，从而以饱满的精神投入到工作中去。

在管理沟通过程中，强调审视自己的动机，就是要客观地评价动机的社会性、纯正性和道德性。如果内在的动机与外部动机发生冲突，就要修正自身的动机，因为，只有把内部动机和外部动机统一起来，才能为沟通对方所接受，并提升自身的形象。

从心理学的观点看，自我认知包括三个组成要素：物质自我认知、社会自我认知、精神自我认知。物质自我认知是主体对自己的身体、仪表、家庭等方面的认知；社会自我认知是主体对自己在社会活动中的地位、名誉、财产以及与他人的相互关系的认知；精神自我认知是主体对自己的智慧能力、道德水准等内在素质的认知。

管理者为提高自身的沟通技能，关键要从社会自我认知和精神自我认知两个方面解剖自己，从外部动机看，就是要审视自身在社会中所处的地位，以及自身行为的道德水准。管理者如果不能摆正自身在组织和社会中的位置，必然会导致沟通的失败。

以前面的案例作分析，如果安装公司的经理单纯从自己的需要出发去衡量下属员工的要求，就会认为他们的要求是不合理的，沟通中就会采取强制的方式要求下属去执行自己的决定。但从外部动机看，无论是社会自我，还是精神自我，从尊重他人的角度思考，就会发现他们的要求是合理的、符合道德的。因此不论采取何种沟通方式，应该是在尊重他人劳动的前提下去寻求合理解决问题的办法。这也就是认识自我的价值所在。显然，当你以社会自我和精神自我的角度审视自己的动机，问题就容易解决多了。

艺术之二：静心思考自我

管理者认识自我，关键在于认知自己的动机。从内部动机和外部动机两个方面去审视自身的物质自我、社会自我和精神自我。而审视自我往往是一个痛苦的过程。要清醒、客观地审视自己的动机，必须以静心地解剖自我、反省自我为前提，这就要求管理者学会静心思考的艺术。在讨论这个问题之前，请大家自我思考以下几个问题。

【思考题】 (1) 即使在很忙的时候，我有没有专门划出一个属于自己的空间和时间去思考问题？(2) 在一年中我有没有安排专门的时间到清净的地方（如郊区、农村）去放松自己？(3) 我有没有与那些有智慧、有较深刻洞察力的朋友定期或不定期交流一些看法？(4) 我是不是常因没有自我而感到苦恼？有时甚至连自己都不认识自己？

上面的几个问题，往往是大部分管理者所面临的、同时又很少能够做到的问题。我们在大量的企业调研中发现，80%以上的企业高层经理认为自己太忙，每天要工作 12～16 个小时，没有时间休息；根本就没有时间出去旅游；没有时间去享受大自然；没有时间去进行一些自己喜欢的、随意或非随意的交流。那么，是不是这些高层经理真的忙到没有时间去接触自然的程度呢？其实不然，是他们还没有充分意识到给自己一个清净的空间、时间去静心思考问题的重要性。

印度哲学家奥修在《静心的艺术》一书中，倡导我们与自然接触，内心平静、敞开胸怀、接纳一切。只有这样，管理者才能抛开世俗的眼光，走出自私的自我，从内在动机和外在动机结合的角度，从物质自我、社会自我和精神自我全方位的角度去解剖自我、认识自我。如果你没有这样的时间和空间，你是很难有深刻的审视自我的机会的。如美国的畅销书《第十种洞察力》中的主人公到秘鲁的原始森林中去寻找“第十种洞察力”，开始身处嘈杂的氛围，不能找到那种“感觉”，但在原始丛林里，“我”独身一人在寂静孤独时，学会了与花草树木、虫鸟鱼兽交流，最终，当心无旁骛时，竟能与“生灵”、“亡灵”进行心与心的交流。可见，认识自我，要给自己创造这样的条件去静心思考自我；走出自我，“让自然界的空旷和澄明，抚慰自己受伤和困顿的心灵。”

为了能够静心思考自我，首先要善于创造静宜的空间，把自己从烦琐的事务中解脱出来，从他人的干扰中解脱出来。这样的空间，可能在你的办公室里；可能在自己的家里；可能在自然界里；也可能在其他地方，关键在于你是不是有意识地去发现这样的空间，或利用这样的空间。属于自己的空间要靠自己去创造，靠自己的心灵去创造。浙江某集团公司的总裁这样告诉我，“每当我出差时，我会把车上看作自己的空间；回家后我把书房作为独享的空间；当参加会议时，别人到风景处游玩，这时我就把宾馆作为我自己的空间……”可见，并不是我们没有这样的空间，而在于我们去发现这样的空间。

除了在空间上营造与自然、人类和自我共鸣的环境外，另一方面要努力在时间上延伸自我的价值。时间可以延伸到美好的过去，也可以延伸到美好的未来。我在给管理专业的本科生上“管理技能开发”课程时，一组学生的作业上这样写着：

“当时间延伸到过去时，你会发现过去是那么的美好，快乐与痛苦、收获与失去、……都是人生的享受，当你回到过去，你会发现所有的一切构成了生命的意义。当你把时间延伸到未来，你又会发现，希望、追求、憧憬等都在等待着你，‘明天意味着希望’。那么，既然你拥有过美好的过去，美好的明天又在期待着你，为什么还要为今天的烦恼而不能解脱呢？我们在时间上的延伸不是一种自我的逃避，而是让美好的生活和生命的享受去冲淡眼前的烦恼。

“由于人们在心态失衡的条件下，神经会异常的敏感，这时，对美好过去的回忆和对光明未来的憧憬，就是在引导自己，给自己以积极的心理暗示，使自己从不快中解脱出来，为进一步冷静地思考沟通环境。”

既然时间可以延伸出自我价值，我们就应该充分把握时间，给自己时间去反省自我，包括自我需求、自我动机和自我行为。管理者要学会静心思考，应该以学会自我控制时间为基础。为了分析每一个下属或者上司的需要，你得花费时间去思考；为了明白自己的社会责任，你得花费时间去思考；为了制定出有效的沟通策略，你也得花费时间去勾画。有效的管理者要把握自己的时间，从时间管理的角度看，就是要做自己时间的主人。为了有效地加强自我的时间管理，主要策略在于以效果为目的去管理时间，具体要试着去遵守以下四个方面的原则：一是学会把时间花在重要的事，而不是紧急的事情上；二是学会分清相对重要的事和相对紧急的事；三是时间管理策略上应注重结果而不是过程；四是在必须说“不”的时候，不要感到内疚。

无论是创造自己的时间也好，还是创造自己的空间也好，根本目的就在于为自己提供一个自由思考的环境。庄子认为，离开自然原始本性愈远的物性，就愈不自由。因而要获得自由，就必须恢复自然原始本性，回归自然，与自然融为一体，达到“无己”的精神境界，从而克服时空的局限而进入永恒。

4.5.2 提升自我的艺术

艺术之三：修炼自我意识

自我意识的核心包括自我价值的定位、面临变革的态度、人际需要的判断、以及认知风格的确立四个方面。其中自我价值的定位在于确定自身的个体价值标准和道德评判的差异性和一致性；面临变革的态度在于分析自身的适应能力和反应能力；人际需要的判断在于分析不同沟通对象的价值偏好和相互影响方式；认知风格的确立在于明确信息的获取方式和对信息的评价态度。这四个方面的相互关系如图4.4所示。

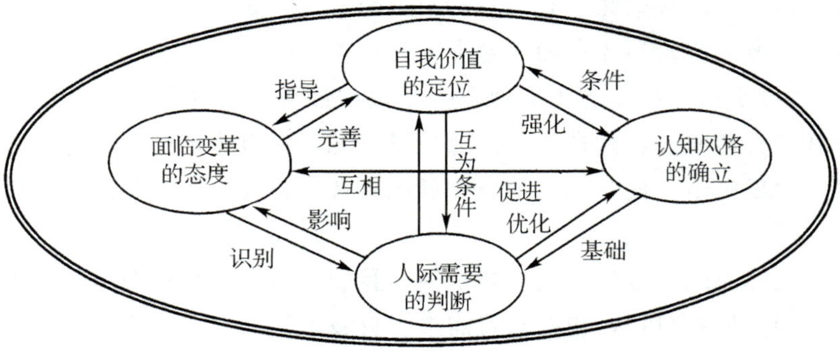

图 4.4 自我意识的四个核心要素

修炼自我意识，就是从四个核心要素出发，不断提升自我价值观、面临变革的态度、认知风格和对人际需要的洞察力。

自我价值的定位，要求管理者在管理沟通中，从社会认同和社会道德的高度来修炼自我价值，要把自我价值的实现建立在他人和社会利益满足的基础上。“真正的朋友，可以使欢乐倍增，可以使悲伤减半”。这是谁都感受过的真理，尽管如此，人往往只顾眼前的一块面包，而把这一真理置至脑后。把自我价值定位在满足他人和社会利益的基础之上，就要求在自我修炼和自我提升过程中，把自我认知、社会认知和精神认知三方面结合起来，在问题思考和自我认知过程中，把自我价值判别和社会价值衡量统一起来。

自我超越的过程是一个自我修炼的过程，自我修炼的目标在于“入定”，能够为他人的满足而放弃自己眼前的一块面包。作为一个优秀的管理沟通者，修炼的结果，就是要超越自我的眼前诱惑，正如我们面对一个面包时，如果两人分而食之，则各得二分之一，当我们把面包放进嘴里，就共同获得了生命的食粮。它所带来的欢乐，因为与朋友共享而得到倍增。反过来，如果一个人独吞面包，个人享用面包的数量的确是增加了一倍，但却是置他人的饥饿于不顾，而只顾自己疗饥的令人不安的自私行为。为有助于思考自我价值的定位，我们来讨论下面的问题。

【背景】 一位妇女由于患有癌症已经生命垂危。医院的医生诊断后认为，只有一种药物有可能拯救这位妇女的生命。这种药物是当地一位药师在最近才发现的一种镭的衍生物（注：镭是治疗癌症的主要药物之一）。这种药物制造成本十分昂贵，而且药物发明者正以制造成本十倍的价格出售这种药物。比如一小勺药的制造成本是1600元，而销售价格达到16000元。这位病人的丈夫老王便向每一位他认识的人去借钱，以购买这种药品，挽救病人的生命，可是最后他只能借到8000元。于是，他告诉药师，他的妻子生命垂危，希望药师能以较低的价格卖药给他，或者希望能在以后还钱给他，但药师拒绝了，他说，“我发明这种药物就是为了赚钱的。”老王非常失望和痛苦，便计划潜入药店为他的妻子去偷这种药。

【讨论】 （1）病人的丈夫老王潜入药店是否正确？

（2）这位药师是否有权利以那么高的价格出售药品？

（3）老王是否有义务为妻子偷药？

（4）如果老王和病人不是在一起生活，他应该为病人去偷药吗？

（5）假设是老王最好的朋友得了癌症，他是否该为他的朋友去偷药？

（6）假如老王从报纸上看到了关于垂危病人的情况，他应该为病人去偷药吗？

（7）你会偷这种药用于维持你自己的生命吗？

（8）假如老王在偷药时被抓住了，他应该被判监禁吗？

在这个例子中，很多人认为老王应该为妻子潜入药店偷药，尽管这种行为是不正确的，但老王有这个义务去偷药，因为药师置病人的生命于不顾是不道德的。但如果病人是老王的朋友，或者是报纸上看到的、与老王不是一起生活的垂危病人，则很多人认为老王没有义务，也不用潜入药店去偷药。如果老王偷这个药是给自己治病，很多人也认为是不应该的，而且如果老王在偷药时被抓住的话，他应该被判监禁，因为这是法律所不容许的。其实，上面的回答从逻辑的角度来看，相互之间是矛盾的，也是站不住脚的。比如，既然老王可以为妻子偷药，怎么就不能为朋友偷药？如果可以为朋友偷药，怎么就不能为报纸上所看到的垂危病人偷药？既然前提是药师不道德，那么老王偷药被抓住后，为什么又应该被判监禁？

我们以为，上述问题的答案，深层次应该从人的价值观和道德观的角度去分析，也就是“我”的自我价值定位问题。从道德的角度、精神自我的角度看，老王不应该去偷药。从社会自我的角度看，老王可以去偷，也可以不去偷，可以去偷是因为药师缺乏社会自我意识在先，而可以不去偷，因为老王要受到社会自我的约束。但如果从物质自我意识的角度看，老王应该为自己的妻子和朋友去偷药。这就出现了三个境界层次的自我价值定位：物质自我至上主义定位、精神自我至上主义定位和社会规范定位。如果当一个人的自我价值定位确定在精神至上主义，答案也就明晰了——老王不应该去偷药。

上面的例子仅仅是讨论价值观和道德观的定位问题，尽管和管理沟通没有直接的关系，但对于自我价值的定位有较大的启发。当自己在管理沟通中进行价值定位时，应该把个人价值观和社会价值观结合起来。如果只考虑自我的价值而忽视沟通对象的价值，就会使沟通对象觉得自身的价值受到质疑，结果是他们更多地关注于本人形象，而不是来听取你的沟通信息，这样，一方面不能实现沟通的直接目的，另一方面也会使得他们的人际关系恶化。

自我价值观的定位直接影响着对沟通对象需要的判断。如自我至上主义者会认为自己与下属的沟通是一个发表自己见解和发布命令的手段，沟通的目的在于“输出信息”；而与上司的沟通是一个向上司推销自己的手段。这样的价值定位下，人际关系不但得不到改善和强化，反而会更糟糕。成功的管理沟通者，要从对方的价值观出发，考虑对方的需要，并分析自己能给对方以怎样的帮助，同时对自己又有何种益处。

由于从狭隘的自我价值观出发去与他人沟通，特别是大多数管理者具有极强的自我主导意识，希望在与他人沟通过程中处于支配地位，结果导致管理者对自身沟通技能判断的错位。大部分人（包括管理者）总认为自己是非常有效的沟通者，他们认为产生沟通问题的原因在于他人，而不是自己。每个人都认为在任何情况下自己的沟通情况与组织的其他成员相比，若不是更好的话，至少并不逊色。这样，在大多数人都认为他们的组织充斥着不成功的沟通的同时，又把责任推到他人身上，结果是，尽管大多数人同意人际沟通有效性是管理成功的关键，但从不认为自己需要提高沟通技巧。

从沟通者自身内部看，另一个因素是管理者在人际关系处理上缺乏技能，阻碍沟通的深入。由于沟通过程中过于强调“推销”自己的观点，忽视对方的心理需要，沟通最后成为一种无效沟通。无效沟通可能导致个人间互相厌恶、互相冒犯、互相失去信任、拒绝再听对方的话、不能达成一致，以及一系列其他人际关系问题。反过来，这些问题又进一步限制了沟通的深入，沟通过程中以不信任和猜疑的眼光看待对方，结果是沟通信息的不精确以及意义的被误解。

虽然现在人们已经意识到建设性沟通对提高组织绩效、实现个体提升具有重要的意义，但实际工作过程中，有效的沟通仍然是大多数管理者难以解决的问题。导致这种状况出现的原因，既有外部客观的环境问题和组织沟通管理和策略问题，也有个体自身的素质和心理因素问题。每个人或管理者，为了实现有效的沟通，就必须突破这些内部和外部障碍。

艺术之四：善于积极倾听

每个人要在认知积极倾听价值的基础上学会积极倾听。为此，我们应充分去认识积极倾听的价值和作用。积极的倾听可以产生许多有益的作用。

首先，这是对他人的一种鼓励。当别人知道你在以友好的方式听他们讲话时，他们也同样解除一部分或者全部的心理戒备，并通过更有效地听你的讲话来尽量更好地理解你的意思。

其次，有助于我们了解全部的信息。为了解决问题和更有效地作出决定，尽可能多地获取相关信息是十分必要的，积极倾听有助于得到说话者全部的信息。积极倾听常常促使他们继续讲下去并促使他们尽其所能地提出全部例证，这样，你就可以在掌握尽可能多的信息基础上，作出更准确的决策。

其三，有助于相互改善关系。因为这样做为说话者提供了说出事实、想法和感情等心里话的机会，而且当你认真听他们讲话时，他们会感到愉快，相互间的友情就会加深。积极倾听能够激发讲话者和听众的灵感，使双方积极参与到交流中来，通过交流，相互加强了解，就可能建立良好且稳固的人际关系。

其四，有助于解决问题。人们仔细地互听对方的讲话是解决异议和问题的最好办法。有了积极倾听的理念，听者就会以积极的心理活动来理解讲话者的内容，把这种理解反馈给讲者，同时也给予听者进一步提高听的效果和理解程度的机会。当然，这并不意味着必须相互同意对方的观点，而是要表明他们理解对方的观点。每个人都需要理解，但再没有比认真倾听更好的方式来表达这种品质了。

其五，帮助讲话者廓清思想。积极倾听的反馈能够帮助讲者澄清思想，使交流更加准确。有些思想，讲者本身也不清晰，他们很难精确地解释其含义。积极倾听的反馈可以帮助讲者发展他们的思想，给予他们机会澄清想说的内容或激发他们做进一步的补充。通过积极的倾听可以收集到更多的信息，使交流的“交谊舞”跳得更加协调和谐。

在认同积极倾听价值的前提下，就应该深层次从自我修炼的境界来寻求提升沟通艺术的途径。积极倾听要求我们不断拓展倾听对象的范围。倾听是一种艺术，是一种自我修炼，所以，我们不但要学会从他人处倾听，还要学会从自我和自然界倾听，也就是说，倾听的对象可以是他人，可以是自然，也可以是自我。对自然界美好声音的倾听，可以使自己达到一种空间感的共鸣，从琐碎繁杂的现实世界中得到暂时的心灵净化，让自己有一个与空旷无际的自然融为一体的心，为自己创造一个平和的心态，从自我处倾听，就是倾听自己的心声，倾听自己积极的思想启迪。

积极的倾听，要用心、用眼睛、用耳朵去听。我们总是以为用耳朵就是倾听，其实，那只是倾听的一部分。经常有学生向我反映，哪些教师的课好听，哪些教师的课不好听，如果不好听，他就不听了，虽然他没有在教室里睡觉，却说“没有意思，是浪费时间”。固然，教师讲课的艺术性有差别，且当教师讲课的艺术性不够时，听者可能就提不起精神。每当学生给我提出这种体会时，我就给他讲，你其实只带了耳朵去听课，而没有带你的心去听。带心去听，就是要学生在用耳朵去听的同时，用心去思考、去辨析通过耳朵这个器官接受的信息的效用和价值，然后，与自己大脑中已有的信息进行交流，融合不同的信息，再以这样的信息去思考现实世界中的问题。

积极倾听是一种高水平的倾听，尽管这种技巧的难度很大，但我们需要努力实践它。表 4.3 是提升积极倾听技能的八点建议。

表 4.3　积极倾听的八点建议

- 为听作准备。交流是一个双向的过程，听者和讲话者必须共同承担提高效率的责任：尽力去思考讲话者要说的内容，而不是你应当说什么。作准备还意味着要持正确的态度——保持注意力的准备、增强悟性和理解力——以及掌握与交流内容相关的适当的知识背景。
- 培养自己的兴趣。要记住听者和讲话者同样有激发对方兴趣的责任。要从讲话中寻找可能与你、你的工作、你的兴趣相关的信息；要对讲话者表示出兴趣，“毕竟没有人愿意对着空房间讲话”，要问自己：“如果我是讲话者，感觉又怎样？”
- 倾听主要观点。差的倾听者倾向于只听事实。要学会区分事实和原理、观点和举例、证据和辩解。提炼主要观点的能力取决于你组织信息和传递语言的能力以及讲话者的重复。主要观点可能在讲话的开始、中间或结尾，所以必须一直仔细地听。
- 以批判的态度听。应当在无偏见的情况下，对讲话者相应的假设和辩解持批判态度，并小心估量主要观点背后的证据价值和逻辑基础。
- 集中注意力，抵制分心。注意力有波动性和选择性，在听讲过程中下降，而在结束时又上升。你应当特别注意去抵制这种趋势，并使之保持稳定。不要由于讲话者的衣着、外表、使用的词汇、风度和使用可视的、口头的与书面的辅助物而分散注意力。
- 善于记笔记。如果所讲内容十分必要，就需要把讲话的要点和也许会忘记的个别例子作大致的记录。但先要注意听，等讲话者讲完一个意思后再记笔记也许更好些，因为记笔记也可能是一种分心。
- 帮助讲话者。要表现出你对讲话者的反应，可以是简短的评述，也可以是动作。这些反应表明你的兴趣。但反应要平静和简单，不能干扰讲话者的思路。
- 克制自己。作为一个好的倾听者，或许最困难的莫过于不插话。即使在停顿时，常常也不意味着讲话者讲完了，所以要耐心。“听是一个克制过程。”

（摘编自 Nicky Stanton 著，Mastering Communication（中文版），高等教育出版社。）

艺术之五：转换视角，开放心灵

在具体讨论这个问题之前，我们先来讨论下面一段对话。这段对话是在苏格拉底的反诘法例子基础上发展而来的。苏格拉底在与他的学生谈到对“杀人”问题的观点时，他这样问他的学生：

——“杀人好不好?”

——“杀人不好。”学生回答。

——“那么，杀敌人好不好?”

——……

现在，我们再接着问：

——“你为什么要杀敌人?”

——“因为敌人是坏的，你不杀敌人，敌人就要杀你。”

——“那么，敌人又为什么要杀你呢?”

——……

问题其实并不复杂，但问题是，你有没有去问自己这样的问题呢。如果没有问，那么，我们为什么不去问这样的问题呢？这其实是思考的惰性；或者是思维的凝固和僵化；或者就是每个人的“心智模式”所致。在我们的思想中，“因为我们一直这么看、这么做，所以，它就是这样的。”于是，我们也就“习惯成自然”。

转换视角，开放心灵，就是要求我们从他人的角度去思考问题。要从封闭的自我约束中跳出来，通过转换自己传统的思维方式，跳出习惯思维的约束，以退一步海阔天空的视角分析问题。转换视角要求我们从封闭的视角转换为开放的视角，打开心灵的窗户，让思绪、思想和观念接纳到自己的大脑中来，要以向每一个人学习的勇气去与他人沟通。“三人行，则必有我师”，“海纳百川，有容乃大”，把自己的心灵开放了，沟通就无拘无束了，沟通双方就平等了，新的知识和新的思想就进来了。

转换视角，开放心灵，就要求尊重他人。开放自己的心灵和尊重他人是紧密相关的人之美德。不开放自己的心灵，就把自己封闭在自我的世界里，紧闭心灵的窗户，就看不到外面的阳光；拒绝他人的接近，就把自己高搁于自我的“山巅”上。于是，他人万物在我的俯视之下，不自觉中，与他人的距离越来越远。只有当你开放你的心灵，才能让外面新鲜的空气、温暖的阳光、和煦的春风吹进你的心灵。世界到处充满空气、阳光和春风，你可以自由地呼吸，他人没有来剥夺你享受空气、阳光和春风的权利，把握这个权利的只有你自己。而事实上，拉上窗帘把阳光挡在外面的是你；关上窗棂把清新的空气拦在房间外面的是你；“躲进小楼成一统，管它春夏与秋冬”的也是你。不然，你为什么会认为孩子不谙世事而不愿意与孩子们交流；为什么会认为老年人思想陈腐而不愿听听他们的忠告；为什么会认为下属难以理解你的处境而不愿听听他们的建议。

转换视角，开放心灵，就要求把沟通的理念从“己所欲，施于人”转变为“人所欲，施于人”。在世界几大重要宗教中，无论是佛教、犹太教、基督教，还是伊斯兰教。都把“已所不欲，勿施于人”作为金科玉律向信徒们宣扬，要求大家从“己所欲，施于人”的理念中走出来。诚然，这是思考问题角度的转变，是有效的人际沟通的理念基础。但这种理念还是定位在以自己为出发点上，自己还是主体，把对方作为被动的信息接受者。要根本上转换视角，我们倡导“人所欲，施于人”的理念，要根据对象的特点，组织信息的内容和编码方式，把问题的解决和人际关系的正强化有机地结合起来。

转换视角，开放心灵，就是要积极去意识自己的成见，或者意识到你会将不符合自己思想观念的信息加以“改造”，使之成为自己的观点框架。一是要意识到与你的信念、态度、想法和价值观相矛盾的信息并不都是对自己的威胁、侮辱或有抵触。二是要求我们尽量不要注意讲话者的外表和举止，不要因为你不喜欢他们的外观就排斥他们的想法，如果你意识到自己的成见，就有可能加以注意和控制。三是不要过早地对讲话者的人格、主要观点和你自己的反应下结论，如果你过快地作出决定，你会错过听到真理的每一个机会。

下面是《我和三洋》（井植薰著，1992 年）一书中第 105～106 页的一段话，以此作为“转换视角、开放心灵”之价值的注脚。

关上你的心扉，世界将会一片空白

我这个人只念过几年小学，虽然当学徒的时候也曾读过几年夜校，但对于英语却是一窍不通。曾经有人笑话我，说我连个“A”字也不认识。要想认识这么个“A”字倒并不很难，难是难在对我这个至今一口大阪口音的人来说，语言确实好像是一块绝缘体。所以，像我这样的人出国去，难免会遭受“三重痛苦”：不会说，不能读，外加听不懂。五官之中唯能不出偏差的，只有鼻子嗅得的味道不会错。初次去美国，我只得带上几位精通英语的同仁去充当我的眼睛、耳朵和嘴巴。记得那年与我同行的是两位理学博士和现任美国三洋公司社长的竹本吉美。他们三人陪着我，就像带着一件活动行李，一切事务都得由他们去对付。临出发前，这三位“行李搬运工”对我说，恐怕有一个地方非得我自己去听，自己去说不可，那就是神户的美国领事馆。“你要去签证，领事就会问你一些话。但你不必害怕，等他的话中有个停顿，你就答上个‘YES’，反正不要说‘NO’就行了。”听了他们的话，临去领事馆前，我足足念了好几十遍“YES”，自己感到这“YES”讲得还十分地道。

到了领事馆，我自认为将要听我讲几声“YES”的人一定是个男人。谁知，接待我的偏偏是个金发碧眼的美女。这可让我感到心里有些发慌。大家都是男人，我厚着脸皮还敢去糊弄一番。面对这位漂亮的异国女性，我怎么开口才好呢？

这位美妇人一见到我，就叽里咕噜地说了起来。我只得傻楞楞地望着她，盼着她快点停下来，然后礼貌地插上一个“YES”。但是，她好像根本不想停，一口气说个没完。好不容易，我等来了一个大喘气，便连忙勇敢地说了声“YES”。谁知，她一听我说“YES”，却扑哧一声优雅地笑了起来。

“井植先生，到了这里，你好像连日本话也听不懂啦。”

啊，原来这位美妇人压根就没有同我讲英语，她说的是日本话。听上去语音还很亲切。但我当时真叫紧张过了头，只知寻找她讲话的停顿，却忘了去听她到底在讲什么。这种令人捧腹的笑话，后来倒让我总结出一条宝贵的经验：“关上你的心扉，世界将会一片空白。”

4.5.3　自我超越

艺术之六：超越目标和愿景

自我超越是个人成长的学习修炼之高级境界。认识自我和修炼自我是自我超越之必要条件，它是对“原我”的突破。显然，在没有认识原我的前提下，就失去了超越的目标，也就无所谓自我超越。具有高度自我超越的人，能不断扩展他们创造生命中真正心之所向的能力。“自我超越虽然是以磨练个人才能为基础，却有超乎此项目标的最高鹄的；它虽以精神的成长为发展方向，却超乎精神层面的纾发之上。自我超越的意义在于创造，而不是以反应的观点，来面对自己的生活与生命”（圣吉，1994，P166）。学习并非只是获取更多的信息，更是培养如何实现生命中真正想要达成的结果的能力。“自我超越”是指突破极限的自我实现，或技巧的精熟（圣吉，1994，P167）。

一个具有自我超越理念的人，无论是在处事，还是在为人方面，总有一个追求的目标和目标引导下的愿景。在自我沟通过程中，设定的目标是认识自我、反省自我和修炼自我的方向和精神支柱。为了这个目标，他会乐于接受他人的建议和忠告；他会开放自己的心灵，接受他人的思想，以修正自己的观念和行为；他会不断审视自己的动机，调整内在动机以达到与外在动机的统一；他会追求物质自我、社会自我和精神自我的和谐统一。

在目标和愿景的关系上，目标是属于方向性的、比较广泛的、抽象的希望达到的结果；愿景是一个特定的结果、一种期望的未来景像或意像，是每个人所追求的理想目标（圣吉把这种目标称为“上层目标”）引导下的阶段性具体化。从个人的长远发展来说，生活中喜悦的感觉来自于对上层目标的坚定不移。萧伯纳说过，“生命中真正的喜悦，源自当你为一个自己认为至高无上的目标，献上无限心力的时候。它是一种自然的，发自内心的强大力量；而不是狭隘地局限于一隅，终日埋怨世界未能给你快乐。”其落脚点在于具体的愿景。如一个100米短跑运动员的上层目标可能是挑战极限，而愿景则可能是打破9.5秒的记录。

一个具有高度自我超越的人，在学习和发展技能的过程中首先会确立追求的目标和愿景。目标的确定过程，是一个自我定位的过程，为达到这个目标，他会设定具体的、阶段性的愿景。正如短跑运动员，在其追求“挑战极限”的过程中，其愿景可能是今年达到10秒，明年达到9.8秒，后年达到9.7秒。所以，不断设定愿景的过程，是自我不断积累知识和能力的过程。在不同阶段，自我超越的人把愿景看作是一种召唤及驱使人向前的使命，而不仅仅是一个美好的构想。

在这样的使命导向下，他们会把目前的境遇，不管是多糟，都看作是盟友而非敌人；看作是对自我意志和毅力的考验。他们学会如何认清以及运用那些影响变革的力量，而不是抗拒这些力量；他们具有追根究底的精神，将事情的真相一幕幕地廓清。他们倾向于与他人，同时也与自我生命本身连成一体，因此，并不失去自己的独特性。

一个具有高度自我超越的人，在学习和发展技能的过程中还具有不断否定“原我”——原来的目标和愿景的气魄和胆略。超越自我的过程，是不断超越原先设定的目标和愿景的过程，自我超越不是你所拥有的某些能力，它是一个过程，一种终身的修炼，因为自我超越是没有终极境界。为了实现新的目标和愿景，具有自我超越的人会永不停止地学习，向他人学习、向生活和工作学习、向社会学习、向自然界学习。当他们在学习过程中不断“扬弃”自我，也就会发现自身人格的力量得到了不断的升华，与他人的关系得到正强化，人际团结合作更加成为可能。

艺术之七：以自我为目标

在设定目标和愿景中，已经讲到，上层目标应是“超越极限”，目标和愿景的设定是一个自我定位的过程。那么，这个目标应如何定呢？在建设性的自我沟通中，应建立“以自我为目标”的理念，也就是要从纵向的、历史的角度去设定目标和愿景，去评判自我，超越自我，而不是一味的横向比较。

强调“原我”和“新我”的比较以确定目标，是因为以超越他人为目标，在实现超越中可能会产生副作用。首先，超越他人可能会形成人人争当第一的局面，结果造成关系的紧张；第二，超越他人可能会由于他人客观上在某些方面有特长，很难实现真正的超越，从而会使自己丧失信心；第三，以超越他人为目标，一旦目标实现，就会迷失进一步努力的方向。

孙子兵法写道：“不可胜在己，可胜在敌”，“故善战者，能为不可胜，不能使敌之必可胜”。老子认为“胜人者有力，自胜者强”。与超越他人不同，超越自我可以通过不断的自我激励来实现。一方面，由于自我在不断发展，超越自我的目标也会作动态变化。另一方面，由于目标是与自己的过去比，不太会引起他人的不满，从而与人产生矛盾。

“以自我为目标”强调的是自我精神追求的不断提高，是一种不断设定内心目标、持续自我激励的过程，而超越他人，由于过份关心外在目标，有可能产生副作用，特别是在外界目标消失，如自己就是最成功者，或者外界目标似乎是可望而不可及时，可能会使超越他人失去现实激励意义。比如，长跑运动员在比赛时，不是以自我的极限为目标，而是以他人（比赛者）为目标，那么，当某位运动员遥遥领先时，他就会失去目标，“反正第一是我的，歇口气也不要紧”，于是，这位运动员可能就会松懈自己的斗志，失去了更高的追求目标。如果这样的状态不改变，在平时的训练中，就会没有动力，到下一次比赛时，就可能被他人超越。从这个意义上讲，“以自我为目标”更多地要求自己自律，这也是自我超越的内在要求。

那么，是不是强调“以自我为目标”就是消极的表现呢？有人会认为，不以他人为超越目标是降低了对自己的要求，会因为自己的一点小小的进步而沾沾自喜，会削弱进取的动力。其实，这不是高度自我超越的人的风格。自我超越的人不是封闭自我的人，他在设定自我目标的过程中，在不断向他人学习，他在与他人、外界沟通过程中会敏锐地觉察自己的无知、力量不足和成长极限，但这却绝不动摇他们高度的自信，而是强化对自我的认知和对目标追求的理性思考。

4.6　自我沟通媒介——自我暗示

“你的身体语言来源于你的内心”。要提高沟通技能，在平时要养成良好的“自我交谈”的习惯。自我交谈也就是平常说的自我暗示。自认为是沉默寡言、不善于与他人交流的人，他们的行为方式与那些自认为是外向的、能较好与他人交流的人有很大的不同。对交流结果影响最大的是我们自己。如果我们表现得好像是沉默寡言、不善于与他人交流，他人就会不自觉地用这种方式对待我们。“我们应该随着音乐的旋律跳一曲沟通交谊舞”，以增强我们的自我形象。如果在自我交谈过程中把自己的形象和自尊都强化，而且在沟通前就呈现给他人，就能很好地调整好自己的穿着、举止、接触别人的眼神、姿势等。

自我交谈的形式可以是多种多样的。在自我沟通的过程分析中，已提出了自我暗示的媒体类型，如不同的个体，有的习惯于通过写日记的方式表达自己的感情，有的习惯于通过冥思苦想的方式来解脱自己，有的习惯于看书，借助于书中的人物来发泄自己的矛盾心态，有的通过自我暗示达到自我沟通的效果。这其中自我暗示是一个重要的、积极的自我沟通渠道。在自我沟通中，“自我交谈和自我暗示是自尊的表现”。训练自我暗示技能，就是要求我们以积极的心态调整自我，通过自我沟通艺术的培养，达到自我沟通的目的。表 4.4 是积极性自我暗示和消极性自我暗示的比较举例。

表 4.4　自我沟通中的自我暗示

	消极自我暗示	积极自我暗示
当你刚刚在你的同事面前做了一件错事时，你对你自己说：	“现在他们知道我没用!”	“下次，我会……”
当你第一次做某件事并且发现做起来很困难时，你对自己说：	“我太笨了，什么也学不会!”	“我以前学过类似的东西，如果我坚持，我会做好它!”
当你忘记做某件你曾许诺过的事时，你对自己说：	“我是这样愚蠢和健忘!”	“这不像是我，只是我该如何安排……”
当你与你以前从不认识的人一同走进会场时，你对你自己说：	“我讨厌与这个陌生人在一起。”	“这将是一个挑战；我保持镇静，一切都会变好的。”
当你的老板叫你过去而你不知道是为什么时，你对自己说：	“我现在就要进去，我一定又做了什么错事!”	“我想知道发生了什么。”
当你摔倒在你去商店的路上时，你对你自己说：	“我真蠢，我甚至不能做到在路上不出丑!”	“哎呀！我应该好好注意走路!”
当你跑着去赶一个要迟到的重要约会时，你对你自己说：	“我相信我又要迟到了，我总是迟到，把事情弄得一团糟。”	“迟到不是我的一贯风格，我最好打个电话通知他们。”
当你对某事信心不足时，你对你自己说：	“我做这种事是没有希望了。我总是做不好。”	“这是必须做的，而我知道我能做好。”
当你把某事做得非常出色时，你对你自己说：	“奇迹发生了，真幸运。”	“我做得真不错。”

4.7 本章案例

案例6 潮汐的转变

不久前我又遇上了大多数人都会不时碰到的问题，干什么事都没劲，没有精神，没有兴趣，并对工作产生可怕的影响，每天早上我必须咬着牙对自己说："今天生活又开始了，你必须去渡过它。"

但随着这些无聊日子的延续，我越来越麻木了，后来我决定去访问我的一位朋友。他不是心理医生，比我大，很有智慧和同情心。我很可怜地说："我不知道哪不对，但好像我要完了，你能帮我吗?"

他仔细看了我一会，慢慢地说："我不知道"，接着他又突然问起，"小时候你在哪里最快乐?"

我说："我想在沙滩上，我们在那过了一个夏令营。"

他看着窗外说："你能遵照我的建议去度过一天吗?"

我说："行。"

他要我第二天早上到沙滩去，一个人，9点钟以前到。我能带一些午餐，但我不能阅读和写东西，不能听收音机或和任何人交谈。他说："另外，我要给你一些处方，每三个钟头用一次。"

然后他撕下四张空白纸，每张写了几个字，折叠好，编了号，再递给我说："上午9点、12点，下午3点和6点各看一张。"

"你没开玩笑吧?"

"当你打开我的纸条后，你不会认为我在开玩笑。"

第二天早上我没什么信心，驾车到了沙滩。我坐在车里，只有我一个人，我打开了第一张纸条，写着："仔细听。"

我心想："这家伙一定疯了。"他剥夺了我听音乐和新闻，以及与人会话的权利，我听什么呢?我抬起头仔细听，只有海浪声、风的呼啸、头顶上飞机飞过时的轰鸣，这些都很熟悉。

我走出汽车，我问自己："我是不是该仔细听这些声音?"

我爬上沙丘俯视沙滩。这里只有海的怒吼，它太响了，别的什么都听不到。这时，我突然想，一定还有其他声音——风吹过沙滩；沙丘上草被风吹过的声音——如果我到跟前听的话。

我突然一个冲动，把头埋进沙丘中，我发现，如果你用心听，就有一个似乎一切都停止的时刻出现。在那一刻你真正地倾听自身之外的什么时，你就没有任何杂念，思维停止了。

我又回到车上继续仔细听。我想起了儿时上过的课，我想了很多。

中午风吹散了云，海更亮了，我打开了第二张纸条："努力回到过去。"为什么要回到过去，我的麻烦都在现在和以后？

我下了车沿着沙丘走着，我的朋友让我来这里，是因为这里有快乐的记忆。也许这里有我应该去回忆的，但已经快忘却的快乐。

我试着去唤醒记忆，尽可能详细地回忆，包括他们穿的衣服和举止，我要听到他们的声音和笑声。我走到我和我弟弟 20 年前最后一次钓鱼的地方（他在一次车祸中去世）。我发现如果我闭上眼努力去想，我能栩栩如生地见到他，甚至那天他眼里的幽默和热情。

事实上，我看到了一切。我钓鱼的海滩、太阳升起的天空、风的呼啸，清楚且缓慢，我能看见他钓鱼时的样子，听见他的叫声。一件又一件在时间的流逝中清楚地想了起来，然后这一切又都回去了。

我慢慢坐下去，努力回到过去。

这天开始过得快起来，我又想起了儿时的一些事，想起了与父亲和兄弟相处的往事。

3 点钟前，没有涨潮，波浪声就像巨人在呼吸。我站在那儿感到放松和满足。心想这处方还很容易做。

时间到了，我又打开下一张纸条："重新审视你的动机。"

我最初感觉是抗拒，我自言自语："我的动机没有问题，每个人都想成功，得到承认，更加安全？"

这时，我心中一个声音在说："也许，那些动机还不够好，这可能就是事情不顺利的原因。"我想：我希望在工作中得到自己努力付出后应得到的回报，工作已经成为赚钱的手段，贡献点什么或帮助他人的感觉已经消失了。

突然我领悟了，我感到如果动机错了就不会有什么是对的，不管你从事什么工作，它都一样。只要你感到你在为他人，帮助别人，你就会做好工作；但当你只想着帮自己，你就做不太好，这千真万确。

我在那坐了很久，听着波浪声。我在沙滩上呆的时间快到了。我对医生，对他随意开出来的又精心设计的药方感到敬佩。现在我觉得这种方法应该对任何面对困难的人都很有价值。

仔细听：使大脑平静下来，停下来，把注意力转向外面的事。

努力回到过去：既然人脑一次只能把握一个主意，所以当你回忆过去的好时光时，忘掉现在的烦恼。

重新审视你的动机：这是治病最困难的核心所在，但头脑必须清楚且高兴做这个。

最后我打开了最后一张处方，上面写着：**“在沙滩上写下你的烦恼”**。

我扔掉了纸拿起了一块海螺，跪下来，在沙滩上写了很多，然后我走了，不回头看一眼，我已经把烦恼写在沙滩上了，这时潮汐来了。

讨论

1. 试分析“我”在海边一天的心理转变过程，你认为可以分为几个阶段？
2. “我”来到沙滩后，采取了哪些策略来认识自我？哪些是有效的，起什么作用？
3. 在海边与“我”沟通的对象是谁？
4. 审视自己的动机，在“我”的转变过程中起什么作用？
5. 如果“我”不去海边沙滩，而是呆在家里，这些“处方”还有效吗？为什么？
6. 除了这里作者提到的四点策略外，你还可以开出什么其他处方？
7. 请你就这个案例，谈谈你的感受和启示。

*　　*　　*

附录　自我沟通技能诊断

1. 步骤

步骤1：在你阅读本讲内容之前，请你对下列陈述根据度量标准进行评分，并将分值写于左栏（预估），你的回答应该反映你现在的态度和行为，而不是有意根据你所希望的结果去评价自我沟通技能现状，要诚实。采用这种方式是为了帮助你发现自己在自我沟通理念和技能方面处于何种水平。通过自我评价，你就可以识别自身的不足，进一步根据自身特点调整你的学习方向。

步骤 2：完成本讲的学习后，尽可能把所学的知识和技能与实际结合起来，并认真分析本讲的案例或技能应用作业，然后盖起你第一次的答案，重新回答下列测试题，将分值写于右栏（后估），当你完成这次调查后，检测你的进步，如果你在某一技能领域成绩依然较低，说明在这些方面你还得不断加强理论和实践的结合。

2. 评价标准

（1）非常不同意/非常不符合　　（2）不同意/不符合
（3）比较不同意/比较不符合　　（4）比较同意/比较符合
（5）同意/符合　　（6）非常同意/非常符合

3. 测试题

学习前　学习后

____ ____ （1）我经常与他人交流以获取关于自己优缺点的信息，以促使自我提高。
____ ____ （2）当别人给我提反面意见时，我不会感到生气或沮丧。
____ ____ （3）我非常乐意向他人开放自我，与他人共享我的感受。
____ ____ （4）我很清楚自己在收集信息和作决定时的个人风格。
____ ____ （5）在与他人建立人际关系时，我很清楚自己的人际需要。
____ ____ （6）在处理不明确或不确定的问题时，我有较好的直觉。
____ ____ （7）我有一套指导和约束自己行为的个人准则和原则。
____ ____ （8）无论遇到好事还是坏事，我总能很好地对这些事负责。
____ ____ （9）在没有弄清楚原因之前，我极少会感到生气、沮丧或是焦虑。
____ ____ （10）我清楚自己与他人交往时最可能出现的冲突和摩擦的原因。

____ ____ （11）我至少有一个以上能够与我共享信息、分享情感的亲密朋友。

____ ____ （12）只有当我自己认为做某件事是有价值的，我才会要求别人这样去做。

____ ____ （13）我在较全面地分析做某件事可能给自己和他人带来的结果后再做决定。

____ ____ （14）我坚持一周有一个只属于自己的时间和空间去思考问题。

____ ____ （15）我定期或不定期地与知心朋友随意就一些问题交流看法。

____ ____ （16）在每次沟通时，我总是听主要的看法和事实。

____ ____ （17）我总是把注意力集中在主题上并领悟讲话者所表达的思想。

____ ____ （18）在听的同时，我努力深入地思考讲话者所说内容的逻辑和理性。

____ ____ （19）即使我认为所听到的内容有错误，仍能克制自己继续听下去。

____ ____ （20）当我在评论、回答或不同意他人观点之前，总是尽量做到用心思考。

4. 自我评价

将你的得分与三个标准进行比较：（1）比较你的得分与最大可能得分（120）。（2）比较你的得分与班里其他同学的得分。（3）比较你的得分与由 500 名管理学院和商学院学生组成的标准群体的得分。在与标准群体比较时，如果你的得分是：

100 或更高　你位于最高的四分之一群体中，你具有优秀的沟通技能；

92～99　你位于次高的四分之一群体中，具有良好的自我沟通技能；

85～91　你的自我沟通技能较好，但有较多地方需要提高；

84 或更少　你需要严格地训练自己以提升沟通技能；

选择得分最低的 6 项，作为本部分技能学习提高的重点

下篇　管理沟通技能

“我们缺少的不仅仅是思想，我们更缺少的是如何把思想落实到行为的技能”，“企业家不是从学校里学出来的，但学习管理后能让学习者在工作中做得更好”。本篇以此为导向，就具体沟通技能，选择性地讨论以下六章内容：

第五章　内部沟通技能
第六章　外部沟通技能
第七章　笔头沟通技能
第八章　演讲与辅助手段
第九章　面谈技能
第十章　会议组织技能

第五章　内部沟通技能

【本章提要】　本章从内部沟通环境的角度分析成功沟通的技能。首先分析内部沟通环境的分析要素和必要性，提出内部沟通既是员工的需要，更是组织的需要。其次，提出了内部沟通中存在的障碍因素：主观障碍、客观障碍和沟通方式障碍。第三，分别从内部组织沟通网络、组织伦理和技术环境（信息技术发展背景下的内部沟通策略）三个方面，就不同环境下的内部沟通技巧和策略提出了建议。其中，在内部组织沟通网络方面讨论了正式沟通渠道和非正式沟通渠道；在技术环境方面，就信息技术发展背景下的内部沟通策略提出了建议。

5.1　管理沟通内部环境分析要素和必要性

5.1.1　管理沟通内部环境分析要素

对组织中沟通的研究，从研究对象、研究情境和技能不同角度出发，Greenbaum 和 Falcione 把它归纳为以下八大领域：（1）组织的人际沟通：组织中人际沟通交流情境，包括两极沟通关系和小组、团队中的人际沟通等；（2）群体内沟通：组织中同一群体（部门）成员间的沟通；（3）群体间沟通：组织中不同群体成员之间的沟通；（4）沟通因素与组织目标：沟通因素与组织变量间的因果关系；（5）组织沟通的技术改善与训练：训练及改善组织成员在公众演说、会议、群体讨论等情境的口语、书写及非语言沟通能力和技术；（6）组织的软件与硬件沟通媒介：组织的软件与硬件媒介及其设计的效果，以及它们和组织的关系；（7）组织的沟通系统分析：评估和检查组织的沟通网络、上行、下行和平行及新观念沟通，以了解组织沟通系统运作的优劣；（8）组织沟通的研究方法：研究组织沟通的理论基础、工具、测试方法等。这八个方面的研究领域，都涉及到如何根据组织内部环境和外部环境的不同而采取相应的沟通策略问题。

无论何种形式的沟通活动，其所依存的内部环境和外部因素的内容非常丰富。就一个组织来说，无论内部还是外部，时时刻刻存在着信息交换和协调。一方面是内部的信息交换和协调；另一方面是组织和相关环境间的信息交换和协调。为此，管理沟通的概念可分为两个层次：首先，组织沟通是组织的基本要素，表现为组织系统内成员的互动和协调，并以实现组织目标为过程；其次，组织沟通是要实现组织和相关环境的信息交换和协调，使得组织与环境之间保持动态平衡，并求得组织发展。

因而，开展组织沟通研究应分析沟通的内部环境和外部环境因素。组织外部因素可以从宏观因素和中观因素两个方面分析，其中宏观环境可以分为政治法律（Politics）、经济政策（Economy）、社会文化（Society）、技术进步和技术政策（Technology）——这四个环境因素有时也称 PEST 分析——和自然环境五个方面；中观环境一般是指行业环境。组织内部因素包括有形和无形两个方面，有形环境如组织内部结构和组织有形环境（包括技术环境、物质环境和人力资源等）；无形环境如组织文化和组织无形资源（如价值观、思维方式和经营理念等）。具体地，组织内部的环境可以从内部组织结构、组织文化和内部技术环境三个方面来考察。

企业内部组织结构反映了组织成员的权力关系、信息沟通渠道和业务流程等，它在本质上反映的是组织内部人与人之间的关系和联结方式。为了更好地解决好权力关系、保证信息沟通的顺畅和业务流程的优化，就需要采取有效的沟通技能。如根据组织结构的形成条件、过程和作用机理的不同，可以分为正式组织和非正式组织两类，为此，需要针对这两种不同的组织选择相应的策略。

再如，组织文化是组织内部全体员工共同遵守的行为规范、思维方式、意识形态、风俗习惯等，组织文化的本质是组织内部的价值观。由于每个组织及其子组织都有自身的文化或子文化，也需要结合不同组织内部文化环境的特点选择相应的策略。

还如，在技术环境（这里只指狭义的生产管理工具和技术手段）方面，由于 20 世纪 70 年代末出现个人电脑以来，组织广泛应用计算机系统协助解决组织内部问题，在 80 年代中后期，组织出现崭新的沟通方式——网介沟通（Computer-mediated Communication），近年来，网介沟通迅猛发展，并有预言，网介沟通在21世纪将成为组织最活跃的沟通模式。这一发展趋势一方面得益于组织内部、组织之间信息交换在空间上的不断扩展，使组织虚拟化生存成为可能和必然；另一方面，是由组织管理从刚性的制度、规则管理走向个性化、柔性化管理所致。有人把组织的这种管理变迁归结为组织从“社会人”走向“文化人”的过程。从这个意义上讲，网介沟通不能被简单地作为“新观念传播”或“新媒介”来看待，它所改变的可能是沟通的一块基石。事实上，随着企业因特网、局域网的普遍采用，正在根本上改变着人的沟通模式。

从组织内部上述三个方面考察环境的变化，可以帮助我们采取针对性的沟通策略。从管理沟通的角度讲，由于沟通对象是非常明确的人，而人所存在的直接环境是组织，因此，在内部沟通技能上，重点在于解决不同组织环境及其文化环境下的沟通策略。具体地，本章将分析正式组织和非正式组织沟通网络对沟通的影响和相应的策略，以及组织伦理与沟通策略选择之间的关系。对与组织结构和伦理紧密相关的组织文化，下一章将从外部环境分析的角度来讨论不同文化背景下的沟通策略——跨文化沟通；对于技术环境方面，随着现代技术的发展，给沟通带来了很大的影响，如随着电子邮件的广泛使用、局域网络的不断普及、其他技术的快速发展，对组织内部的信息管理产生巨大的影响，从而迫使我们调整相应的沟通策略（这部分在本书中不作具体讨论）。

由于内外部环境的千变万化，给管理活动带来了许多不可预知的因素，因而也为管理沟通带来困难。本章专门就组织内部沟通的技能作分析，以期对组织内部的有效沟通提供思路。

5.1.2　内部沟通的必要性：内部沟通是员工的需要

经常有员工这样抱怨：我们公司内部甚至部门内部，人与人之间都戴着面具，相互之间存在很大隔阂。可以说，这是一种比较常见的现象，但这种现象越来越使我们伤心——它撕碎了现代人的心，也使现代人生活在压抑、沮丧的环境中；它使人产生被遗弃感和孤独感，这种感觉强化了员工与企业的貌合神离，被隔绝的员工由于不了解企业，也就无法和企业建立亲密的关系，也正是由于这种原因，员工们的奉献精神减少了，互相不关心和不信任的现象抬头，整个公司的生产力陷于停顿。

那么，是什么导致上述局面的呢？几乎每一个员工（包括自己）刚到公司时，都是那么的充满热情，觉得自己是这个新组织的一员，应该要好好干，也会告诉自己，要把自己的全部时间、精力和心思投入到公司的发展中去。事实呢？如果你来到了一家与你的预期相吻合的企业里，那么，即使在企业碰到困难时，你也会和公司取得相互理解，会奋不顾身地为公司目标奋斗，你会尽最大努力去做好自己的工作，因为你觉得自己是企业的一部分。但结果往往是你来到了一家与你的预期很不吻合的企业里工作，因为企业内部管理者关心更多的不是你的心境和愿望，而是企业的利润，或者自己的利益。他们总是说没有时间与你交流，他们往往很少对你给以足够的关注，使得你对组织越来越失望。

现在，假设你终于走上了管理岗位，成为一名管理者，你又是如何考虑组织内部的沟通的呢？是否还记得你在作为普通员工时的期望？是否还关注你的下属的期望？正如你自己一样，普通员工也在渴望着和公司的紧密相连，他们也在希望自己和公司的关系不是一张工资单的关系；他们也在希望自己成为“圈内人”，能深入到公司内部，对公司各部门情况有所了解；他们更希望自己不只是被雇佣的一双手或仅仅是机器上的一个零件，随时可以被更换；他们期待着来自组织坦诚交流而产生的那种结合在一起的特殊感觉。解决好这些问题，寻求组织内部有效沟通的技能是成为成功管理者所必须面临的课题。

5.2 内部沟通障碍分析

要寻求有效的内部沟通技能，首先要分析常见的内部沟通障碍。一般来讲，内部沟通环境中的障碍包括主观障碍、客观障碍和沟通方式障碍三个方面。主观障碍来自以下六个方面：

- 个人的性格、气质、态度、情绪、见解等的差别，使信息在沟通过程中受个人的主观心理因素的制约；
- 信息沟通中，如双方在经验水平和知识结构上差距过大，就会产生沟通的障碍；

✚ 信息往往是依据组织系统分层次逐级传递的。而在按层次传达同一条信息时，往往会受到个人的记忆、思维能力、价值观等的影响，从而降低信息沟通的效率；
✚ 对信息的态度不同，使有些员工和主管人员忽视对自己不重要的信息，不关心组织目标、管理决策等信息，而只重视和关心与他们物质利益有关的信息，使沟通发生障碍；
✚ 主管人员和下级之间相互不信任。这主要是由于主管人员考虑不周，伤害了员工的自尊心，或决策错误所造成的，而相互不信任则会影响沟通的顺利进行；
✚ 下级人员的畏惧感也会造成障碍。这主要是由于主管人员管理严格，咄咄逼人和下级人员本身的素质所决定的。

对于主观障碍存在影响管理沟通质量的迹象，表 5.1 提出了四个方面的识别建议。

表 5.1　识别主观障碍的四个迹象建议

识别问题	建议思路
1. 员工能畅所欲言吗?	当你和员工交谈时，他们能畅所欲言。他们知道他们的意见能起作用也能被重视；
2. 你常与员工联系吗?	经常受到联系的员工深信自己能及时知道有关本部门和全公司的重大情况；
3. 你与员工有深层次的思想交流吗?	交流使员工积极承担义务而不是听从指挥。除非经理们努力设法和员工们交流思想，否则员工们能做的往往只是服从命令。员工们如果感觉不到自己和公司心心相连，就不会竭尽全力。
4. 你知道员工需要什么吗?	当你知道员工们需要什么时，正是你和他们有了联系时。只有公司和员工们之间有了相互了解，才能达到高质量、优质服务和丰厚的利润。只有员工们才是质量、服务和利润的推动力。

客观障碍主要包括以下两个方面：

✚ 信息的发送者和接收者如果在空间距离太远、接触机会少，就会造成沟通障碍。社会文化背景不同、种族不同而形成的社会距离也会影响信息沟通；
✚ 组织机构过于庞大，中间层次太多，信息从最高决策层传递到下级基层单位，中间过程易产生失真，而且还会浪费时间，影响其及时性。这是由于组织机构不完善所带来的障碍。

沟通联络方式的障碍可以概括为以下两个方面：

- ✚ 沟通方式选择不当，原则、方法使用不灵活所造成的障碍。沟通的形态和网络多种多样，它们都有各自的优缺点。如果不根据组织目标及其实现策略来进行选择，不灵活运用有关原则、方法，沟通就不可能畅通进行。在管理工作实践中，存在着信息的沟通，也就必然存在沟通障碍。主管人员的任务在于正视这些障碍，采取一切可能的方法消除这些障碍，为有效的信息沟通创造条件。
- ✚ 语言系统所造成的障碍。语言是沟通的工具。人们通过语言、文字及其他符号将信息经过沟通渠道来沟通。但是语言使用不当就会造成沟通障碍。这主要表现在以下三个方面。一是误解。这是由于发送者在提供信息时表达不清楚，或者是由于接收者接收失误所造成的。二是歪曲。这是由于对语言符号的记忆模糊所导致的信息失真。三是信息表达方式不当。这表现为措词不当、词不达意、丢字少句、空话连篇、文字松散、句子结构别扭、使用方言、土语、千篇一律等。这些都会增加沟通双方的心理负担，影响沟通的进行。

组织内部沟通方面的一个典型例子是罗斯·佩洛得与美国通用汽车公司合作后在管理方面所出现的障碍。

【例子】　罗斯·佩洛得是一个性格直爽的亿万富翁，他在1984年把自己的电子数据系统［EDS］公司以25亿美元的价格卖给了通用汽车公司，并立即成为了通用汽车最大的股东和董事会的成员。通用购买EDS的目的最主要的是需要罗斯的管理技能来协调公司内部大规模的信息管理系统。罗杰·斯密斯，通用公司的主席，也希望佩洛得的进取精神能重新激发出通用公司的活力。但从佩洛得进入通用公司开始，他就成了通用公司现有政策的激烈批判者，他认为通用公司生产一辆汽车所花费的时间比打二次大战的时间还长，他尤其严厉地批评了通用公司中存在的官僚主义作风，要求公司在追求结果过程中培养团结一致的精神。到1986年11月，斯密斯觉得公司已明显地具有了足够的佩洛得式的精神，而此时，公司内对佩洛得的批评声到处可闻，结果，这个汽车巨头花费了佩洛得原有股权两倍的价格打发佩洛得，让他从董事会退休。

从这个案例简述可以发现人际冲突在组织中是客观的、无处不在的。现实中，大量的企业都趋向于劳动力的多样化、全球化，合资企业大量涌现，因此，来自不同组织和文化背景的管理者走到一起时，如何处理好内部沟通已日益成为一个重要的问题。任何一个内部存在过度不和谐因素的组织，都将在竞争的环境中处于难堪的境地（组织内的成员过于强调完全一致，以至懒于去适应变化的外部环境，或者过于强调对上级的顺从而没有看到要改进现状的需要，都属于不和谐的状态）。事实上，适度的冲突正是活跃的、有进取性的、有激励的组织的生命血液，它能够激发出人的创造力，激发整个组织的创新精神。为此，就要求管理者在正确看待内部沟通障碍的前提下，运用适当的策略建设性地做好内部沟通工作。关于如何解决组织内部的沟通障碍这一问题，本章将从组织内部信息沟通网络、组织伦理和技术环境三个方面讨论具体的对策建议。

5.3　组织内部信息控制和沟通策略分析

5.3.1　优化组织内部信息控制系统

在每个组织中，所有的主管人员都能体会到实施沟通控制的实际困难，所以仅仅描述沟通的方式和原则、方法是无济于事的，更需要对沟通过程的信息进行控制，以便管理工作能更健康、更有效地进行。信息沟通离不开信息的收集、加工处理以及信息的传递，因而对沟通的控制也应从这几个方面入手。

信息收集是进行信息沟通的前提，也是进行管理决策的前提。没有信息就无法进行决策。因此，在沟通的控制中，首先应在收集工作上下功夫。具体策略上，可以从以下几个方面入手：首先，要提高信息人员的素质和能力，收集到及时、有用的信息。任何组织要提高信息沟通的水平，其关键是提高信息员在政治、知识和能力方面的水平，建立一支反应灵敏的信息员队伍。其次，要建立和完善信息网络，要开辟尽可能多的渠道，力求使所收集的信息完整齐备，而且，在疏通这些渠道时，又要求树立全面观念、政策观念、时效观念和求实观念。其三，要保证信息的准确性，要求信息来源真实可靠，原始记录准确无误，切忌使用模棱两可的信息；同时，要注意防止信息传递过程中“报喜易、报忧难”现象，要在信息真实性方面加以严格控制。

在信息的加工处理上要保证信息的准确性、及时性和反馈性。对收到的信息进行加工处理是信息沟通过程的一个重要环节，但由于在信息加工过程中最容易失真，因此，对信息处理过程要加以有效控制，以保证组织沟通的成功实现。具体做法上，首先，信息的加工处理必须遵循准确、及时、系统和对实际工作具有指导意义的要求；其次，在对信息进行加工处理时，要依据其来源、时效的不同，归口处理，以提高工作效率；第三，对信息加工处理要给予反馈，确保信息的准确性。这种反馈是双向的，即下级主管部门经常给上级领导提供信息，同时接收上级领导的信息查询；上级领导也要经常向下级提供信息，同时对下级提供的信息进行反馈，从而形成一种信息环流。

信息传递过程的控制，就是要有效地控制信息沟通，必须努力做好信息传递工作。具体策略上，应注意以下四个方面。首先，信息传递要贯彻“多、快、好、省”的原则，这是一般要求，在信息传递中，这几方面互相联系，互相制约，要加以协调控制。其次，传递信息要区分不同的对象，选择信息传递的目标，确保信息的效用。同时，在提高信息传递的针对性时，注意信息的适用范围，考虑到信息的保密度，防止信息大面积扩散、泛滥。其三，要适当控制信息传递的数量，但要注意信息过分保密和随意扩散的倾向。其四，要控制越级传递和非正式渠道的沟通，尽可能地使之成为对层层传递和正式沟通渠道的补充，共同完成组织目标。

5.3.2 组织内部角色分析和沟通策略

1. 组织内部角色定位

在组织内所发生的沟通现象，往往受到组织成员的地位或角色所影响，因为每一个人都会根据他的地位或角色，对沟通的信息给予不同的理解和解释。内部沟通技能的提高，一方面要学会对自身的角色有清醒的认识；另一方面要学会对他人角色的正确认知。

一位网络公司的老总经常要求员工思考两个问题：我是谁？我在什么地方？作者对这两个问题的理解，第一个为“角色认知”，第二个为“角色定位”。任何一个组织都是由不同的个体所组成的，因此，可以认为，组织有序化和沟通畅通化的过程，是以个体不断修正自我角色定位为前提的，并由此而采取合适的沟通策略。

对于角色分析，关键在于界定自身在组织中所处的地位。所谓地位，简单地可以理解为某个个体在某一层次系统中所处的位置。在任何组织中，都会发展出这种地位差别。从现有文献看来，较多的观点是从个体在组织中所处的正式职位来界定地位的。很显然，这种界定地位的标准是不合适的，我们认为，地位与职位往往是不对称的。

恰当地界定地位，可以从社会地位认知、组织地位认知两个方面进行，在此基础上，对自己应该扮演的角色有合理的定位。社会地位指某人在某一组织、社区或社会中的声望、影响力、价值观认同水平和能力被认同的程度，它常常与年龄、家庭、职业、教育层次、自身素养和道德伦理紧密相关。组织地位指某人在组织内的层次位置，常常表现在不同名衔、职位上面，它可以直接通过正式职位来判定。

尽管地位是规定一个人应扮演角色的最主要因素，但它绝对不是全部。角色分析比地位分析内涵更为丰富。角色是社会学的一个概念，一般是指对于居于某种位置的人（不管是谁）所被期望表现的某类行为。这里所谓的某种位置，可以是正式职位，也可以是在他人心目中的地位（如期望），比如，你现在是一位大学教授，可能你并没有任何正式职位，但当你到一家公司去作演讲，公司职员就会先验性地用“学识渊博”、“文质彬彬”等这样的词期望你所扮演的角色，这就是社会地位对角色的影响。

在一个企业内部，正式组织的领导由于其职位——组织地位的不同，其所扮演的角色也各不相同，对这一点，大家的意识是比较明显的。在一正式组织内，居于不同地位或位置的人，也会由于他所居地位或位置的不同而表现出某种特殊行为形态。例如，一位总经理会怎样说话和表现怎样的态度；一位营销经理会采取怎样的立场，事先大家都有了某种期望。否则，就会有“望之不似人君”的感觉了。

但我们除了扮演正式组织内部的角色外，更多地是在扮演非正式群体的角色。在一非正式群体中，不同个体之间常常会渐次发展出不同角色，由不同成员担任。有人担任创议者；有人担任附和者；有人担任置疑者；诸如此类。角色一旦形成以后，很自然地，其他人都期望担任某种角色的人会表现特定的某种行为，或不会表现某种行为。如一个经常唱高调、提反对意见的人，如果某天忽然附和一个非常现实的意见，其他人都会感到奇怪，因为这不符合他的角色行为。

严格说来，虽然地位和角色代表不同的观念，但在本节讨论中，我们仅把角色限于正式组织的环境内，为方便起见，都称为组织角色。以下进一步讨论在正确认知自我组织角色前提下相应沟通策略的选择。

在组织内的每一个人，都有其不同的组织角色。例如上层管理者、中层或基层管理者，其组织角色不同；又如不同职能部门的工作者，也会由于本身属于销售、生产或财务部门，表现为不同的组织角色。由于所担任的组织角色不同，就会产生不同的态度、观点和不同的利害关系，因而每逢接触到什么新的信息时，就会根据本身的态度或利害加以评估，因此导致不同的意见和结论。这说明了，为什么在企业组织内，不同职能部门间会产生那么多的争论。

【例子】　本人曾经利用对研究生课程进修班讲课的机会，要56位学员就一个案例分析主要的问题所在。结果，据统计发现，认为该案例中存在的关键问题是销售方面的学员中，82%是在公司里负责销售工作；认为该案例中存在的关键问题是组织方面的学员中，75%是公司里从事生产管理的经理人员。这显示了，虽然他们所获得的是相同的信息，但这些信息所代表的意义，却受每人组织角色的影响而不同。

2. 组织角色定位对沟通的影响

有关组织角色对于沟通的影响，最主要是主管与下属之间的组织角色关系所造成的。首先，从上级与下属间的沟通看，由于正式的组织角色关系的存在，无论是上级对下级，还是下级对上级，往往不能像普通人之间那样容易沟通。究其原因，下属在组织内的发展前途，在相当大程度内，操之于上级之手。这使得下属在与上级接触的时候，很自然地会怀着一份特别的心理状态，影响了他与上级间的整个沟通过程。一方面，从下属上向沟通而言，他不愿意在这上面发生对自己有什么不利的影响，因此对于沟通内容不免加以选择和控制。他可能会尽量掩盖对自己不利的事实，或者如果必须报告，就企图加以有利的解说；即使与自己没有直接相关的消息，为投上级之所好，也倾向于只挑选上级喜欢知道的部分，提出报告。这都使得其间沟通发生歪曲现象，正式组织内部的信息失真现象基本来自这个原因。另一方面，下属对于上级所传达给他的“下向沟通”也同样会因上级和下属关系而发生歪曲。由于下属想从沟通中得到更多或微妙的信息，每每从字里行间去揣测可能的涵意，往往捕风捉影，自以为是。上级一句非常漫不经心的话，可能被一位下属解释为带有特别的意义（即“言者无意，听者有心”），以致造成“庸人自扰”或“自我感觉良好”的结果。

尽管下级是问题之所在，上级方面也不是没有问题。由于上级所接触的范围较广，知道的事情可能较多，因此在与下属接触的时候，往往一个人滔滔不绝，变成单向的沟通。甚至有些上级在心理上就认为，在上级和下属之间，上级就应该担任“讲”的角色，下属只有“听”的份。这也不能认为是有效的沟通。

当然，并非所有上级和下属之间的沟通都会发生上述情况；或即使发生，也未必会达到相同的严重程度。这取决于上级和下属之间的原来关系如何。例如，属于权威型的领导，更可能发生上述情况；反之，如果上级一般表现为能容忍下属某些错误，自己又能接受某种程度的批评，也许可使沟通所发生的歪曲程度大为减少。但是，最基本的，还是上级不要忘记或疏忽在沟通中还有“听”的一面。

对于上下级之间的沟通，我们的对策建议是：积极倾听。积极倾听，除了良好的倾听习惯外（这在第二章中有讨论），更需要的是平等地沟通。无论是上级还是下级，都要以一颗平常心去对待他人的观点。倾听不应是一般的“听听”就算了，而是能够设身处地地（站在说的人的立场）去“听”。这种倾听的要点是，先不要有什么成见或决定，应密切注意讲的人所要表达的内容及其情绪。这样才能使后者畅所欲言，无所顾忌。而后听的人才能得到比较真实而完整的沟通意义，供他做为判断和行动的依据。

在平常的生活中，有各种有趣的说法，如“官越大，耳越背”；再如，“一个领导要有口若悬河的本事”。大家为什么有这些说法呢，因为在平时的工作中，领导“讲”习惯了，下属也“听”习惯了，久而久之，就出现了领导的“听力衰退”；下属就出现了思维惰性。反正领导怎么说，我怎么做就可以了，不带脑子一样工作，“有脑袋的还不如没脑袋的”，这个说法就是对平时上下级之间由于非建设性沟通而带来结果的诙谐说法。

无论上级还是下级，要界定好自己的组织地位，不是说下级不要说、只要听，也不是说，下级应拣上级喜欢听的话说，而是要正确运用管理沟通的艺术，根据自己的角色定位，不断提高自己的“听力”，以恰当的方式说恰当的话。其中最关键的技能是建设性倾听，尤其是各级主管，要不断尝试、磨炼及体会“听的艺术”。

根据临床心理学及心理治疗的研究与经验，可以把这种“倾听”的艺术归纳为表 5.2 中所列的 9 条。

表 5.2 倾听的 9 条艺术

1. 即使你认为对方所讲的无关紧要或者错误，仍应从容而耐心地倾听。虽然不必表示你对他所说的都赞同，但应在适当间歇中以点首或应声表示你的注意和兴趣。
2. 不仅要听对方所说的事实和内容，更要留意捕捉他所表现的情绪。
3. 必要时，将对方所说的予以提要重述，以表示你在注意听，也鼓励对方继续说下去。不过语调要尽量保持客观和中立，以免影响或引导说的方向。
4. 安排有较充分而完整的交谈时间，不要因其他事而打断，更不要使对方感到这是官式谈话。
5. 在谈话中间，避免直接的置疑或反驳，让对方畅所欲言。即使有问题，留到稍后才来查证。此时更重要的是洞察对方究竟在想什么。
6. 遇到某一你确实想多知道一些的事情时，不妨重复对方所说的要点，鼓励他作进一步解释或澄清。
7. 注意关注对方有意避而不谈的内容，这些可能正是问题的症结所在。
8. 如果对方确实想要知道你的观点，不妨诚实以告。但是在“听”的阶段，仍以了解对方意见为主，自己意见不要说得太多，以免影响对方所要说的话。
9. 不要自己在情绪上过于激动，此时尽量要求了解对方；不管赞成也好，反对也好，稍后再加评论。

倾听，并不是任何情况下都能应用，或应用之后都能生效，还须考虑以下条件：

- 主管者是否有这么多的时间用于倾听，或者说，是否值得投下较多时间于倾听下属的意见或反应。如果没有这种时间，则不可能做到上述地步。
- 必须认识到每个人都有其特殊之处，包括态度、价值观和情绪等，这样才会去注意和发掘各个人的特点和问题。
- 主管者本身要有适当的修养，保持冷静和客观。
- 讲的一方，也要有说的意愿。否则，吞吞吐吐或沉默不语，则场面势必变得十分尴尬和冷漠。

5.3.3　组织内的沟通渠道网络：正式沟通与非正式沟通

在一正式组织内，成员间所进行的沟通，可因其途径的不同分为正式沟通与非正式沟通。正式沟通是通过组织正式结构或层次系统运行，非正式沟通则是通过正式系统以外的途径进行。

1. 正式沟通

正式沟通一般指在组织系统内，依据组织明文规定的原则进行的信息传递与交流。例如组织与组织之间的公函来往、组织内部的文件传达、召开会议、上下级之间的定期情报交换等。正式沟通的类型有三种：下向沟通、上向沟通和横向沟通。

下向沟通一般以命令方式传达上级组织或其上级所决定的政策、计划、规定之类的信息，有时颁发某些资料供下属使用等等。上向沟通主要是下属依照规定向上级提出正式书面或口头报告。除此以外，许多机构还采取某些措施以鼓励上向沟通，例如意见箱、建议制度、以及由组织举办的征求意见座谈会、或态度调查等等，如有时某些上层主管采取所谓“门户开放”政策，使下属人员可以不经组织层次向上报告。横向沟通主要是同层次，不同业务部门之间的沟通。在正式沟通系统内，横向沟通机会并不多，往往采取委员会或举行会议的方式进行。

正式沟通的优点是：沟通效果好，比较严肃，约束力强，易于保密，可以使信息沟通保持权威性。重要的消息和文件的传达、组织的决策等，一般都采取这种方式。但其缺点在于层层传递的沟通渠道刻板，沟通速度很慢，此外也存在着信息失真或扭曲的可能。

在管理学中，提到的正式沟通形态一般有五种：链式沟通、环式沟通、Y式沟通、轮式沟通和全通道式沟通（见图5.1）。

链式沟通。这是一个平行网络，其中居于两端的人只能与内侧的一个成员联系，居中的人则可分别与两人沟通信息。在一个组织系统中，它相当于一个纵向沟通网络，逐渐传递，信息可以自上而下或自下而上进行传递。在这个网络中，信息经层层传递、筛选，容易失真，各个信息传递者所接收的信息差异很大，平均满意程度有较大差距。链式沟通形态居于控制型结构，如果某一组织系统过于庞大，需要实行分权授权管理，那么，链式沟通网络是一种行之有效的方法。

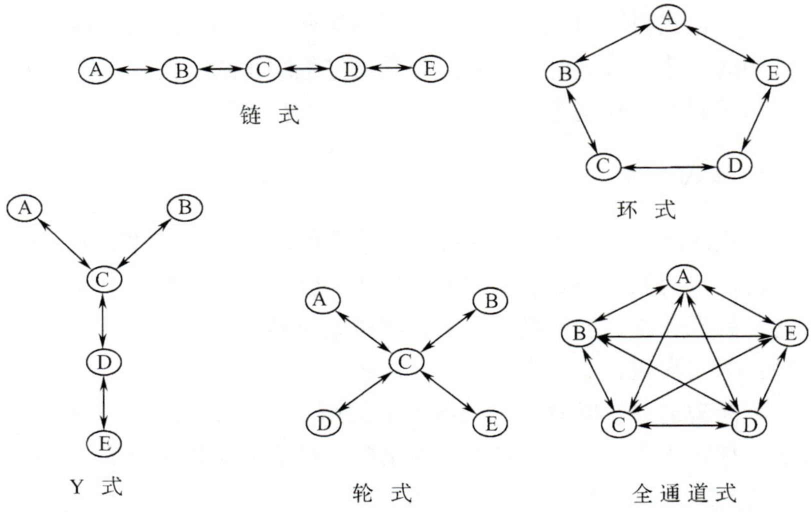

图 5.1　五种沟通形态

环式沟通。此形态可以看成是链式形态的一个封闭式控制结构，表示组织成员之间依次联络和沟通的关系。其中，每个人都可同时与两侧的人沟通信息。在这个网络中，组织的集中化程度和领导人的预测程度都较低；畅通渠道不多，组织中成员具有比较一致的满意度，组织士气高昂。如果在组织中需要创造出一种高昂的士气来实现组织目标，环式沟通是一种行之有效的措施。

Y 式沟通。这是一个纵向沟通网络，其中只有一个成员位于沟通网络的中心，成为沟通的媒介。在组织中，这一网络大体相当于组织领导、秘书班子再到下级主管人员或一般成员之间的纵向关系。这种网络集中化程度高，解决问题速度快，组织中领导人员预测程度较高。除中心人员（C）外，组织成员的平均满意程度较低。此网络适用于主管人员的工作任务十分繁重，需要有人选择信息，提供决策依据，节省时间，而又要对组织实行有效的控制。但此网络易导致信息曲解或失真，影响组织中成员的士气，阻碍组织提高工作效率。

轮式沟通。属于控制型网络，其中只有一个成员是各种信息的汇集点与传递中心。在组织中，大体相当于一个主管领导直接管理几个部门的权威控制系统。此网络集中化程度高，解决问题的速度快。主管人（当然是C）的预测程度很高，而沟通的渠道很少，组织成员的满意程度低，士气低落。轮式网络是加强组织控制、争时间、抢速度的一个有效方法。如果组织接受紧急攻关任务，要求进行严密控制，则可采取这种网络。

全通道式沟通。这是一个开放式的网络系统，其中每个成员之间都有一定的联系，彼此了解。此网络中组织的集中化程度及主管人的预测程度均很低。由于沟通渠道很多，组织成员的平均满意程度高且差异小，所以士气高昂，合作气氛浓厚。这对解决复杂问题，增强组织合作精神，提高士气均有很大作用。但是，这种网络沟通渠道太多，易造成混乱，且又费时，影响工作效率。

上述沟通形态和网络各有其优缺点。作为一名主管人员，在管理实践中，要进行有效的人际沟通，就需发挥其优点，避免其缺点，使组织的管理水平逐步提高（见表5.3）。

表5.3　五种沟通形态的比较

沟通形态 评价标准	链式	轮式	Y式	环式	全通道式
集中性	适中	高	较高	低	很低
速度	适中	1. 快（简单任务） 2. 慢（复杂任务）	快	慢	快
正确性	高	1. 高（简单任务） 2. 低（复杂任务）	较高	低	适中
领导能力	适中	很高	高	低	很低
全体成员满意度	适中	低	较低	高	很高

（参考苏勇，罗殿军主编，管理沟通，复旦大学出版社，1999，P66，作修改。）

2. 非正式沟通

所谓非正式沟通是指在正式组织途径以外构筑成的信息流通程序，它一般是由组织成员在感情和动机上的需要而形成的。非正式沟通和正式沟通不同，因为它的沟通对象、时间及内容等各方面都是未经计划和难以辨别的，而且途径也非常繁多，且无定型。非正式沟通的途径是通过组织内的各种社会关系来实现的，它们超越了部门、单位以及层次，较正式途径具有更大弹性，它可以是横向流向、或是斜角流向，一般以口头方式为主，不留证据、不负责任，也比较迅速。例如同事之间任意交谈，甚至透过家人之间的传闻等等，都算是非正式沟通。

概括而言，非正式沟通的优点在于：沟通形式不拘，直接明了，速度很快，容易及时了解到正式沟通难以提供的"内幕新闻"。非正式沟通能够发挥作用的基础是组织中良好的人际关系。但其缺点在于：沟通信息难以控制，传递的信息不确切，容易失真，而且，它可能导致小集团、小圈子，影响组织的凝聚力和人心稳定。

由于非正式沟通不必受到规定手续或形式的种种限制，因此往往比正式沟通还要重要。但是，过分依赖这种非正式沟通途径，也有很大危险，因为这种信息遭受歪曲或发生错误的可能性相当大，而且无从查证。尤其与员工个人关系较密切的问题，例如晋升、待遇、改组之类，常常发生所谓"谣言"。这种不实消息的散布，对于组织往往造成较大的困扰。因此，管理者既不能完全依赖这种形式来获得必需的信息，也不能完全加以忽视，而是应当密切注意错误或不实信息发生的原因，设法提供组织人员正确而清晰的事实，加以防止。

非正式沟通的形态有四种（如图5.2），依照最常见至较少见的

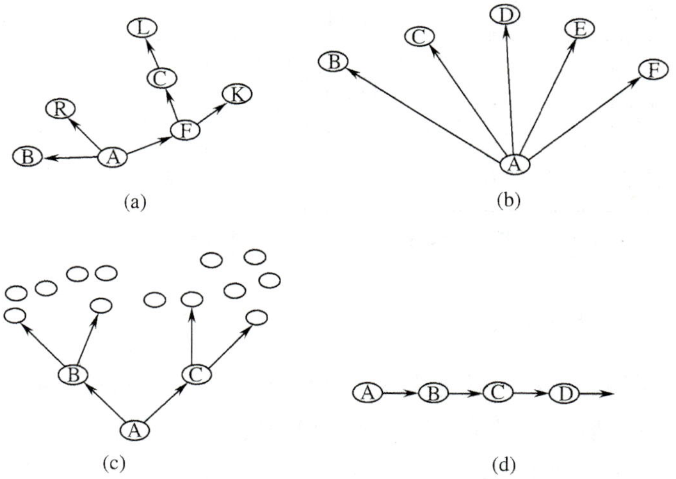

图 5.2　非正式沟通形态

顺序分别为：群体链式、密语链式、随机链式、单线链式。群体链式指在沟通过程中，可能有几个中心人物，由他转告若干人，而且有某种程度的弹性，图 5.2（a）中的 A 和 F 两人就是中心人物，代表两个集群的“转播站”。密语链式指由一人告知所有其他人，犹如其独家新闻（如图 5.2（b））。随机链式，即碰到什么人就转告什么人，并无一定中心人物或选择性（如图 5.2（c））。单线链式就是由一人转告另一人，他也只再转告一个人，这种情况最为少见。

一般地说，当组织内部非正式沟通盛行，极有可能的结果是滋生组织内部的消极因素。因此，如何最大程度地降低非正式沟通的副作用，是管理者在沟通策略选择时应考虑的问题。在传统的管理及组织理论中，并不承认这种非正式沟通的存在，但是，要真正消除这些非正式沟通是不可能的，而且也是不必要的，关键在于如何去了解、适应和整合，使其有效担负起沟通的重要作用。例如，主管者可以设法去发现在非正式沟通的网状模式中，谁处于核心和“转播站”的地位，也许通过这种沟通网可以使信息传达更迅速。管理者也可以设法自非正式沟通中去发现所流传的信息内容。不过，这些做法也有其危险或代价：过分利用非正式沟通的结果，会冷落或破坏正式沟通系统，甚至组织结构，而且，设法到非正式沟通中去探听消息，其结果往往会导致组织背后的一套“谍报网”，无意中造就了一批“打小报告者”，从而破坏组织内部的团结。

要消除非正式沟通的负面影响，最大程度地发挥其积极作用，根本上要分析非正式沟通盛行的原因。原因分析的基本逻辑思路是“由己及人”——先分析自身在管理中存在的问题，再分析对方的需要。分析自身是否存在问题的内容主要包括两个方面：

✚ 管理工作是否存在缺陷。如果负面非正式沟通的产生是由于管理工作中存在的缺陷所导致的，就应该采取恰当的改进方式，消除非正式组织的抵触情绪；

✚ 价值取向是否与长远发展战略匹配。如果管理工作没有问题，则要分析正式组织所倡导的价值取向是否符合组织长远的发展战略，若不符合，就应考虑修正现有价值取向，引导员工行为。

如果前面两个问题不存在，就应分析产生非正式沟通的成员状况，包括成员构成、产生背景、价值取向等。具体包括：

✚ 非正式沟通网络中成员背景：哪些人或谁在非正式沟通渠道中处于主导地位；
✚ 非正式沟通网络存在对正式沟通产生影响的历史状况；
✚ 非正式沟通网络的价值取向，尤其要了解处于主导地位的“网络中心人物领导”的价值取向；进一步分析非正式沟通和正式沟通之间的价值取向吻合程度；
✚ 非正式沟通网络和正式沟通网络之间的关系；
✚ 非正式沟通网络成员与正式沟通网络成员之间的关系。

分析了非正式沟通存在甚至盛行的原因后，建议采取针对性的措施以解决问题。可以采取的策略中，比较常用的可以总结为以下五个方面：

一是开诚布公，正本清源。非正式沟通的产生和蔓延，主要是由于内部员工得不到他们所关心的信息而造成的。由于有的管理者在平时惯于内部操作，不给员工提供信息的反馈，故作神秘、封锁消息，结果是，即使是正常的信息，也会笼上一层神秘的面纱，为背后谣言的流传创造条件。开诚布公，正本清源，就是要求管理者尽可能地向组织开放沟通渠道，公开必要的信息，杜绝种种不实谣言散布的温床。

二是提供事实，驳斥谣言。要想阻止非正式沟通所带来的谣言，最有力的策略是正面提供客观事实，以事实去击破谣言存在的基础。这些事实要求有较强的针对性。

三是诚信待人，与人为善。避免非正式沟通副作用最基本的做法，是培养组织成员对组织管理当局的信任和好感，这样他们比较愿意听组织提供的消息，也较能相信。而要组织成员对管理者产生好感，前提是管理者要真诚对待员工，把员工看作是利益共同体。企业在对组织主管人员的训练中，应增加这方面培训，使他们有比较正确的观念，掌握处理问题的方法。

四是丰富生活，充实人生。闲散和单调乃是造谣生事的温床。为避免发生不实谣言，扰乱人心士气，主管者应注意不要使组织成员有过分闲散或过分单调枯燥的情形发生。

五是突破中心，价值引导。当非正式沟通网络通过前面四个策略还不能解决时，就应采取该种策略。具体可以采取“中心突破法”和

“内部瓦解法”。“中心突破法”就是从网络中心人物切入，“擒贼先擒王”；同时，实施“内部瓦解法”，通过对非正式沟通网络成员的价值观引导，先争取部分成员的价值取向转换，以点带面。

5.4　公司伦理和沟通

5.4.1　伦理对企业的影响和沟通策略选择

在前面几章的讨论中，其实已经渗透着伦理因素。无论是个人还是企业，没有什么比信誉更为宝贵。例如，对个人而言，你是否做事诚信，信守诺言，并且一贯如此？你是否在迎合听众兴趣的同时也坚持办事原则？对于一个公司而言，在长期的发展过程中，同样没有什么比公司的荣誉更宝贵的，公司以合理的价格为社会提供可靠的产品和优质的服务，以此为社会的繁荣作出贡献。用最通俗的话说，伦理是指个人对比之更大的团体负有责任，而这个团体使他（她）可能生活下去，在工作中卓有成效，并且充满机会。影响着个人和公司信誉的，最直接的因素就是伦理和道德，它既影响着公司的未来发展，也影响着个人的前途。为此，在沟通过程中，伦理和道德成为了管理者必须考虑的重要因素。

在资本主义社会的原始积累时期，许多开拓者以“残忍”的方式去征服殖民地，或者占领部分市场，建立自己的帝国，随着自己的“帝国”日益强大，他们就把自己的后代儿孙培养成为慈善家，以从良心上求得平衡。这样的例子在政治和商业发展的历史上是屡见不鲜的。但是在政治稳定、舆论监督得力的经济全球化背景下，企业家们通常很难再靠偷鸡摸狗或残酷剥削、垄断而发家。

尤其是信息社会和知识社会，随着技术的快速发展，老百姓环保意识的不断加强，对个人和企业提出了越来越高的伦理上的要求。我们不再处在这样一个世界：亨利·福特可以雇佣暴徒来鞭笞他的工人；罢工的钢铁工人会在街上被枪杀；一个家族可以通过贿赂政府来购买所有的铁路与油井。现在，如果发生这样的事件，它将会成为第二天媒体新闻的头条。尽管这样的时代已经一去不复返了，尽管现在公众的民主意识越来越强烈，但今天这个伟大的时代，仍然在不断地创造着像斯蒂夫·乔伯斯（Steve Jobs，前苹果电脑总裁）、葛鲁夫

(前英特尔公司总裁)和比尔·盖茨(微软公司创始人)等这样的天才人物，他们以自己的天才魅力、非凡创造力、或远见卓识，为社会也为自己创造着巨大的财富。个人是他们公司的公民，公司则是他们所在社会的公民，有一定法律意识的管理者中，几乎没有人会争辩这种民主意识的发展是没有好处的，尽管这种民主意识在约束着他们获取利润的行为。这就是现代社会在伦理道德上的进步。

从伦理观对整个企业发展的影响看，要求企业把自己看作是社会的主体，是社会责任的承担者。既然企业是社会的主体，就要求企业按照市场经济的价值观来规范和约束企业的行为，要把质量、公平、诚实看作相当重要的商品，要乐于接受社会及其相关组织对企业产品和行为的评判。

从我国的市场经济发展程度看，很重要的一点是，企业越来越意识到自己已经成为了社会的公众法人，必须承担作为一个公众法人应该承担的责任。否则，地方的、国家的以及全球化的机构将有权力来谴责，甚至控诉企业的行为。一个企业如果意识不到这一点，很快就会发现自己已被孤立起来，得不到那些社会民众的支持。

【例子】 1989 年 3 月 24 日，美国埃克森公司的一艘巨型油轮在阿拉斯加州美、加交界的威廉王子湾附近触礁，原油大量泄出，达 800 多万加仑，在海面上形成宽 1 公里，长达 8 公里的漂油带。到 3 月 28 日，原油泄漏量达到 1000 多万加仑，造成美国历史上最大的一起原油泄漏事件。针对这个事件，埃克森公司开始采取不闻不问的态度，没有及时给予反应；事故发生后，没有采取相关措施，企图逃脱自己的责任；对整个事件的处理既无计划、也无行动；对地方当局傲慢无礼。后来，社会和大量媒体对此作了报道后，但埃克森公司仍不接受任何解决意见，存在侥幸心理。美国著名公关学者卡斯泽威斯基的评价是：自以为控制了事态的发展；信息系统失控；忽视去赢得公众同情和支持；错误地估计事故规模；丝毫没有自责感。结果，公司形象大损，国际大公司抵制与其做生意，最后该公司迫于无奈，支付了清理费、赔偿、罚款等，损失几亿美元。

从以上例证可以看到，在伦理上的责任和权利对一个优秀的企业来说，并不是一块绊脚石，相反，了解自身在社会上的责任，对于企业更是一个有利条件。事实是，伦理道德能够而且应该成为企业经常讨论的主题。诺贝尔奖获得者，保守经济学家米尔顿·弗里德曼（Milton Friedman）在20世纪70年代早期写的一篇名为“企业的社会责任是增加它的利润”（The Social Responsibility of Business Is to Increase Its Profit）文章中提出，要个人而不是企业来负担社会责任，企业的责任仅仅是增加其股票拥有者的利润。他还认为，过分的制度限制和社会压力只会使企业脱离它真正的社会责任——创造就业机会，提供质优价廉的产品。但现在，人们越来越意识到，这种观念存在对社会的破坏力，最明显的就是对环境的破坏。当初，包括美国和前苏联在内的国家受他的思想影响，推行了一些违反常规的措施，如到别国、甚至本国进行行贿，以埋藏有毒废弃物。现在，这种行为所带来的痛苦就得由他们的子孙们承担。

作为对弗里德曼观点的反应，现在的企业理论研究者提出，一个公司的支持者，并不仅仅是股票持有者，还包括雇员以及对公司有兴趣的社会群体，如环境保护主义者、顾客和一般公众。这就需要企业在运行过程中遵守伦理道德，如必须遵守法律，必须根据法律所规范的要求来避免自身的垄断行为发生，保证产品质量和广告的真实性，保护消费者的利益等。如80年代末，肯尼思·格帕斯特（Kenneth E. Goodpaster）在“在日常管理中伦理分析的一些方法”一文中提出“公司既是道德的媒介，也是道德的环境”的观点。

我们认为，企业组织应当与个体的人一样，把自身看作是符合道德和法律的“人”，要自觉或不自觉地把这些道德和法律贯穿于企业的政策条文和补充文件中，要落实到自身在处理内部环境和外部环境的全部行为中。如果企业的行为中贯穿了这样的伦理观念，就会得到外部公众的认同，企业的形象就会提高，才会得到持续的回报。

【例子】 “泰诺”是美国约翰逊联营公司生产的治疗头痛的止痛胶囊商标，这是一种家庭用药，在美国年销售额达到4.5亿美元，占公司总利润的15%。1982年9月29日至30日，有消息报道芝加哥地区因有人服用泰诺止痛胶囊而死于氰中毒。开始报道是死亡3人，后增至7人，随着新闻媒体的传播，传说在美国各地有25人因氰中毒死亡或致病，后来这一数据增加到2000人（实际死亡人数7人），这些消息引起了1亿服用泰诺的消费者的极大恐慌，民意测验表明94%的人表示今后不再服用此药。约翰逊公司面临一场生死存亡的巨大危机。实际上，对回收的800万粒胶囊所做的化验，只发现芝加哥地区的一批胶囊中有75颗受氰化物的污染，而且是人为破坏。面临这一严峻局势，公司马上成立了由董事长为首，负责公关的副总等7人组成的委员会，危机之初每天开两次会，对事件讨论、决策。在该委员会的正确决策下，公司采取了以下建设性沟通策略：

✚ 决定在全国范围内立即收回全部价值近1亿美元的泰诺止痛胶囊，并要求坚决在5天内完成药品回收；

✚ 花费50万美元通知医生、医院和经销商停止使用泰诺止痛胶囊，这一决策受到舆论广泛赞扬；

✚ 与新闻媒介密切合作。以坦诚态度对待新闻界，无论好坏，迅速传播真实消息；

✚ 敞开公司大门积极配合公众和医药管理部门的调查，5天内对全面收回的胶囊进行抽验，向公众公布结果。

根据抽检结果，证明了这次事件是人为破坏。于是，公司重新设计了泰诺止痛胶囊重返计划，举行大规模卫星转播的记者招待会，感谢新闻界的公正对待；推出防止污染的止痛胶囊重新包装，现场播放生产流程。

由于采取了上述措施，公司一举扭转了局面，反而借此树立了更好的形象。一年时间内恢复其领先地位，取得公众信任。约翰逊联营公司的行为，可以被认为是企业在伦理观引导下采取建设性沟通策略的典范。

该例子的启示是：以伦理为约束的企业沟通行为，要坚持“公众和顾客利益第一”的原则；在危机面前不要存任何侥幸心理；公司领导人要有强烈的参与公关的意识；在平时要有意识地与社会各界建立良好的关系。在此基础上，能够利用社会公众的伦理观，把为公众和顾客着想作为企业对策的出发点，善于从危机中寻找机会。

5.4.2 伦理对个体的影响和沟通策略选择

对个人伦理道德观的研究，自古希腊开始就一直在伦理讨论中占据统治地位。这里不就伦理的理论作详细阐述，只引用格帕斯特的观点，列举三种主要的有关个人伦理研究的流派：

一是实用主义理论流派（Utilitarianism）。该流派认为，从根本上来说，每个人按照道德标准行事是他们长远考虑的结果，意在树立一个做事道德的形象。抱实用主义观点的人，在日常管理的过程中，不论是在组织内部还是在组织外部，不断标榜自己是社会美德的义务承担者。他们认为，自身行为“可以依靠市场的压力，把对社会的损害减少到最小。”

二是契约主义理论流派（Contractarianism）。该流派认为，伦理道德的一般含义是指我们不只是受效用最大化的制约，更是要受保持公平这个因素的制约。公平是指，在社会活动中，每一个参与者都得到平等的对待。这种状况也体现了一种社会契约的思想，因为它强调个人的权利。契约主义理论在某种程度上否定实用主义理论，因为后者没有提出个人权利。根据契约主义的观点，一种一贯有效的制度，如果随着环境的变化，严重损害了少数人的利益，它最终也会垮台。比如，一种有相当好疗效的新药可能对非常有限的某些病人是有害的甚至致命的，这种药物就不应该再生产。

三是复合主义理论流派（Pluralism）。该流派中占统治地位的道德观点是担负责任。我们通常所说的道德意识，不是对其表现作一些简单的外部裁定（如效用和公平），而是对任务本身做更深层次的检验。一个人必须力求对他所要担负的任务进行选择，使它们有主次之分，然后依靠自己在道德观念（直觉或意识）方面的能力来解决那些棘手的问题。这些观点与那些宗教的教义较为相近，只不过宗教教义是通过更高级的权威部门来规定行事的道德标准，然后经过思想灌输，使这些道德标准溶入到每个人的个性之中。

这里无意去评论前面三者哪个更正确。但它们告诉我们，从伦理得到的观念看自己的沟通行为，要和自身的长远理性发展、人际平等和自我道德制约结合起来规范。比如，每个人要避免伤害自己和他人；遵守法律、声张正义；有为最不幸者提供帮助的责任和义务等。我们把这些方面的要求概括为以下 9 个戒律，以指导我们如何从伦理道德的角度来修正自身的沟通行为。

（1）避免由于自己的行为而引起对他人的损害。

（2）尊重别人的权利。

（3）不说谎话，不做欺骗别人的事。

（4）信守诺言，按合同办事。

(5) 遵守法律。

(6) 即使不是自己引起的，也有义务阻止损害他人利益的事发生。

(7) 帮助那些需要帮助的人。

(8) 保持公正。

(9) 要求别人也遵守上述各条注意事项。

5.5 本章案例

案例 7 《计算机与通信》杂志社

许波涛感到非常苦恼。早晨的信件刚送达，他桌上有一封来自中程通信总公司人力资源部部长程光辉先生的信，以及人力资源部要求他对他的编辑助理刘艳的工作表现作评估的评估表。程光辉部长在信中提到刘艳控告他和出版社事业部人事经理盛明合谋阻止刘艳从职员升为编辑。这封信是这样开始的：

对于刘艳从编辑助理的职位上提升的可行性，我们经过了广泛的调查并决定，由于秘书方面的职责已经超过了她现有全部工作职责的 30%，因此，她的职位等级最高只能定为三级职员。我们已考虑到刘艳在这件事上所受的挫折和失望，这将很显然地影响到你们之间的关系。

许波涛对“影响”这个字眼感到畏缩并且不自觉地在上面划了个圈。信又继续：

刘艳将会很乐意你为了继续她的职业发展而增加她的职责，但是，如果我没有理解错误的话，你那里并不具备提供另一种职位的资源。

在你过去对她工作表现的评估中反映出刘艳担任助理编辑的职位十分称职。我们也鼓励她去应征出版社在将来可能提供的此类职位。

谢谢你们的合作。

“程光辉部长，你越级了。”许波涛自言自语到。他很高兴总公司人力资源部能支持他的观点，但是，在他眼里，总公司人力资源部没有权力过问职位级别，这完全是出版社事业部人事部门的职权范围。接着，他拿起了程光辉部长送来的雇员工作表现评估表（见附件一）。这份表格是雇员每年工作表现检查的一部分，必须由刘艳自己填写、阅读并签名，并且在下个星期的上半周之前交回到总公司人力资源部。许波涛开始回顾那一系列致使他对刘艳产生不满的过程。

背景

许波涛是《计算机与通信》杂志的一位编辑，这是一份总公司下属出版社事业部出版发行的专业杂志，是中程通信公司（集团）的一个部门。该杂志社除了编辑许波涛自己外，只有一个编辑助理刘艳。刘艳直接向许波涛负责工作，是这份杂志惟一的全职工作人员，其他工作则利用公司内部其他人员的业余兼职。刘艳在三年以前被聘为编辑助理，在总公司（集团）中的等级为三级职员。编辑助理要求履行编辑和秘书的多种职责，参与从收稿、退稿或交付出版的整个发行过程。这个职位的最低要求是大学学历（中文专业优先），要求有良好的文字处理技能。

刘艳在此之前在一家银行作秘书。她在面试时说，她拥有中文学士学位，并且希望能在出版业工作。在她开始工作的前一年半时间里，她表现得十分出色。她的综合态度非常优秀，而且和许波涛的工作比较融洽，许波涛在她的雇员工作表现评估表上把她的工作都评为了“优异”。而且，他还很慷慨地给她加了薪。

到杂志社工作后不久，刘艳在当地的一所大学登记了中文硕士学位的学习申请。她的所有课程都安排在晚上，因此学习不会影响到她的工作。几个月后，刘艳坦率地和许波涛讨论起她的抱负——希望在《计算机与通信》杂志社或其他出版社里作一名编辑。她说，她攻读硕士学位的决定一部分是受到她想最终获得出版业专业职位的愿望的鼓舞。许波涛告诉她，在以后至少两年的时间里，编辑助理的职位将是一个行政工作的职位。但是他表明，他将支持她应征《计算机与通信》或其他出版社招聘的初级编辑的职位。刘艳说，她知道编辑助理可能是一个“死胡同”工作，但她希望能获得更具挑战性的工作，因为她对那些要求她履行的众多常规行政任务已经感到厌烦了。因此，他们达成一致，许波涛将分派给她一些出版任务以帮助她熟悉以后的工作。

刘艳对她的新工作职责很满意。例如，她承担了专业的职责并且工作得异常出色。与此同时，她继续履行那些她原先应该完成的所有行政任务。办公室里，所有的事都进行得很好。许波涛感到他和刘艳的工作关系十分融洽，即使他知道她可能不久就要晋升到另一个职位。在这段时期，刘艳开始和许波涛的一个大学同学兼好朋友田畴先生进行约会，他是出版社事业部内部参考的一位编辑。许波涛和他妻子偶尔会在社交场合遇到他们。刘艳也会偶尔对下班时间作些要求，通常是为了与田畴的时间吻合。许波涛通常会很乐意在不影响办公室工作的前提下答应她的要求。同样，当由于遇到意外而使他们落后于与生产期限一致的计划时，刘艳也情愿无薪加班以赶回进度。

最近两个月内发生的问题

几个月前，刘艳获得了硕士学位，并开始寻找编辑的工作。许波涛给她时间出去面试，并为她写了推荐信。但由于出版界人才济济，刘艳虽然在三四个月中参加了几次面试，仍然无法找到一份新的工作。她有些泄气了，但她仍把希望寄托于她的硕士学位上。

但这也没有什么用处。自她得到硕士学位就开始找工作，但一直未果。两个月前，没有任何预警地，刘艳在许波涛的办公桌上留下一封信，要求将她的编辑助理的职位变为助理编辑（附件二）。在信中，她申明她希望将她的工作等级调为四级。许波涛对这封信感到有些吃惊，但使他更惊讶的是，刘艳没有选择与他私下讨论此事的方法，而是在他不在办公室时将信留在了办公桌上，紧接着度她的双休假去了。

紧接的那个星期一早晨，许波涛把刘艳叫到他的办公室里。刘艳重申了信里的内容，强调她已经承担了新的任务和责任，并且她感到她有权利被提升到四级。她提醒他，她已获得了新的学位；她还指出她所承担的工作与公司里其他助理编辑是一样的。她说她感到被大材小用了，还提到了她对她的行政工作的厌烦情绪在不断增长。

许波涛边听边点头，但他最后告诉她，他也无能为力，他办公室里需要的是一个能承担行政工作的人。由于公司的规定，四级或四级以上的职员不从事行政工作，因此他不能简单地将她升为四级职员。而且，除非杂志获得更多的利润，他将不会增加扩招行政和编辑人员的预算。

刘艳忐忑不安地离开了他的办公室。从那天起，许波涛感到他们之间的关系涌动着紧张的暗流。刘艳继续做她的工作，但她看上去并不高兴，而且当许波涛叫她做那些日常工作时她表现得不太情愿。她似乎对那些需要承担更多职责的工作更感兴趣。例如，她会亲自回复专业信件，在许波涛的允许下授权出版一些促销广告的材料。但是，许波涛感到她越权了：当她在没有得到他最终审核的情况下就批准了杂志夏季版的交付印刷。这种行为意味着对已建立的办公程序的破坏，并且导致了这本交付印刷的杂志中目录表的页码错误。在此期间，他和田畴的友谊也如他所料的冷淡了下来，虽然这使他十分难过，但他尽量不去想这些。

事情很快发生了变化。大约一个月前，刘艳私自去找人力资源部的程光辉，要求其部门过问这件事。当许波涛收到程光辉部长传达过来的关于刘艳要求提升的正式申请的通知时，他十分惊讶和恼火。一看到信，他立即打电话给出版社事业部人事经理盛明，告诉他这是刘艳在自作主张，她并没有权力向总公司人力资源部提出新职位的申请。他们约定在第二天将三人碰面再讨论此事。

在这个会议上，刘艳概要地讲述了她在此事上的立场。轮到许波涛时，他表明，虽然刘艳确实承担了部分编辑的工作并完成得很好，但他不能支持她在申请中提到的职位变动。他需要一位行政人员，如果刘艳的职位正式包含她所例举的那些编辑职责，那她的职位等级将自动调为四级，这一等级将明确要求她不能从事日常行政工作，许波涛交给程光辉部长一份此职位的工作描述（附件三）。会议就此结束。

许波涛和刘艳之间的紧张气氛一直持续着。他们很少交谈，刘艳经常一声不响地长时间离开办公室。上班时间，她花费在许波涛看来多得不可思议的时间来陪伴田畴。

一星期以后盛明写了一封信给刘艳，与寄给许波涛的那份一样，信中开始道：他和他的办公室研究了此情况，认为她的职位划分是恰当的：即现在的三级职员。信还写道，她职位职责的内容和水平与出版社和集团（公司）中其他编辑助理是一样的。

刘艳接到这封信后，她的工作表现退步了。虽然她仍然按时完成工作，但是当她被要求完成打字或其他行政工作时，她明显地表示出怨恨的情绪。她变得闷闷不乐，有时还会漫骂和无理取闹。她好像通常都不愿意接受指导。许波涛感到很抱歉，但他认为在这种情况下他不能再和她一起工作了。

最后，两周以后，刘艳向总公司人力资源部抱怨许波涛和盛明。她控告这两人用合谋的方式阻止她晋升。在以后的证据调查过程中，刘艳一次也没与许波涛联系过。许波涛只知道，她只与程光辉谈过话。但当他等待总公司人力资源部对刘艳的控告作出反应期间，他保持自己的立场。

现在，在许波涛面前摆着两页信，是刘艳的概述和他被要求为刘艳填写的雇员工作表现评估表。

问题

1. 在许波涛和刘艳之间发生的事情中，哪些因素是主要的？刘艳与盛明的关系在此事件中起到了主要还是次要的作用？
2. 在许波涛给刘艳作出的正式或非正式评估中，是否提供了清晰且有效的反馈？刘艳是否对他的意见和指导作出了正确的反应？
3. 许波涛将采取何种方式来看待刘艳最近的表现？他是否需要和她交谈或试图修复他们的关系？如果需要，对于沟通的内部环境作分析？
4. 是刘艳、许波涛还是他们俩共同在角色定位上出了问题？为什么？

附件一

雇员工作表现评估表

请完成以下对去年雇员工作表现的评估：

工作质量	不好	一般	良好	优异
工作能力	不好	一般	良好	优异
工作态度	不好	一般	良好	优异
工作主动性	不好	一般	良好	优异

请附上一页对此雇员过去一年内工作表现的评估。

请标出需要证明、有特殊成就或其他有用的突出事项。

雇员意见

如果你来选择，你可以对你的主管的评估提出你个人的意见。你的签名表示你已经阅读了以上对你工作表现的评估；它将不会对你的评估有任何的影响。

雇员签名：________　　　日期：

附件二

刘艳的信件

尊敬的许波涛编辑：

我在《计算机与通信》杂志做编辑助理已经三年了，在此期间我的职位并没得到晋升。在最近两年里，我已经承担了编辑的实际职责，考虑到这种情况，我希望能够名副其实地成为一名助理编辑。以下是我所承担的一部分非秘书工作的职责：

1. 审查投寄到《计算机与通信》杂志的稿件；
2. 与作者、特约审稿人和广告商保持联系；
3. 制定《计算机与通信》杂志中文章的风格及内容的标准；
4. 监控《计算机与通信》杂志的预算；
5. 监督文稿评审的过程；
6. 大量的校订、副本校订、文章确认工作；
7. 办公室的管理工作。

刘艳×年×月×日

附件三

职位描述

日期：3 月 6 日
送交：程光辉部长，出版社事业部人事部门
发自：许波涛，编辑
主题：编辑助理的职位描述

◇ 从接收稿件到退稿或交付印刷，参与《计算机与通信》杂志编辑办公室的多种运作过程。记录新的稿件并与作者、审稿人、编辑和印刷商保持联系。准备通信，负责杂志和稿件身份的常规检查。保存文件和记录。处理多种多样的与作者的稿件联系通信（感谢信、接受函或拒绝信）。电话的接听、筛选和排序，为编辑安排会议。信件的接收、分类和分发，准备并投寄邮件。

◇ 承担协调和编辑职责以确保《计算机与通信》杂志的准确印刷。将稿件交付出版，接收排版件和长条/页校样并进行必要的校正。

◇ 承担其他被要求或命令的职责。

案例 8　一位高级审计师的困惑

审计师应具备很多好的个人品质，其中诚实也许是最重要的——不故意歪曲事实，不使自己的判断服从于他人。随着社会主义市场经济体系的不断完善，对审计师在诚实、公正方面提出了更高的要求。社会越来越以“诚实、高效、认真服务”来评价一个审计师的素质，正如一位审计业的高级官员所说：“如不具备诚实，审计师的评价将一文不值。”但事实上，一位审计师要坚持做到“诚实”两个字，实在不是件容易的事。

背景材料

一个审计小组通常由责任审计师、管理员、高级审计师及其他审计工作中需要的普通审计员和工作人员组成。其中责任审计师应对整个审计工作最终负责，他必须收集足够的证据来支持企业的财务状况报告。此外，他必须保证审计程序是按照国家审计局批准的、被普遍接受的审计标准进行的。

管理员对责任审计师授权的工作负有重要责任，他监督整个工作的计划、人员安排及完成情况。高级审计师主要负责使工作在有序、及时的方式下进行，他对日常工作负责，包括监督全体工作人员。他负责对工作目的是否达到作出初步裁决，并向管理者和责任审计师报告工作的新进展。其他的工作人员则主要是完成高级审计师分给的特定工作。

每次审计，一般由审计事务所指派一位老资历的责任审计师，并由责任审计师负责带领一个审计小组去审计公司的账户。审计小组成员中会有一至几名高级审计师负责具体的业务指导和管理工作，并向责任审计师汇报审计工作进展。

审计工作

杨杰涛被指派这项工作时，他的专业经验和许多其他年轻的审计员差不多，他从研究生会计专业毕业，曾在国内一家会计师事务所做了三年外部审计工作。在此期间，他只做特定的审计工作，承担有限的监督责任。杨杰涛目前未婚，是年长父母惟一的经济来源。

杨杰涛于去年 1 月 15 日被诚信审计事务所招聘录用，至今时间还不到两年。责任审计师周碧建安排他作为审计师参加对 FBA 集团有限公司的财务审计工作。由于本次财务审计工作要承担较大的风险，事务所决定安排三位高级审计师配合周碧建，杨杰涛的工作是协助高级审计师。在去之前，周碧建告诉杨杰涛，说这次审计工作量大，任务比较艰巨。于是，杨杰涛暗暗告诉自己，这次审计要做点成绩出来。

FBA 集团有限公司是一家房地产开发企业，诚信审计事务所也是第一次对 FBA 的财务作审计。周碧建已答应 FBA 的管理部门将于 11 月 15 日前把审计报告给他们，因为 FBA 要开一个年会，所以必须立刻进行审计工作。

在审计工作开始时，其中的两个高级审计师刘黎和邵一华给杨杰涛讲了关于本次审计可能带来的风险。高级审计师刘黎首先向杨杰涛解释说，FBA 刚与另一家房地产开发公司合并；其次，FBA 的前一批外部审计员，在审计进行了九个月后中途停止了他们的工作，而且在没有对 FBA 公司的财务状况作任何声明的情况下就结束了他们的工作。李安娜曾经是那批审计员中的一员。现在，作为诚信审计事务所对 FBA 公司审计小组中的成员，李安娜一开始就拒绝承担超出分给她的工作以外的任何其他责任。除此，刘黎和邵一华也弄不清楚诚信审计事务所和前一批审计员有何关系。

工作进行几天以后，刘黎辞职了，事务所和周碧建经协商，决定由杨杰涛代替刘黎的职务，作为新的高级审计师。在这期间杨杰涛将监督和分派日常工作。以往的经验使他感到必须收集足够的证据来提出一个合理的审计系统，以对 FBA 的财务状况作客观评价。尽管还没有正式接过高级审计师的工作，但杨杰涛已想好了在每个领域必要的审计程序。

随着 11 月 15 日的临近，很多工作仍在进行中。尽管杨杰涛制定的审计程序在当时的情况下是有必要的，但他还是开始面临来自他的上级——事务所副主任汪东和周碧建的阻力，因为，他的上司们认为，他的审计程序比计划内容要广泛得多。此外，FBA 的管理部门也很不友善，并威胁说将与杨杰涛坚持进行的几个标准程序不合作。

经过一段时间的工作，杨杰涛越来越感到三个账户——额外收益、不动产报表及应收票据——的审计程序计划和执行得不够。

额外收益

由于与另一家房地产开发公司合并，FBA 继承了很多被合并公司的股权关系。从杨杰涛的审计结果看，FBA 继承的股权价值超过了被合并公司账簿上的价值，审计员把这些额外的价值记在了 FBA 公司的资产负债表上。杨杰涛的上级叫他写一个对额外价值账户审计的详细清单。由于他不太熟悉这个领域，并且将亲自审查这个账户，因此，这个工作使他感到很不舒服。通常，写审计程序是由小组中有经验的成员做的。

当汪东和周碧建把杨杰涛写的、给他们审议的报告还给杨杰涛时，既没有任何建议，也没有任何纠正，只是叫他继续干。从经验看，他期望对提交的审议报告至少应给出二十个建议，更何况对他这样还不太熟悉这类工作的人。由于会计做这类账目时要受到管理部门的操纵，在这样的特性下，审计员通常会对这些账目做很仔细的检查。杨杰涛对周碧建建议审计程序同样应适用于可疑的合股人，因为这些账簿和记录保存在 FBA 公司总部，并且 FBA 也不能向审计员提供关于合伙人的、已经审计过的财务。周碧建的反应则是："我们未被要求审计这些。"

不动产报表

不动产报表是杨杰涛以前所审计过的最大的会计报表。他现被要求像审计 FBA 的存货一样写审计程序。以前的经验使杨杰涛对此比较放心，他开始写程序和审计项目，然后提交给上级审议。又一次，当汪东和周碧建把审计项目和计划程序还给他时，没有对此作任何建议。当收到全部审计计划时，他发现计划没有意向对存货资产进行现场审查。当他提请汪东和周碧建对此注意时，对方的反应是"没有必要这样做"。

应收票据

对应收票据的审计包括应收票据报表本身和"不可回收的"应收票据（烂账）两部分。票据须经过审计员检查，买主确认。但两个过程可能交替进行。在杨杰涛加入前，这项工作的有些部分已经计划好了，但他发现计划的程序不是很合理。计划上说个人票据年末的余额应该从审计工作报告及详细的总分类账上查找和核对。杨杰涛认为实际应该审计的是总分类账。作为交替进行的程序，他希望一个工作人员去查这些票据以后的现金收据，以便核实这些存款条子。汪东和周碧建认为没有足够的时间来进行这个额外的程序。

应收票据的另一个重要方面在于对烂账票据的估计审查。陈琳，第三个高级审计师，是来自诚信审计师事务所的另一办公室，被分派来负责这项工作。她的任务是查明哪一类票据严重拖欠，并提供一个烂账比例。由于这个比例的确定在本质上有一定主观性，需要审计人员和管理部门协商确定。当陈琳告诉 FBA 公司管理部门她确定的比例数据时，他们的财务主管感到非常不舒服，并拒绝接受该数据。

当周碧建获悉这个不愉快事件时，他正和那个财务主管坐在一起。他接过报告后，写了一个大大低于原先确定的比例，并辩解说，有争议的应收票据会被收回或有抵押品担保。由于审查抵押品的价值是审计工作的一部分，陈琳向杨杰涛提出，由杨杰涛提供一份大额的、有关财产担保的过期票据账目。杨杰涛便给当地一位不动产经纪人打电话。经纪人口头上暗示那批财产的价值至少是票据账户上的 1.5 倍。

其他项目

由于 FBA 公司管理部门所表示的不友善，陈琳对审计程序的执行情况感到非常不满意。除了提到的那三个账户外，她和杨杰涛还遇到了其他不寻常的事。首先，没有一个客户记录和原始的总分类账相符，而工作记录对分析和解释有疑问的账户显然是理由不充足的。第二，许多重要的账目文件在出现的时间上很不符合。例如，一个未付款的、价值可观的应收票据在 FBA 公司账簿上已有两年了，陈琳建议保留整个金额，但这个事件引起了公司管理部门的注意，同一天，审计人员就发现了一张支票被用来补足拖欠的这笔金额。支票的时间比诚信事务所定的审计时间填迟了一年，这样，就刚好是票据到期的时间。周碧建旁边坐着的那个态度强硬的管理人员，则认为没有必要保存这个票据账户。

权衡证据

贯穿整个审计工作，杨杰涛和陈琳对他们各自的审计工作进行了比较。为了发现所有的错误和疏忽，他们慎重考虑了整个审计过程。

随着 11 月 15 日的临近，他们每天的审计比以前更长、更紧张了。直到 14 日晚上，他们没有发现任何明显的重要错误和疏忽，但他们仍认为收集的证据不足以支持他们对 FBA 公司财务状况所作出的评价。杨杰涛考虑了审计工作中责任审计师可能的动机——可能是周碧建和 FBA 公司另有约定，因为 FBA 是一个全资子公司，这样他就有机会让其母公司成为他的审计客户。在目前的公开会计环境下，发展自己业务的有效方法是引进新业务。事实上，审计伙伴公司就是希望引进这样的业务，FBA 公司的审计明显地提供了一个极好的获得重要客户的机会，而且，这样的客户往往被证明是很难处理的。杨杰涛彻夜在想第二天早上如何对周碧建汇报有关审计的结果。

讨论

1. 明天，杨杰涛应向周碧建说些什么？对办公室的其他人呢？
2. 为什么这样说？以什么样的方式说？
3. 对诚信审计师事务所内的杨杰涛和其他人而言，已有的审计活动过程会产生什么后果？
4. 你是如何看待如案例所述的这些两难选择的？

* * *

附录 内部沟通策略的几点补充建议①

1. 你将怎么办

这五个字是经理们可用于听取内部意见的最有力基础。如果管理者能够经常征求下属意见，许多障碍也就可以消除了。杜邦公司总裁爱特伍德经常问他的员工一句话："如果你处在我的地位，你将怎么办?"

2. 让我们交谈

公司采用集会方式，每季或每月召集大量员工聚在一起开会，让

① 摘引自：罗锐韧，曾繁正，管理沟通，红旗出版社，1997 年，第 212～215 页。

员工们交谈，也可以让员工们了解公司的最新情况。摩托罗拉公司每季度召开面对面会议相互交谈；对于那些腼腆、胆怯的员工，则在大会过后再召集一次小会，名叫交谈会议。每次参加人数不多，却能更有效地取得双向交流效果。

3. 大字报方法

美国一家公司创造性地把过去一些原始交流信息方法——大字报，变成革新的沟通工具，在该公司内所有的地方都贴着大型海报，上面列举十个问题，鼓励员工问他们自己，也向同事或领导提出问题。这些问题包括："现在什么事使你着迷?""什么事情时间花得太多?""什么成本太高?""什么事情显得愚蠢?"和"什么工作太繁琐?"

4. 好主意部

邦迪商店是一家保护用品零售商店，一向以采用先进和特殊管理方法而闻名。他们在公开交流中成立一个"好主意部"，集中听取员工们改进工作的意见。建议中还有管理部门如何使人类生命更有意义和促使人们精神焕发等设想。

5. 周五论坛

在梅里脱里斯公司里，每周五早上 9 点，100 多位管理顾问聚集一起，作三小时的思想交流——一共三小时！受邀请参加的包括有潜力的新雇员、当前和未来委托人等。如果你想参加只须遵守一条规定：即你必须积极投入到活跃和激烈的辩论中去。

6. 一件就很好

在某宾馆，一位有远见的经理建立了经理和员工们之间一种简单的交流活动。每个月这位经理都问她的员工：这个月我能为你做哪一件事呢？等她听完并知道员工的意见后，她就对员工说；"很好，这里也有一件事是这个月你们能为公司做的。"这样，她就和公司所有员工为事业不断发展建立了良好的关系。

第六章　外部沟通技能

【本章提要】　本章从沟通环境的角度来分析外部沟通技能。首先分析提升外部沟通技能的必要性，外部环境分析的要素。由于文化是沟通环境的核心因素，本章将重点讨论如何进行跨文化沟通；其次，就如何召开记者招待会、如何与新闻媒体进行沟通等具体技能作了分析，有选择性地就企业如何成功地与外部环境进行沟通提供了对策建议。

6.1　外部沟通环境分析的必要性

现在大家讲得最多的就是“网络化”、“全球化”、“一体化”、“地球村”等名词，而且这些名词越来越直接地影响着每个人的生活和工作，某通信公司有一句广告词，叫“世界很大，XX 把她联成家”，就说明了信息技术发展的结果——整个世界将成为一个“大家庭”，必然地，这个大家庭内成员之间的沟通就成为日常生活中不可缺少的一部分。如全球化发展的一个经济特征就是跨国公司、三资企业的迅速发展，于是，国人们似乎在突然之间发现他们必须要学会与来自不同国度的人打交道了，否则还真难在这个“地球村”里生存或发展。但同时，他们也越来越深切地体会到，这个大家庭内成员之间由于在语言、文化、背景、年龄、生活方式等等各个方面存在相当大的差别，要学会与不同“家庭成员”打交道可不是件轻松的事。无论是个体之间、个体与组织之间、还是组织与组织之间，经常发生由于对对方的文化不了解而出现的沟通障碍。几乎与跨文化沟通问题同时存在的，就是那些具有较强的跨文化沟通能力的人，在这样的时代如鱼得水，成为时代的弄潮儿。

首先，从国际商务发展趋势看，无论是制造业还是信息产业，已变得越来越全球化，在全球性经营活动过程中，常碰到很多跨文化沟通的问题，因此，管理者应该清楚了解其他文化的行为准则。比如，尽管现在英语正接近于成为国际通用语言，但是美国和英国在个人行为与社交方面的评判标准仍差别很大，更不用说英国和中国之间的差距。在一个国家，邀请别人共进晚餐可能被认为是人们所期望的一种礼貌表现，但在另一个国家，可能就是对同事个人私有时间的侵犯。问候某人的家人，在一个国家可能是必要的，而在另一个国家可能是对别人严重的冒犯。如在美国，邀请人家到自己家里吃饭可能是很高的礼节，但在中国如果你只是在家里请他人吃饭，他人会认为你对自己不够重视，而到酒店吃饭，他们会觉得你非常客气。

其次，从国内不同地区之间的市场经营活动来看，即使都是在国内市场的开拓上，广告商们为了在同类产品竞争时取胜，也不得不采取差异化的广告策略。比如，他们在东部地区采取的广告策略与西部地区就不一样；在上海的广告策略与在北京的广告策略也不相同。如同样的手机产品，在某些地区宣传的是它的方便，在另外一些地区宣传的则是它的身份象征。

其三，从不同组织的沟通目标上看，由于本身性质的不同，其所采取的沟通策略也不一样。如在宣传目标上，政府机构或非赢利性组织总是希望自己的服务对象包括所有不同阶层、不同民族以及不同信仰的社会群体；而对于娱乐业的营销人员，他们总是希望倡导“时尚一族”的特有文化，并专门为这些“时尚弄潮儿”提供服务。所有这些因素，都是组织在考虑其产品定位和服务定位时应充分考虑的。

针对上面这些形形式式的问题，现在还没有一本教科书可以囊括所有这些特殊的文化背景问题。但如果你在工作中遇到了不能确定别人文化习惯的问题，你就得考虑采取相应的策略。策略一是采取法庭上律师的策略——不要问你并不知道答案的问题；策略二是采取与上述完全相反的策略——坦白地告诉别人你对他们的文化习惯不是很清楚。这两种策略本身就是矛盾的，也正因为矛盾的存在使得沟通成为一种艺术。如果你的同事可能他自己也碰到过这样的障碍，当你坦率地告知对方你的“无知”时，他会觉得你很真诚而乐意帮助你解决问题。但如果你与沟通对方本来就存在敌视，而你问这样的问题，反而会引起他对你的轻视。

不管你现在对不同组织、不同地区、不同国家的文化了解得如何，有一点是肯定的，那就是你必须通过自己学习，或通过向他人学习不同环境下的沟通策略和技巧，让自己成为一个适应未来时代需要的跨文化沟通人才。

6.2 外部沟通环境因素分析

如第五章所提出的，沟通活动所依存的环境内容非常丰富。如果以一个企业或组织的边界来界定，边界内部的沟通行为定义为内部沟通，那么边界内部与外部之间发生的沟通行为就界定为外部沟通。

外部沟通根据范围的不同，有国际沟通和国内沟通，显然，前者的文化、价值观、思维模式和生活习惯要比后者复杂得多。对于一家企业来说，根据沟通对象的性质不同，有与竞争者之间的沟通，与供应商的沟通，与顾客之间的沟通，与其他利益相关者之间的沟通等。在战略管理课程中都会提到的波特五力竞争分析模型，本质上就是讨论企业如何与这些对象进行战略上的沟通。另外，根据沟通对象所在部门性质的不同，如与政府官员的沟通，与企业同行之间的沟通，如何根据这两类对象选择相应的沟通策略，就成为了社会学和管理学研究的内容。所以，管理沟通是一门综合性非常强的课程，由于外部沟通过程中所涉及到的因素很多，要面面俱到地讨论如何与所有外部组织的沟通技能是不可能的。

Katz 等认为，沟通即信息交流和意义的传递，是社会系统及组织的基本要素，因此，公共关系、营销管理、CI 策略等应成为组织外部沟通的主要研究领域。尽管这种观点是有道理的，但对于一个经历过管理学学习的人来说，公共关系、营销管理、CI 策略等沟通技能已经在其他课程中都讨论过了，因此，这里不再具体论及。

对于外部沟通环境因素的分析，不管是何种类型的沟通对象，有几点指导性的问题要分析清楚。首先要知己。要对组织自身的特点、形象、要求等有一个清醒的认识。比如，在公共关系问题处理上，要对自身的知名度、美誉度，以及外部公众对自己的信任度有正确的定位，否则，你所采取的公共关系策略就会不得要领。其次要知彼。要通过各种调查方法收集对方对自己的评价和认知；要了解对方的习惯、思维方式和价值观；要了解对方的需要和目标等。第三，要设法去找到弥合沟通各方利益点的途径，包括文化认知、相互尊重、求同存异等，甚至去融合沟通各方的文化。

具体就如何分析外部沟通环境，采取相应的策略，下面将以跨文化沟通、记者招待会、与新闻媒体沟通等三个专题的形式展开论述。

6.3 跨文化沟通

6.3.1 跨文化沟通是经济全球化发展的要求

对文化的概念，有人作过统计，说有 164 个以上关于文化的定义。确实，对于什么是文化，仍然是一个见仁见智的问题。如，文化表现在不同的范围层次上，有微观组织文化，中观地域文化和宏观民族文化；从历史视角看，文化有外来文化和传统文化之分；从反映形式看，有理念文化、制度文化、物质文化和行为文化等。这里把文化定义为某一组织特有的行为特征。由于文化差异性的客观存在，在国际、国内的经营贸易活动中就经常出现沟通障碍。对于管理人员而言，如何应对这种全球化发展的趋势，确实是一个既困难又现实的问题，于是，有人提出了“现在社会最缺的就是跨文化的人才”这样的观点。

跨文化沟通广义上说，凡是不同文化特征的成员之间、组织之间的沟通都属于该范畴。但习惯上，所谓的跨文化沟通，往往是指狭义的专门针对跨国沟通的行为，因为跨国沟通的行为往往是最敏感的，也是最复杂的。从国际范围看，由于相互打交道的人在国别、性别、语言、种族等问题存在着很大差异，为了成功地实现沟通，就得去重视和学习不同国家的语言、文化、习俗等，考虑不同个体和组织的文化背景，避免由于文化的不同而导致沟通中的冲突。如在跨国组织中，无论是管理者还是普通员工，必须考虑以下这样一些问题：一个非洲裔老板是否能和他的白人秘书讨论最近那起不同人种间官司的结果？是否能对那很称职的中国职员说她的英语水平实在不怎么样？是否应该避免使用那些让人认为是大男子主义的话，即使他们只是开个玩笑？一个日本人在与自己的中国同事聊天时是否可以用“我们日本人从来不……”这样的话语？当你与美国商人洽谈业务时是否可以在谈判期间边吃面包边商讨问题？总的说来，上面这些问题的答案可以是"是的"，但这通常要根据你们个人之间的关系以及商业上的关系来决定。一个很好的经验是：当别人给你机会时，抓住不要放弃，但你们应着眼于设法建立共同的友谊，着眼于共同的利益。

6.3.2 跨文化沟通的障碍分析

跨文化沟通的障碍无处不在，国家间的文化差异、组织间文化差异、个体文化差异都对管理沟通带来影响。无论是国家、地区的文化差异，还是组织、个体之间的文化差异，归结起来不外乎价值观的差异、信仰差异、习俗差异、思维方式差异，并由此而带来的语言和表达风格的差异、生活和行为上的差异、非语言方式的差异等等。由于这些差异导致的文化冲突，会演变成跨文化沟通障碍。

从文化表现形式考察，跨文化障碍主要有观念冲突、制度冲突、行为方式冲突。

所谓观念冲突，是对问题本质认知的不同而导致的信仰和价值观——成员意识、外在和内在动机取向、道德观——的冲突。这些冲突根本上影响甚至决定了人们的行为和人际之间的正式或非正式关系。如有的国家或地区主张个人主义至上，有的国家主张集体主义至上等。这种价值取向受所在国家和地区的主流文化意识和习俗的影响，而主流文化意识又是在相当长的历史背景下形成的，要转变几乎是不可能的。为此，要真正消除跨文化沟通的障碍，必须对对方的主流文化背景和习俗有所了解。比如从事国际经营活动的人，想到国外去推销产品、管理跨国公司，了解对方的文化就非常重要。

所谓制度冲突，狭义的理解是规范人们行为的标准、规则上的冲突。由于"游戏规则"不一样，最后表现在不同文化背景下个体的工作风格、工作效率、工作方式也不一样。

所谓行为冲突是指不同文化背景下的个体在待人处事的方式方法上的冲突。它往往是由观念的不同、制度的不同而导致的。

表 6.1 反映的是东西方在观念文化上的差别。表中所列的不同民族文化，对人际之间的沟通具有潜在的影响。某些文化上的障碍，比如语言，是很明显的；也有的文化上的障碍可能是隐蔽的。可以看一个例子。

【例子】 伦敦某工厂工作的男性华裔员工和临时餐厅里的女性

表 6.1　东西方在价值观和权力观上的比较

	东方文化	西方文化
价值观	东方强调集体价值观 ✚ 东方人以“我们”这样的常用称谓来表达其理念，他们关注团体的利益，结果是团体内部和外部成员之间有清晰的界限，外来人员要融入到新的组织中要花费相当大的精力和时间。 ✚ 相互之间一旦构成利益共同体后，成员会感觉到自己在这个团体里面，成员之间能够形成共同的目标，而且这个团队会越来越团结。	西方强调个人价值观 ✚在西方人的观念里面，非常看重“我”这个称谓，人员之间的互利互惠是自愿的、自我激励的、自我驱动的。 ✚成员把自己在这个组织里所能得到的物质利益，看作是激励自己为实现组织目标的重要手段。在管理工作中，个体导向高于团队导向。
权力观	东方强调权威 ✚ 在东方人的权力态度中，倾向于从正式职位中获取权威，“如果我是老板，我就希望你们把我当老板对待”。而下属也往往这样认为：你是老板，你应该告诉我怎么做。	西方主张平等 ✚ 西方人主张平等；相互之间主张非正式关系和平等的交流；对于问题的讨论过程中，人们更愿意被组织看作是咨询的对象，更愿意被认为是参与组织决策的成员。

员工之间，在分发食品时，经常发生一些摩擦。临时餐厅的女性员工有一个看法是华裔员工在接受了食品以后表现得很无礼，尤其是据称他们从来不会微笑。华裔员工对于这样的反应感到很疑惑，因为在他们的文化中，一个男人不对不熟悉的女性微笑是最正常不过的事，相反，反而会使对方感到不自在。他们正是为了不造成麻烦，所以都尽量表现得冷淡一些。当我把这件事告诉一名做接待的同事时，她说她现在明白了为什么华裔领班几乎不对她微笑。在亚洲文化中，还有一种现象是人们不愿意直视掌权的人。这一点在西方总是被错误地理解为逃避，而没有明白这是一种表示尊敬和地位差别的习俗象征。

一位阿拉伯朋友向我提供了另外一个例子。他告诉我，在英国，沟通中出现的许多困难是由于英国人习惯于含蓄表达所造成的。根据他的经验，在中东文化中，人们习惯于对事情做过度的表达，这一倾向加剧了沟通的困难。另外一个普遍存在的问题是表达情感的文化准则，这些准则会因为历史背景的不同而各异，有一家跨国公司曾在印度进行贸易谈判，正是由于人们习惯的差异，使谈判在某一阶段遇到了障碍。当地人努力地来回摇头，好像表示反对。但这家公司随后发现，在这一国家的这一地区，摇头的动作表示的不是反对，而是赞成。

由于跨文化冲突的存在，给我们的生活和工作带来沟通障碍，这些障碍如果冲突非常严重，将会消耗人们的精力，消磨他们的精神和意志。同时，有些冲突的发生，不管其频率如何，将给那些多元文化比较显著的企业——如跨国公司——的内部管理带来混乱。特别是，当冲突发生后，成员们不是努力去缓和冲突，而是借机挑起事端，会给管理工作带来很大困难——这也就是我国很多合资企业最后中外双方分道扬镳的原因之所在，同时，也使得成员个体心情压抑，工作不愉快而影响企业效益。

【补充材料】　为判别不同文化之间差异程度的大小，有研究提出了不同文化之间“核心相似性”的概念，如果不同文化之间只有小部分相同处，则核心相似性小；如果有部分相同，则有部分核心相似性；如果有大部分相同处，则称核心相似性大。一般而言，当你处在相近或相同的文化和环境下工作，你会感到更舒适。

6.3.3　跨文化沟通策略分析

原英特尔公司总裁安得鲁·格洛夫说过，“我们英特尔公司相信，尽管解决问题中有冲突，但把问题尽可能早地提出来公开给大家，是一个公司健康的内在要求。而冲突的处理正是经营和管理的核心问题。”从这句话引申出来，就给我们制定跨文化沟通策略提供了很好的建议：正视文化差异，寻求共同发展。这也是跨文化沟通策略选择的第一个建议。

1. 正视差异，求同存异

大多数研究者认为跨文化冲突的存在是不可避免的，关键在于如何在跨文化冲突的背景下以积极心态来寻求发展。著名心理学家马斯洛在分析冲突的价值时，深层次地观察了社会中冲突的两面性功能。一方面，他认为管理者都理性地认识到并注重冲突和竞争的价值，他们认为冲突是自由市场系统中必要的“调味品”，从另一方面，他们的行为都偏好于在尽可能的情况下回避冲突。为调和这两个方面之间的矛盾窘境，不少研究者和实践者已在设法寻找问题的答案，下面这个实验可能能给我们启发。

【实验】 某研究人员为考察冲突的价值以及人们对冲突的态度，把实验对象分为两个组，并事先提出，评价哪个组织绩效好的标准包括解决问题的方案数量和质量两个方面。实验开始时所分的这两个组，在成员构成和规模上是同一的，惟一的差别是，其中一个小组中有一个特别的“盟友”。在实验开始前，研究者要求这位盟友扮演“挑刺者”的角色，他必须对小组其他成员提出的结论性的观点提出挑战，要求其他成员严格地验证所提出假设和观点的逻辑性。最后，对照这两个组所提出建议的绩效时，发现有“挑刺者”小组的绩效要明显地好于对照组。休息一会儿后，实验继续进行。原有小组重新组合，实验小组被告知在第二阶段，他们将完成相似的任务，但他们在开始讨论前，容许每个小组“剔除”一位成员。结果，在原来有“挑刺者”的小组中，无一例外地要求那位盟友离开该小组。事实上，每个小组都意识到自己的竞争优势很大程度来自于“盟友”的挑刺，但他们不能接受来自盟友的使他们感到不舒服的冲突，“我知道他给我们小组的业绩带来积极的效果，但我不喜欢他的这种个人主义行为”，一位组员如此说。

这个实验告诉我们的是，经常情况下，由于我们过于追求环境的舒适性，而不愿意正视冲突，结果却是没有得到本来应该得到的成就；由于对冲突所带来的作用缺乏足够的理解，也缺少有效的冲突管理技能，就只能采取回避文化冲突的策略。结论是，应对跨文化沟通，要正视文化冲突的客观存在，以“求同存异”的理念去解决冲突问题。

随着国际经营环境的变化，以及劳动力多样化的发展，如何做到求同存异，这里提出三个方面的技能。首先，要能准确地诊断文化冲突产生的原因；其次，应洞悉文化的差异及文化多样性所带来冲突的表现状态；其三，在明晰冲突源、个人偏好和环境的前提下，管理者必须能够选择合适的跨文化沟通方法和途径。

2. 取长补短，兼收并蓄

具有较高跨文化沟通素质的人，一般具有以下特征：既懂得宣传自身文化的优点，又懂得怎样赞美其他文化优点；碰到文化差异时，既有能力设法消除文化壁垒，又能理解和尊重（至少能接受）文化差异；既能够较好地掌握外语、了解当地风土人情，又具有较高的跨文化沟通技能。除上述三者外，最关键的特征在于能预测文化差异，并积极面对挑战和变化。

从上述特征来看，要把自己培养成具有优秀跨文化沟通的人必须：

- ✚ 能意识到自己的价值观和行为准则，自己所属文化的特征；
- ✚ 具备在不同的文化背景下灵活应变的能力；
- ✚ 对语言和非语言沟通具有较强的敏感性；
- ✚ 对其他文化中的价值观、信仰和习俗有所了解；
- ✚ 对同种文化中不同个体之间的差别也有及时察觉。

3. 兼顾多元，差别管理

跨文化沟通时，由于文化多元，导致方法和途径的多样化。随着经济全球化的加快，文化多元化现象将越来越明显，可能在很短时间内，中国的大量企业中，也同时有来自欧洲、美洲、亚洲、非洲等各个地区的员工在一起工作。于是，文化多元将日益明显。在这样的背景下，差别化管理将是跨文化沟通中一个有效的途径选择。现已经有研究表明，在跨国大公司中，不同工作地间采用差别化管理，能为跨国企业带来显著的经济绩效回报。它主要包括：获取和维持不断提高的市场份额；通过降低员工流动率来节约成本；由于不断开阔文化观和愿景边界等，使得组织的创造力和解决问题的能力得到提高；对工作中的公平和公正的认知增加；积极影响员工的工作动机，并且把不同文化之间的冲突降低到最低程度。

所谓差别化管理，是指以实现多元文化的优势最大化和劣势最小化为目标，对组织活动中内部运作系统、政策和计划的制定和实施进行有效设计。差别化管理，首先要求管理者为所有不同文化背景的雇员提供平等机会和公平的意愿，而不考虑雇员间在性别、种族、年龄和其他特征方面的差异。其次要注重遵守法律和制度，按照既有的、为大家认可的规则行事，避免因疏忽法律规定而出现投诉行为和相关损失。第三，也是最重要的，要求根据不同工作地以及工作地所处社会的主流、非主流文化的不同特点，选择相应的沟通策略。

对不同工作地，以及这些工作地社会的主流和非主流文化的分析，可参照以下问题：

- 工作地内从事管理活动的所有人员之间的文化差异性如何？是否参与者都属于组织内部的主流文化群体？
- 如果某个体来自非主流文化群体，那么由此导致的差别化环境，在何种差异化程度下是积极的，何种程度下是消极的？
- 这种特殊的非主流团体或个人是否在组织内部具有冲突的历史？

在跨文化沟通时，每位管理者要鼓励员工（包括自己）对主流文化和本人的文化偏好有一个客观的认识。因为，在现实情况下，组织中来自不同文化背景的个体，经常由于不了解来自另一个团体的文化价值，而出现个体之间的差别。在了解了工作地的主流文化后，还应对非主流文化也有一定的认识。比如说，日本人面临不确定性大的环境时更容易发生冲突，而美国人则偏好于回避冲突，但在某些地区，如美国的唐人街，人们也是倾向于冲动的。

总体来说，跨文化沟通的差异化管理策略中，管理者要结合不同工作地的特征，理解和明白文化冲突产生的根源，有的放矢，把主流文化、非主流文化和个人文化偏好等方面结合起来考虑，选择相应的沟通方式和方法。

6.4 与新闻媒体沟通

6.4.1 与新闻媒体的良好沟通是企业和个人发展的需要

新闻界是专门掌握和运用大众传播媒介的社会专业组织和机构。由于报纸、杂志、广播和电视作为传播业的四大媒体，也就自然地成为新闻界最主要的实体。现在，随着信息技术的不断发展，网络渗透到人们生活的每个角落，逐渐成为了传播业的第五个重要媒体，这个媒体有可能超过杂志和广播等，成为未来媒体业发展的重要载体。而且随着传播业的发展和信息化步伐的加快，人们的生活与这些媒体的关系越来越紧密，如何处理好与这些新闻媒体的关系，也越来越引起全社会的重视。

一般地说，随着现代科技进步，传播技术日益发达，从社会定位看，新闻界应是具有影响社会舆论的权威性机构和组织，新闻界对社会的影响力是任何一个企业都无法攀越的。在西方，新闻界可以独立地左右整个社会的舆论，被称作对社会经济、政治局势的变动具有独特作用的一根支柱，在英国、美国等国家，新闻媒介甚至可以左右首相和总统的选举结果，为此，这些政治家总是千方百计地处理好与媒体的关系。比如，2001 年英国大选，首相候选人布莱尔为了赢得媒体的支持，专门召见了传媒大王默多克，双方达成一些协议以取得媒体的支持，结果，为布莱尔再次当选为首相立下了汗马功劳。

【引证】　英国首相布莱尔今年大选的序幕不是例行去觐见并通告英国女王，而是与传媒大王默多克在唐宁街 10 号布莱尔的办公室密谈。默多克这位在英国最近 30 年中左右过 3 届大选的巨亨。在本次大选中对布莱尔的影响引人关注。

1997 年大选时，布莱尔在默多克的帮助下问鼎首相宝座。当时默多克旗下在英四大报纸之一、发行量达到 250 万份的《太阳报》不遗余力地为布莱尔鼓噪，使布莱尔神奇般地胜出，世人将之称为“英国新闻史上最黑暗的时代”。今年 3 月，《太阳报》又早早地为布莱尔大造舆论，说他连任是“囊中探物”，使布莱尔的支持率大大提高。

1995 年，布莱尔在澳大利亚遇到默多克，双方一拍即合。此后，《太阳报》的编辑每天都要打好几个电话给布莱尔的新闻秘书坎贝尔，双方保持了良好的联络关系。

与政治上相似，许多企业中的公关人员的第一要务就是与新闻界打交道，保持良好的关系。新闻界的工作具有信息量大、时效性强、反应敏捷、可信度高、传播面广等特点，构成了企业与公众之间信息交往的加速器和放大器。因而，凡是具有远见的企业领导人都乐意与新闻界打交道，并善于利用媒体来树立良好的企业形象。因为，从某种层面讲，与新闻媒体处理好关系，已成为企业创品牌、求发展的一种有效手段。

【例子】　我国原来很有知名度的一家企业，通过大量的新闻媒体的宣传，成为了家喻户晓的知名品牌，产品每年的销售额达到几十亿。但后来因为一个顾客服用了该企业的产品后死亡，这个事件在全国范围内作了大量的报道，引起了消费者的强烈反响。当初，由于该企业没有处理好与媒体的关系，也没有采取妥善的策略与媒体进行有效的沟通，媒体出现了不恰当的报道。尽管后来在打官司中该企业赢得了胜利，法院的判决是，那个顾客的死与服用该企业的产品没有关系，但结果是，中间商纷纷要求退货，最终顾客对该产品也是避之惟恐不及，该企业的产品一下子就没有了销路，企业也就破产了。

由此可见，在管理沟通中，如何处理好与外部环境中媒体的关系，已成为企业实现持续发展的重要手段。

现企业内部有些管理人员对自己是否需要与新闻媒体打交道有一种错误的认识，以为与新闻媒体打交道是企业公共关系部门的职责范围，而且他们对与媒体打交道怀有一种敌意。但实际上，高层行政管理人员在沟通上花费的时间远高于在别的事务上所花费的时间，而在沟通的时间中相当重要的一部分是与新闻媒体和公众打交道。中层管理者同样需要对新闻媒体保持高度的敏感，主要原因如下：

首先，通过新闻报道可以使公众熟悉公司的产品或服务，为企业的营销和品牌建设服务。如微软公司在 Windows 95 上花大量广告费用所带来的价值，与全球新闻效应所带来的价值相比，显得相形见绌。

其次，对企业内部某一个行为或者事迹的宣传，会给公司带来意想不到的效果。比如你企业某位员工做了好事，被新闻媒体采访宣传，结果是，可能该员工的名字公众早已忘记了，但他所在企业的名称却留在公众的脑海里，我们经常听到“某某公司的一位员工开发了某个新技术，获得了国家级奖励”这样的说法，这种说法其实对企业是一种很好的宣传。

第三，在管理计划设计过程中，应该在一开始就考虑到公众关系这个因素，而不是在计划完成之后才考虑。在商业历史上有许多这样的反面例子，公司花费了大量的投资来改进产品、提出新思想、提供新服务，但是结果却不能把这些新的产品与服务推向市场，其原因是公众拒绝接受这种理念、外观、或者是公司的公众形象。

第四，中层管理人员如果被提升为高层管理人员，最终仍然要直接与新闻媒体打交道。作为市场人员和公司员工，必须经常不断地通过做广告、发新闻稿、以及举行新闻发布会向公众推销自己。反过来，如果中层管理人员能更好地了解这方面的重要性，有可能会使自己更快地得到提升。

6.4.2　与新闻媒体沟通的策略

基于前面分析，企业和新闻媒体的关系，从根本上看表现为互动关系：企业的信息通过媒体得到传播，企业通过新闻媒介传播自己的产品，扩大影响，树立良好的公众影响；媒体也通过为企业、政府、社团等组织传播信息而得到发展。但从依存关系看，特定企业对新闻媒体的依赖强于媒体对特定企业的依赖，新闻界对于企业来说，具有双重身份和人格。首先，新闻界是实现该企业公关目标的主要媒介；其次，新闻界又是企业公关的公众，而且是特殊的公众，因为它代表了社会舆论，也代表了顾客的意愿，因而成为了企业界竞相争取的重要公众。为此，企业必须正视、利用新闻界的这两重身份。企业为更好地实现与新闻媒体的有效沟通，要注意做好三大方面的工作：正确认识新闻媒体的运作和需要；采取恰当的策略与新闻媒体沟通；学会自己写新闻稿。

1. 正确认识新闻媒体的运作和需要

一个成功的管理者应熟悉新闻媒体是如何运作的。成功的管理者通常紧紧把握着新闻媒体的脉搏，特别是密切注意媒体是如何运作的。新闻工作人员一般倾向于信任那些一贯消息准确、容易接近的公司或个人。比如，强生公司曾经发生过一次因产品污染而对消费者产生不好影响的事件，但该公司在外界对他们受到污染的产品进行指控的情况下，最后仍安然无恙渡过了该事件，原因就在于该公司非常重视与媒体的沟通，通过媒体宣传使企业一贯给人以可以信赖、容易接近的良好形象，因此，当产品受到污染后，新闻界尽量不从对立面发布这个消息，而对公司所采取的积极措施，及时给予了报道。试想，如果不了解新闻媒体的运作方式，对事件采取“封锁消息”、“冷冻”新闻界的策略，结果就完全相反。实际上对于新闻界采取封锁的策略是很少起作用的，因为，多数记者都是锲而不舍的专业人员，他们会仔细地检查专家的结论，也会从各种渠道获取各种相关信息。

一个成功的管理者还应熟悉新闻媒体需要什么。新闻媒体需要的是一个动听的故事，而坏消息总是要比好消息好卖得多。当公司或者个人在某方面出现差错的时候，最可能与新闻媒体打交道。这给我们两点教训：当你有好消息的时候及时告诉新闻界，以在他们心目中建立良好的形象；如果公司里某些事情出现了差错，也应该马上把它公之于世，对之作出解释，并且告诉公众你们将如何来处理好这件事，以积极的姿态满足新闻界的需要。

2. 采取恰当的策略与新闻媒体沟通

第一，企业要与新闻界保持良好的、密切的、长期的联系，并要及时地向新闻界提供新闻，主动地争取公众的注意。可派专人负责，凡遇重大事情，应通知新闻界来单位采访，并帮助新闻界了解企业技术性较强的问题，使新闻界能准确及时地向社会报道。

第二，由于新闻界包括的范围较多，企业应对不同的新闻媒体采取一视同仁、礼貌、周到的态度，而决不可因为新闻单位名气大小、级别高低不同，而采取截然不同的态度。尽可能使它们获得平等的信息量和平等的采访企业的机会，让新闻界对企业的情况和发展心里有数，对企业抱有好感。当企业发生了重大危机情况时，新闻界能以公正、客观的态度和立场采访和撰写新闻报道。

第三，要客观地向新闻媒体提供关于本企业的信息，要坚持真实性原则。在新闻界对某一问题的看法矛盾较大时，企业必须尽快地就事实向媒体阐明自己的立场，并有权对媒体提出批评（特别是中肯的批评）。这样做不仅不会破坏关系，相反会把关系建立在更牢固的基础上。

第四，企业要有意识地采取积极对策，建立与媒体的积极响应。如，积极响应由新闻界发起的有益于社会的集会活动和必要赞助。这样做也会加深新闻界对企业的好感、信任度，提高企业在社会上的知名度和美誉度。

第五，企业应考虑安排专人保持与新闻界的关系，对于管理者，也应同新闻界、编辑之间建立起个人友谊，这样做能使新闻界及时了解企业政策和行动的意义，对扩大企业影响、争取公众支持都是十分有益的。

3. 学会自己写新闻稿

学会自己写新闻稿，在记者没有到场，或者在突发事件发生后，记者没有来得及到场的情况，自己能为新闻界提供信息。一个成功的管理者应该能够写一份引人注意、内容准确、条理清晰的新闻稿。这方面的典范，就是毛泽东主席在人民解放军横渡长江、解放南京时自己所写的新闻稿。当然，绝大多数管理者通常不用自己发新闻稿，但是他们也需要为新闻媒体提供自己的想法，故需要了解新闻稿是如何完成的。一个好的新闻稿是完全公式化的，它有自己的新闻事件结构形式：

（1）第一段清楚叙述主要观点，强调它的新闻价值。例如，“某某公司今天宣布，他们正在把一种新的轮胎投放市场，这种轮胎是市场上同类产品中最好的。”

（2）第二段可以引用非常可靠的消息来源，以证实信息的可靠和客观：“该公司总裁汪洋说，‘这种轮胎不仅在耐用性、质量以及安全方面超过所有的竞争对手，而且它的价格更便宜。’”

（3）第三段提供证据表明前面所说的完全是事实：“与竞争对手的产品进行多次重复的对比试验……”

（4）最后几段提供有关产品、公司、汪洋以及该公司一贯良好的信誉等方面的背景资料。当然其中也可包括令人信服的独立机构提供的检验信息。

当然，一个生动有效的新闻稿的结构模式，也会随着所要发布的新闻的具体情况有所变化。如采用金字塔式的结构模式也是运用得较为普遍的：从最重要的信息，到次重要的，最后到最为普通的信息。新闻编辑的工作比较繁忙，通常他们只是迅速地浏览一下新闻稿，如果长度超过了所给的版面，就把内容砍掉一部分。你的稿件如果越容易修改，发表的可能性也就越大。

一旦你已写了或者已着手写新闻稿件，你应该考虑谁最有可能发表你的文章。从专业的杂志刊物到国内、国际的新闻报纸，从广播到网络都是可以考虑的范围。但你必须要根据不同媒体的特点，选择相应的表达方式和写作结构。

6.5 新闻发布会与记者招待会

本部分不讨论如何组织和召开新闻发布会或记者招待会，只是简要地从管理者的角度，就如何进行卓有成效的记者招待会和新闻发布会提供一些建议，并就如何把新闻发布会和记者招待会结合，实现与新闻界的建设性沟通提供参考思路。

6.5.1　召开新闻媒体见面会需注意的问题

（1）对每次会议要确定好中心议题，并且要搞清楚自己是否能保证该议题的顺利进行，一旦确定，就应坚持不懈。

（2）预先准备必要的资料，如新闻稿、会议上需要的声明、支持性背景材料等，这些材料可以让记者方便地随身带走，以备他们以后研究和引用。

（3）永远不要在与媒体见面会上说你所不知道的事。当记者问到你不知道的事，你可以说，“我现在没有这方面的信息，但是我可以尽快给你消息。”然后接下去说别的内容。

（4）对发布的信息要确定，对可能回答的问题要作准备。并且要相信你的团队在支持你，包括公司高层管理者。只有这样，才不会轻易泄露公司内部的不同意见以及含混不清的信息。

（5）为新闻界提供最可靠、最见多识广的被采访人。记者总是希望与高层管理者会面，因此，与新闻发言人和其他下属相比，行政总裁或者董事会秘书的评论可能更受记者欢迎。但是，他们也清楚，对于技术性问题还是需要询问其他专家的。

（6）分析预测最难回答的问题，并且为此作好回答的准备。

（7）千万不要对记者产生敌意，或产生过激情绪。经验丰富的记者是洞察你心情的高手，可以轻松判断你的焦虑情绪。

（8）你的回答应该简洁，可引用性强，切中要点。

（9）如果你回答问题时，不经意中出了错误，就应该准备承认你的错误，解释清楚你将如何采取措施来纠正这个问题。

前面 9 点建议，对所有公开的，或可能公开的事情作组织内部沟通时，也同样适用。

6.5.2　记者招待会和新闻发布会结合的技巧

一般来说，新闻发布会的风格是严肃、认真；而记者招待会的风格是融洽、友好。如何把这两者结合起来，是现在企业与新闻界沟通时要考虑的问题，因为这样既可以传播正确的信息，又能与媒体培养良好的工作关系和私人感情，达到预期目的。

对于企业来说，常用的与新闻媒体沟通的方式是记者招待会和新闻发布会，这种形式总体很正式。但企业公共关系部门要与记者打交道、发布新闻、主持会议、安排记者采访，答复记者或其他外界人士的提问。经常这样做，包括记者在内的听众都会觉得枯燥、单调；对于公关人员，也对这种重复性的、无创意的活动感到乏味。公关人员对这些方式最感头痛的，莫过于组织联络及后期工作了，从拟名单、发请柬，到联系食宿、接待、发新闻稿、印发资料等，事无巨细，一点没考虑到，就会带来不好的后果。对于一些没有经验的部门或单位，尤其是公共关系从业人员来说，轻则带来遗憾，重则会给企业带来不必要的损失，花钱办坏事的情况也会出现，此事令人十分伤脑筋。因此，如何创造性地开展与新闻媒体的沟通，成为大家探索的问题。这里介绍一种以研讨会形式开展与外部媒体沟通的方法。

首先来看一个例子。

【例子】 香港一家公司最新研制出一种新的电影胶片。为了打开产品销路，这家公司举办了一次别开生面的新闻发布会。该公司的公关人员在会议请柬上冠之以“研讨会”，其目的在于提醒与会者这次会议的主要内容是，就电影胶片的质量问题进行科学论证。同时，公司认为，既然是宣传电影胶片，就要显示出它与电影界的联系，争取电影界的合作与支持。因此，他们除了邀请新闻媒介的记者参加之外，又特意邀请了香港电影界的一些老板、著名编导与演员出席。在研讨会上，当技术专家就胶片的质量问题进行了详细科学论证后，公司放映了一部用该种胶片拍成的电影，该电影由一位著名摄影师拍摄，由香港最受欢迎的林青霞和周润发主演。

研讨会结束后，公司公关部又在香港一家最豪华的酒店举行晚宴。他们将宴会厅原来的坐椅全部搬走，换上一种由他们专门设计的导演折椅，使华丽的宴会厅增添了摄影棚的气息。来宾们对此感到非常新奇、意外。宴会结束以后，折椅作为礼物赠送给了来宾，当许多著名电影编导和影星兴高彩烈地捧着折椅走出宴会厅时，这给大大小小的报纸提供了许多精彩的特写镜头。

这个例子可以帮助我们去寻找如何以别开生面的方式进行与外部媒体沟通的方式。概括起来，该例子给我们的启发有：

(1) 目标明确。要根据不同的目标创造相应的方式和策略。这次会议如果是企业的某个特殊纪念日，可采取的策略显然与推销胶片就明显不一样。

(2) 方法得当。公关人员采用研讨会的方式，并为与会者放映了用该胶片拍摄的电影，从科技角度来论证产品的竞争力。但如果推销的产品是服装，则可以用服装模特的精彩表演来烘托气氛。

(3) 对象明确。电影胶片推广要争取电影界的支持与合作，因此在晚宴中邀请了电影界的知名人士参加。

(4) 精心筹划。在晚宴前，公关人员大胆地将原来酒店的椅子搬走，而换上一种特别的导演折椅，然后相赠与每个到会人员，使他们又惊奇又欢喜。这样一来，即使时间过了很久，客人中还会有人在某种场合下炫耀此次宴会的经历，并且使新闻记者抓住这些导演、影星搬椅子的精彩场面，作出独特的报道角度。

(5) 时机恰当。记者招待会一般都是为公布与解释企业的重大新闻而举办的，通常是在十分必要的情况下才能召开，也就是说举办记者招待会和新闻发布会，对于企业来说是一件大事，为此，应选择最恰当的时机。若是在国家或民俗的重大庆祝活动前后召开，既有可能会被节日的气氛冲淡，也可能是锦上添花，所以，在时机把握上要有讲究。

(6) 员工精选。招待会或发布会是企业向外界洞开的窗口，它反映企业的精神面貌及各方面素质。因此，对组织会议的工作人员要严格挑选，并注意“异性效应”的选择，因为一个工作人员的失误就可能造成会议的重大损失。

(7) 准备充分。公关撰稿人要全面搜集资料，写出通俗、准确、生动的书面发言稿，并应将宣传要点和背景，整理成详细的资料，即报道提纲。资料要系统、简洁，用事实说话，印刷时不要出现错字漏字现象。要将该资料在会议开始时及时发给与会的有关人士和新闻记者。

(8) 主持人佳。会议主持人一定要具备很高的修养，最好是一个有幽默感和责任心极强的人。既能尊重别人又要把握住会场，并且准确地掌握各个环节的进展，切实把分分秒秒都充分利用起来。千万不要请一个说话的声音没有蚊子大，一贯严肃拘谨的主持人。主持人要有相当强的应变能力和好人缘。

(9) 布置会场。选择一个良好的环境，又气派又节俭，其中关键是公关人员要恰到好处地布置会场。气温、灯光、噪音等等问题要考虑周全，要选一个富于时代感的公关设计人员来布置会场，使会场既体现企业精神，又使客人们产生宾至如归的感觉。

（10）事务安排。为开好会议，公关人员要预先筹备好各类视听辅助设备，如图表、图片、模型样品、幻灯、电影、电视录像带、录音带等。但不宜使与会人员过长地把精力放在这方面。与此同时，公关人员要及时抓住与会记者，请他们在活动中进行采访、录像、摄影，并为他们提供方便，以求取得生动的报道。

6.6　本章案例

案例 9　欧亚国际贸易公司

欧亚国际贸易公司总裁陈明德近段时间来，连续收到了来自欧洲、中非、东南亚各地分公司经理的抱怨。从接到的电话、收到的电子邮件和便函、及各次会议讨论看，其焦点是，他们认为，公司现有各项政策使得各地的分公司在当地竞争中处于越来越不利的地位，必须要考虑对公司的政策作调整。

公司背景

欧亚国际贸易公司是 1990 年在俄罗斯成长起来的一个比较年轻的食品贸易企业。当初，前苏联解体后，在俄罗斯和其他前苏联地区国家，出现了经济的大幅度倒退，前苏联内部的企业因为经济危机不能正常生产，国内企业所能提供的食品远远不能满足当地老百姓的需要。在这样的情况下，一位在西北某高校从事国际贸易教学的教师辞职下海，在俄罗斯创办了自己的企业——欧亚国际贸易公司。随着公司在俄罗斯业务的不断扩展，企业取得了迅速发展，在短短五年时间，就在东欧其他国家（如白俄罗斯、罗马尼亚等地）设立了分公司；到 2000 年，公司已把业务延伸到国内、南亚、印尼、非洲等地。

欧亚国际贸易公司之所以能取得如此快的发展，主要有这样几个原因：一是进入俄罗斯市场早，前苏联解体后，当初国内有很多公司到俄罗斯做生意，但由于担心政局不稳，风险较大，没有大规模进入。欧亚国际贸易公司从一开始，就做大手笔，取得了先发优势。二是依托国内产品供应。食品业在中国较为发达，而且供过于求，价格较低，在前苏联和东欧地区有较强竞争能力。三是公司一直注重品牌和形象建设，当后来中国假冒伪劣产品充斥前苏联市场时，该企业仍坚持初衷。

1995年以后，企业贸易进一步扩张到中国国内、南亚、印尼、非洲等地时，为了更好地培育竞争力，公司在中国国内设立了工厂，实现了生产、贸易一体化。这种组合一方面击跨了相当一部分竞争对手，但另一方面也带来了风险——经常不得不派一些无跨国工作经验的经理到陌生的地区去开拓业务。陈明德也意识到公司这种扩张模式的脆弱性和风险性。

欧亚国际贸易公司在经营活动中，有一条原则，那就是要大量招聘当地员工，在公司全部约2000名员工中，当地化的比例有的分公司达到70%；也有的只有45%。结果，由于各个分公司内部的员工来自中国、俄罗斯、东欧、东亚、南亚和其他国家和地区，少量还来自英国、荷兰、德国及法国，管理就成了很大问题。比如，尽管英语是公司的工作语言，某些职员仍不愿意使用英语，中国人、德国人、荷兰人及北欧国家的管理人员，能接受英语，但对于部分俄罗斯人、法国人和部分东欧人，则似乎不太愿意，还产生了一些摩擦。而且，来自不同地区的人在分公司内都希望增强自己国家/地区员工的利益以及生活习惯。为解决这个问题，欧亚国际贸易公司采取一个策略：把高级主管派到超出他们各自民族利益的地区担任经理。例如，一个英国人主管印度尼西亚的工作；一个俄罗斯人主管罗马尼亚的工作。但这个策略，遭到当地人的强烈反对，使主管工作开展较为困难。

地区经理关注的问题

陈明德花了一天的时间把收到的问题作了整理、排序，归纳为以下几点：

- 有时，来自不同国家的员工在工作中相互对着干；
- 公司的伦理政策，尤其是反对给当地决策者送礼或行贿方面的规定，不利于公司在竞争中的地位；
- 员工拒绝掌握当地语言及不愿去适应当地的文化规范；
- 有的地区出现当欧亚国际贸易公司生意减少时，竞争者却生意上升现象。

陈明德彻夜思考这些问题，决定召开一个电话会议，让经理们就这些问题相互交流一下。他给各位经理5～10分钟时间提出自己的问题。讨论结果如下：

图库斯曼，南亚分公司经理（罗马尼亚人）

在这里，虽然国内民众认为请喝酒、吃饭或送礼是贿赂或腐败行为，而且，当地政府也要求公务员成为清廉、有教养的楷模，要求他们对自己的人民负责。事实上这些都是形式。如果我们真根据当地政府所要求的那样去考虑行动的话，将会继续输给在这方面比我们领会得好的竞争者。行贿在这里可以看作"小费"，它意味着尊敬和感激，因为这些政府官员帮助了我们，作为回报，接受礼金是理所当然的。如果我们坚持强加原来在东欧地区的做法，可能问题会更加严重。

王仪，非洲地区经理（中国人）

在我们所在地区，往往一个人就能决定是否签合同，而且通常是总统，或内务部长或地区行政长官。他们不反对个人决策，但他们的决策更多出于政治考虑——生意会怎样影响以后的外交政策和国际关系，这些是不需要我们去谈判的。也许，我们需要更多的政府间合作，这比产品价格更重要。

贝特洛夫斯基，印度尼西亚地区经理（俄罗斯人）

我们总是弄不懂这里客户真正所指所想，他们也不会简单告诉你。我们和这些客户做生意真是难适应。他们会同意任何事，但最后的决策总是等不来，谈了意向但实际真正签的合同却很少。我最大的困惑是不知道自己在谈判中的位置，不知道如何结束一笔生意。除非从朋友那儿听到消息，否则连我自己都不知道谈判结果如何。

喀梅隆，东亚地区经理（非洲人）

我想谈我所面临的两个文化交流问题。一个是我的员工们不懂当地礼节。他们虽然会讲当地语言，但并不知道其中的细微差别，不懂手势和礼仪，他们不习惯于东亚商人的意思。另一个是政府如何决策往往不可琢磨。你不可能和有权决策的人打交道，因为事实上你根本不知道他是谁。通常，政府是一个由精明而严密的官僚阶层组成的特殊团体，你总是搞不清楚谁是真正的决策人，当然，这也有点像我们自己的做法。

陈明德也听到其他一大堆类似的陈述，接着便坐下来开始起草他的建议。

讨论

1. 欧亚国际贸易公司面临哪些内部文化冲突和外部挑战？
2. 欧亚国际贸易公司应该如何调整它的政策，使之和现实相符合？
3. 陈明德能给他的地区经理们提供哪些额外支持？
4. 请你试着给陈明德提供一份差异化管理的策略思路。

案例 10　海普药业公司

“整个 1993 年夏天，我们都处于兴奋状态之中，”药业公司总裁罗世杰先生这样说道，“那个夏天，我们开发出了一个真正能满足公众需求的美妙产品，因为从那时起，人们能在糖和糖精之间作出自己的选择，因为我们的产品是经过最严格测试的产品，现在对它还没有任何异议。”

80 年代初，海普公司研制了一种氨基酸混合物——阿斯帕坦，其甜度超过糖的 200 倍。经过长达 10 年的反复审核，食品与药品管理部门在 1991 年批准了阿斯帕坦可以用在干燥食品中，公司以“海普”的商标销售，产品进入市场不久，公司销售额就一下子从 1992 年的 7 400 万元跃升到 1993 年的 3.36 亿元，尽管海普公司在不断且迅速地扩大生产能力，产品还是供不应求。

1993 年 12 月，处于北京市郊区的海普公司，接到了当地电视台有关做一次新闻报道的提议。电视台的这个提议得到了罗世杰和其他公司主要领导的同意，因为他们在考虑一个雄心勃勃的扩张计划。然而，与电视台接触之后，才知道记者们是听到了社会上有些人对海普公司生产的产品的怀疑态度后，才有这个提议的。1994 年 1 月，海普公司与电视台晚间新闻节目的制作人和记者作了进一步接触，弄明白了该晚间新闻节目的核心人物——李正羽，正计划制作一个由三部分组成的系列专题报道，由于糖精使用者一直被“食用糖精是否有害健康”这样的问题所困扰，故电视台考虑对海普公司做专题报道。于是，公司高层开始犹豫了，他们担心这种报道可能会带来明显的副作用，而且会引起顾客在购买该产品后对使用安全的怀疑。

低卡合成糖的发展

从 1979 年发现到 1991 年上市期间，阿斯帕坦一直受到特别关注，部分原因在于自从 19 世纪以来，围绕合成糖的争论一直持续不断。在70年代初期，海普药业公司就开始引进国外一种叫“仙客来”的合成糖片，但在1979年，有关媒体上多次报道，说经过多次测试发现癌症、基因突变和睾丸萎缩与服用这种合成糖片有关，而且报道还引用了某些医药界人士的观点；并说，美国的国家健康协会已经提出禁止合成糖片销售。

海普公司正是在这样的背景下，开始开发后来叫“阿斯帕坦”——一种由两种氨基酸合成的混合物——的产品，这两种氨基酸是正式的食品蛋白质的组成成分。当食用时，阿斯帕坦分解成次苯基物、丁氨二酸和甲醇。次苯基物和丁氨二酸是肉、鱼和谷物的成分，尽管大剂量的甲醇是有毒的，但一些蔬菜和果汁含有比阿斯帕坦更多量的甲醇。阿斯帕坦与蛋白质含有同样的热量，但由于生产糖时只吸收很少的部分，因此食用者的食物中几乎没有额外的热量，大多数人认为阿斯帕坦的味道非常像糖。与糖精不一样，它没有苦的回味，阿斯帕坦似乎更接近于科学家想找到的那种天然的低卡糖。

海普公司是较早投资于器官类药物的研究与开发的企业，公司相继开发了一种最普通常见的抗晕药；一种效果极好的抗溃疡药物；一种高效利尿剂；以及大量治疗高血压的药物。由于这些产品的成功，使公司在70年代获得了巨大的效益，并且确立了在国内药物产品创新方面的领先地位。后来，公司准备进一步涉足更广泛的包括人和动物保健的领域。因此，当海普公司偶然发现了阿斯帕坦后，便开始研制。

阿斯帕坦的成功获批

1980年，药业公司向国家食品和药品管理局申请生产阿斯帕坦。在以后短短的几年里，公司被要求作了90次实验以支援它的申请，这是一个不同寻常的高数字。这些实验表明了阿斯帕坦能被大量地安全使用，甚至可以远超过人们一般所用的量。1984年7月，国家食品和药品管理局批准阿斯帕坦可以作为增甜剂在干性食品中食用。

但接下来的变故给公司带来了麻烦。当时国家药品管理局的一名官员毛浩然，以及某医科大学的一位神经病理学和精神病学教授向管理局提出要求推翻它原有对阿斯帕坦的批复，他们认为阿斯帕坦可能会引起脑肿瘤或脑损伤，尤其是儿童，他们认为过量的苯丙氨酸和丁氨二酸也许会有长期的对大脑的化学物质的作用，1985年国家药品管理局收回了对阿斯帕坦的批复，并委派一个调查委员会对阿斯帕坦进行调查，不过，这对食用和医药关系密切的新产品而言，使用过程受到质疑是一个常见的现象。

在阿斯帕坦获批无期的同时，药业公司还面临着其他难题：国家食品和药品管理部门的一位专家宣布，海普公司的另一个产品“福莱吉奥”——一种治疗性病的药物，在产品实验过程中有不正当行为；公司自己除了一个治疗高血压的产品外，其他新产品的开发都不成功；从外部环境看，国内药品工业的前景总体上似乎不妙，有关部门正考虑将实施价格管制。

在1987年春，海普药业公司雇佣一位前政府官员林成担任公司总经理。林成上任后，提出把药物和治疗高血压的药物作为公司的核心业务，并开始廉价地出售那些不太成功的产品。

不过，国家食品和药品管理部门还是希望能开发出一种更安全的糖精替代品。1988年国家食品和药品管理部门同意召集其他行动小组重做关于阿斯帕坦的三个关键性试验，该小组随后报告了几个关键试验的结果；再随后，国家食品和药品管理部门又组织了几位来自研究与教育病理学协会的专家审查了几个关键的试验，审查的结果是，药业公司的试验是能够支持国家食品和药品管理部门通过阿斯帕坦的生产许可的。当然，阿斯帕坦的批评者仍在继续提出进一步的疑问。

为了解决阿斯帕坦问题，国家食品和药品管理部门委任了第二个调查委员会。1990年，药业公司、国家食品和药品管理局各派一人，与毛浩然、某医科大学的一位神经病理学和精神病学教授共同组成了该委员会。最后的结果是，委员会认为阿斯帕坦不会引起脑损伤和神经内分泌腺功能障碍，但提出再批复阿斯帕坦之前，要进行一个更为长期的试验，以证实是否会引起脑肿瘤。药业公司与国家食品和药品管理局的食品管理部门认为没有这个必要，因为在阿斯帕坦这个产品上已经进行了110次试验，所有负责任的各方都认为阿斯帕坦对公众健康是没有危害的，重复进行试验将消耗药业公司三、四千万元，费时长达4年之久。

1991年4月国家食品和药品管理局委任叶海斯作为特别专员。7月，叶海斯看到了日本一个新出台的研究成果，该项成果“似乎否定了有关脑肿瘤的说法”，他因此批准了阿斯帕坦可用于干性食品中。叶海斯说：“很少有能承受如此仔细的试验和反复详尽调查的化合物。

通过这些试验和调查，说明食用阿斯帕坦是安全的。”

尽管在7月份对阿斯帕坦的生产做了重新批复，但陈敏，一位任职于中国某营养学会的教授，对此还是提出了公开的批评。

合成糖的销售

经历了多年关于阿斯帕坦的争议后，药业公司突然之间面临着一系列与以往完全不同的挑战。阿斯帕坦应该如何销售？这是药业公司的常规业务，还是药业公司经营范围以外的业务？1991年下半年，林成同意药业公司销售阿斯帕坦，他建立了一支由罗世杰和药业公司总顾问领导的小组，进行组织指挥。但当时，他们面临着该产品生产销售的一系列问题，如给产品本身定位。林成曾这样对管理小组说：“我们一定要销售这个产品，但我们确实不知道它是什么。”

为解决以上问题，罗世杰进行了一些市场调查。结果，阿斯帕坦作为干性食品中的增甜剂已被消费者代表所试用，结果较好。但罗世杰认为，“他们的反应没有我们预期的好。”进一步的调查还发现，影响阿斯帕坦销售的不在于味道，而在于大多数食用者仍认为它很接近于糖，它损害了一般增甜剂的声誉。消费者们感到被测试的产品一定是和糖精一样增甜的，而糖精已被权威部门明确认定为健康风险食品，因此，阿斯帕坦也可能有同样的问题，消费者会认为这是一种特性还不清楚的新的增甜剂。

罗世杰认为解决问题的关键是给阿斯帕坦一个清晰定位，使它在消费者心目中区别于以前的合成增甜剂。1992年后期，药业公司制定了一个销售策略，给这个产品起名为“海普”，并强调它只含有一种存在于许多天然食品中的营养蛋白。一旦消费者建立了“他们可以买到新的安全增甜剂”这样的观念，下一步就可以把产品的商标打上去。

海普小组聘请大地广告公司在产品投入全国市场之前，组织了一次市场促销活动。1993年3月开始印制广告，包括醒目的头版标题，广泛地讨论海普所取得的技术突破的主题。这场活动还给每个返回广告中所附问卷的人提供一个免费的橡胶球，这取得了巨大的成功，超过300万人响应和参与。罗世杰起初只打算花很少的时间，但后来发现自己成了这场大规模运动的先锋。他到处视察购物中心，以了解消费者的消费习惯，和记者、食品杂志的编辑一起频繁往来于城市乡村，做个人演说，在本地乃至全国参加推广节目。这个小组原先只打算在这些活动上花 400 万元，可到了 1993 年中期，这个小组已经花了 900 万元。

发起这场广告闪电战的结果是使得海普产品项目小组相信，大量消费者对能在糖和糖精之间作出选择感到满意，从食品工业专家和新闻界的反应看，他们也同样充满着热情。

随着产品需求的激增，小小的海普产品项目小组面临一个巨大的产品生产上的挑战。市场调查预测海普的需求将有一个巨大的增长，罗世杰同意进行产品的迅速扩张，并投入 2500 万元加强在日本的营销，另外，在本地两家新的工厂投入 3000 万元生产次苯氨酸和丁氨二酸。但即使这样，生产能力也不充足。1993 年管理小组还在南方建立了另一家生产厂。到 1993 年海普投入全国市场，药业公司已经在这个产品上投资了 2 亿元。

1993 年 4 月，本地的一家食品公司、东部的一家食品公司（这两家一直是药业公司的老对头）在市场上较量了起来。消费者也十分关注这场较量，为此，从 1992 年末到 1993 年末，海普产品项目小组的成员增加到了 100 多人。罗世杰后来说，海普有一个使命，就是在一年内创造一个主要业务，市场成就是无形的，但我更为生产上的成就而骄傲。

另一个严峻的话题是价格。药业公司在阿斯帕坦上的专利在规定有效期内一直在发挥作用。而且在 1992 年，国家专利局同意把它延长到 2002 年，这给了公司得以喘息的机会，以便从对海普的投资中取得更好的报酬。但海普应该如何给产品定价？仅像考虑成本和报酬那样的传统因素似乎是不够的。这有几方面的原因：一是人工增甜剂的历史一直笼罩在安全问题的阴影中，还有新产品引入和国家食品和药品管理部门的观念转变等方面问题的影响；二是它可能引起的争议是海普是一个独一无二的、没有直接竞争者的产品，因为它的味道优于糖精，很可能成为人工增甜剂市场上的垄断者，但也有可能一个新的竞争者会突然出现在海普面前，那么，公司应该制定一个基于长期垄断的缓慢提高产品价格的政策吗？

这种决定由于海普拥有潜在的不同顾客的不同价值而更显得复杂。这种价值主要由海普提供的产品能降低多少热量来决定。比如，作为传统糖在事实上的替代品，海普确实能降低热量的吸收，而且在儿童食品上应该有很大的市场空间，因为小孩们不会喝到含有糖精的食品和零食；另一方面，作为像冰激凌这样的日常食品中的增甜剂，海普能降低三分之一的热量。

当1993年初，国家食品和药品管理部门将要批准在饮料中使用海普产品时，价格决策就变得更为重要，因为这样将大大拓展它的市场。基于这些考虑，海普产品项目小组做了一个前所未有的决定：不同的消费者购买海普时将支付不同的价格，这取决于他们产品使用的最终效果和产品对他们的价值等。

成功的管理

到1993年底，海普小组一直在享受成功的喜悦。阿斯帕坦历经磨难得以上市，并在世界上许多国家销售，其专利权被延长，消费者和营养学家们表现出前所未有的热忱，销售业务稳步上升。尽管某医科大学的一位教授提出，用阿斯帕坦增甜的苏打食品在高温下存储时会变质；一食品杂志最近重提关于阿斯帕坦的安全问题，一家著名大医院的一位主任医师也表示大量食用阿斯帕坦可能会影响大脑。但这些不和谐音符也是微不足道的。

现在，面临本地电视台要作专题报道这个提议后，罗世杰最终决定接受该电视台的采访，当采访进行时，罗世杰发现，电视台已经仔细地梳理了国家食品和药品管理局的记录，已经得到了那些关于食用海普产品安全性等问题的一切信息，以及关于这些信息的资料。预料到不利的媒体影响，药业公司的执行副总裁李明星和总裁林成还准备了一份建议备忘录：

1. 立刻分析电视台晚间新闻节目后听众的反应；

2. 与全国主要的报纸和新闻杂志保持联系；

3. 研究制定出一个对李正羽所提问题的有力的回答方案，包括与新闻界广泛的接触，接近主要的政界人物，与医科大学食品营养系进行讨论等；

4. 召集一个由主要新闻机构参加的会议；

5. 在电视台晚间新闻节目之后立即撰文指出其中可能存在的不准确之处；

6. 拜访全国行业内各大专业杂志的作家和编辑，以产生积极的新闻效应；

7. 考虑在一个主要媒体上刊登一个反击性广告。

海普的公关部经理王波准备了一个紧急沟通计划，作为最糟糕的情况下的应急方案，因为即将播出的广播节目很可能将严重影响消费者对海普的态度。计划有以下内容：

1. 一个预先制作的电视录像短片；
2. 一个面向全体公众的新闻公告；
3. 一份给医务界人士的公开信；
4. 一张写有所有安全话题的白皮书；
5. 一本针对所有公众的解答疑问的小册子。

公关部还建议由海普高级管理人员到 20 个城市的新闻界游说，以及采用专门方式来游说全国媒体和健康与卫生协会、财务分析员、出版部门和零售行业、全球性生产组织以及公司雇员。

罗世杰担心海普成为新闻节目报道的牺牲品，他特别关注即将播出的晚间新闻专题。记者中总有少数人会写一些凭空捏造的报道，他坚持认为，要防止记者们伪造事实，以炮制耸人听闻的报道，如他们会这样写：某公司强行添加不安全的产品给消费者，以谋取暴利。由于消费者有过像香烟这样的产品安全性方面的经历，他们易于被误导而将这种报道作为事实而相信。

在罗世杰看来，所有关于海普安全性的问题不但荒谬不堪，而且纯属陈词滥调。他相信药业公司已经做过或委托做过的试验中存在的所有问题，都在原先那些令人疲乏不堪的审查中得到彻底解决。李正羽所提出的关于甲醇的问题也是站不住脚的。尽管甲醇在大剂量的情况下是有毒的，但它已经被清楚地证明，不会有哪个产品会加入很多的阿斯帕坦，因为那样会增加甲醇的含量而使之有毒。关于苯基丙氨酸对神经传输系统的微妙的、长期的影响问题，事实上也是不可能测试到的，因而也就缺乏支持的依据。任何新产品的投入都会引起消费者大量未经核实的担忧。

罗世杰绝对相信人们不可能找到对海普不利的证据。但他想知道的是，如何才能在电视新闻报道的影响下说服公众。

讨论

1. 管理者如何从有可能对公众产生影响的产品计划、服务、政策变化等方面因素来考虑公共关系？

2. 一个组织开展公关活动时，应该包括哪些公关对象？
3. 你如何更好地利用在新闻界和公众中有良好信誉记录的各方面资源？
4. 罗世杰或海普产品项目组如何准备与新闻媒体的沟通？
5. 关于海普的批评的可信度如何？罗世杰和公司如何应付这些批评？

第七章　笔头沟通技能

【本章提要】　笔头沟通是以文字为信息载体的沟通形式。本章主要分析了笔头沟通的类型及其特点；笔头沟通过程中的受众导向信息组织原则；笔头沟通中语言组织和逻辑、结构；笔头沟通的写作过程。本章将就报告的写作，讨论了作为一份成功报告的必要条件、报告基本结构等，并对如何准备报告和如何写报告提供指导建议，并专门对年度工作报告的写作提供了概要性的思路。本章还简要讨论了其他几种笔头沟通的格式和建议。

7.1　笔头沟通的作用和类型

笔头沟通作为一种传统的沟通形式，一直是作为最可靠的沟通方式为大家采用，每一个管理者在工作中都不可避免地要运用文字来沟通信息。正如现在的商业活动中，商务函件、协议、单据、申请报告等等，都要以笔头记录的方式加以认同，并成为约束大家行为的手段。“口说无凭，落笔为准”就充分说明了笔头沟通在现实生活中的重要作用，而且以文字作为表达方式，是最有效的整理思路和建构严密信息逻辑的手段。

但在平时生活中，一方面，由于通信技术的不断发展，生活节奏的不断加快，对于笔头沟通这个基本技能越来越“荒疏”了，很多人对写正式报告，有时甚至是非正式报告，感到头疼。另一方面，可能是因为报告是一种不太常用的交流方式。写信、开会、在各种非正式场合与人交谈，对于大多数人来说都是比较常见的活动，因此不那么可怕。但由于我们平时不经常写报告，于是当必须拿起笔完成一份报告时，由于没有经验，不知从何入手。我们发现，大多数管理者在口头沟通方面有较好的技能，但在笔头沟通方面就很欠缺，要他们亲自完成一篇像样的总结报告，简直是在受罪。作者就发现，很多在就读 MBA 的学员，最怕的作业就是要他们完成一份案例分析报告，最后交上来的报告，或文字不通顺，或思路不清晰，或结构不合理，没有逻辑。

其实，这些都是普遍现象，即使是最能干的写作者也可能对写报告感到头疼。现在要做的是，先面对这种现实，然后，从今天开始，积极地训练你的笔头沟通技能。

笔头沟通的作用，简单地说，主要表现为以下几个方面：一是沟通信息容易记录，并能得到永久保存；二是由于其保存性强，且不易“污染”，可以保证在信息扩散过程中，使不在沟通现场的受众（读者）能够得到真实的信息；三是对读者来说，笔头沟通的信息传递方式速度快（因为阅读比倾听更快）——当然对整个沟通系统来说效率不一定高（因为这还涉及到信息发送者的沟通效率问题）；四是笔头沟通可以特别关注问题的细节，而且就读者来说，也可以更多地获取细节方面的信息；五是比口头表达采用更为精确的用词。也正因为笔头沟通有这些优点，它将在以后的沟通中仍处于重要的地位。

根据笔头沟通渠道的不同，笔头沟通可以分为纸张沟通（包括正式和非正式报告、信件、商务函件、备忘录等）、传真沟通、电子邮件沟通和电子会议系统沟通等。其中前面两种方式以纸张做媒体，后面两种方式以机器网络做媒体。这四种沟通方式的特点如图 7.1 所示。

纸张、传真 (Fax)	电子邮件 (E-mail)、电子会议系统 (EMS)
● 读者参与程度低，反应慢	读者参与程度高，反应快
● 对于信息的接收情况 缺乏控制	信息能立即接收到，且能自己控制
● 难以埋名隐姓	可以埋名隐姓
● 更可能受到约束	不太可能受到约束或显得保守
● 较为保守，搞得好可能更为清晰，搞得不好，则过于死板	搞得好富有创造力，反之，也可能产生极大的破坏力
● 要求更符合逻辑和语法规范	语言不整洁，错误较多
● 需要更多的时间准备	比传统书面沟通花的准备时间少
● 不太可能与组织中的各层次接触	可能同组织中的各层次接触
● 缺乏非语言性沟通，没有口头沟通那么丰富	可以使用情感符号来显示非语言性的信息传达
● 机密性差	可能比传统的书面沟通的机密性差
● 传递速度慢	比书面沟通传递得快

图 7.1　两类笔头沟通渠道的比较

7.2　受众导向的文字组织原则

笔头沟通作为管理沟通一种常见的沟通形式，必须从受众导向去收集信息、组织信息和编辑信息，为此，对受众的分析同样成了笔头沟通的重要前提。如果对受众了如指掌而且语言能力较强时，对受众的分析过程完全是下意识的，但如果对受众了解不多或所提供的信息十分重要时，就要花一定时间去分析受众，并根据受众特点来组织文字信息。一般地说，受众导向的文字组织原则包括三个方面：一是受众对信息的第一反应会是什么；二是受众到底需要多少信息；三是以何种方式编辑信息以激发受众兴趣。

一是受众对信息的第一反应：这个报告是否值得看？如果受众认为这个报告对于自身事业的发展很有用，他们不但会认真地看，而且会积极采取行动。但如果受众在看到报告后，第一反应似乎与自己没有关系，或者对报告没有兴趣，就给我们提出了挑战：如何才能让他们感兴趣呢？提供如下建议：

✚ 用主题句或第一段向受众昭示该信息的重要性以及与受众的相关性；

✚ 把应付诸实施的内容尽量简化；

✚ 为信息内容得以实施，设定一个可行的截止日期；

✚ 信息越短越好。

在信息表达方式上，要能引导受众产生对信息的好感，尽量避免用词傲慢、粗鲁、含敌意、冷漠或像家长一样的教训；通过强调积极面来减少对方原有的敌意；要充分表现逻辑和对方能感受到的好处。

二是受众到底需要多少信息。要具体分析这样三个问题。

（1）受众对于讨论主题知道多少。根据洛克的观点①，受众对于主题的了解程度往往很容易被高估，组织以外的人们很可能不了解你从事的工作，即使是曾经在某部门工作过的人，现在也可能已经忘记

① 本部分引自洛克，商务与管理沟通（第五版），机械工业出版社，2000 年 7 月，P56，57。

了从前每天的工作细节，更不要说组织之外的人了。如果你所提供的信息完全是新的内容，必须做到：

✚ 通过下定义、概念解释、举例子等方法将主题表达清楚；
✚ 将新的信息与受众已有的常识相联系；
✚ 通过分段或加小标题的方式使信息易于理解；
✚ 用文件草稿在传递对象的抽象人群中进行试读，看他们是否领会和运用你所写的内容。

(2) 受众对信息主题的常识来自平时的阅读还是个人经验。亲身体验直接掌握的知识往往比间接从书本中学到的知识更实际、更可信。尽管有些人会把这些经验视为例外、谬论或侥幸；自己则会视之为将来更好地开展工作的基础。要想改变受众对某一信息的认知，必须：

✚ 在表达的信息中先对受众的早期认知予以认可；
✚ 用理论、统计数据说明长期和短期效果之间的差别，或证明受众的经验在此不适用；
✚ 在不伤面子的前提下，提示受众情况已经发生变化，态度和方法也要作相应的变化。

(3) 要受众支持你的观点，他们需要你提供哪些信息。为了弄清楚受众所需要借助的信息背景，要做好：

✚ 用“如你所知”或“正如你记得的那样”的字眼开始提醒对方的有关信息，避免让对方觉得你认为他们根本就不懂你在说什么；
✚ 把已为大家接受的或显而易见的内容放在你的句子中；
✚ 需要提示的内容过长时，可以用加小标题、单独成段，或列入文件和备忘录的附录等形式表达。

三是以何种方式编辑信息以激发受众兴趣。笔头沟通过程中，如何减少受众的抵触情绪，消除受众的负面反馈可能给沟通带来的困难，是考虑如何激发受众兴趣的首要切入点，因为如何让消极受众转化为中立受众，甚至积极受众，是沟通中最困难的。首先要考虑的是受众会持哪些反对意见，如已有主见的受众通常对变化很反感，为此，首先要站在受众的立场给他们提供积极信息。具体策略：

- ✚ 把好消息放在第一段；
- ✚ 把受众可能得到的好处甚至放在好消息之前；
- ✚ 开头先讲你们之间的共同点和一致之处；
- ✚ 观点要清楚明确；
- ✚ 不要使用煽动性的言论；
- ✚ 减少说明或提出要求等内容的篇幅，若可能，在下次沟通时再提出此类内容；
- ✚ 说明你的建议是现有最好的解决办法，当然这也不是十全十美的。

其中在讲双方之间的一致之处时，不妨向受众提供你们共同的经历、兴趣、目标和价值观。因为一致的感觉有时比文件的内容更能说服对方。具体在沟通相互之间一致点时，建议：

- ✚ 采用生动、短篇、有趣的故事谈论你们的共同之处，故事的情节应有趣新颖，不要给人感觉在作报告；
- ✚ 写作风格应尽量友善、非正式；
- ✚ 文章结束语和敬称等要让读者感觉到在这个正式或非正式群体中的归属感。

其次，在信息的编辑时，要注意受众对于文章的语言、结构和格式的偏好。具体在做法上，考虑以下五个方面的问题：

- ✚ 受众喜欢何种写作风格。根据对受众的了解，选择不近不远、友善的风格；
- ✚ 避免使用激进或禁忌的词汇令受众感到反感；
- ✚ 了解受众所需信息的具体程度；
- ✚ 根据受众个性和文化背景的不同选择直接的或间接的信息结构；
- ✚ 根据受众对于表达方式（包括长度、版式、脚注等）的偏好编辑文字。

7.3 笔头沟通的语言组织技能

在本书第一章的信息策略分析中已经谈到了如何确定信息的目的、观点和信息结构组织等方面的问题。这些内容无论是笔头沟通，还是口头沟通，都具有共性。因此，本章不再讨论笔头沟通的目的、观点组织安排。本章只就信息的内容、论证和结构作简单分析。

笔头沟通的语言逻辑、整个文章或报告的组织、信息的结构安排要远比口头沟通“考究”得多。笔头沟通的语言逻辑性表现在三个层次上：

- 最高层次：整个文章或报告的前后逻辑性要强，要融为一体，一气呵成。一个报告的写作首先要确定文章所要解决的目标。为达到这个目标，要充分地收集各方面具有说服力、与主题紧密相关的材料来佐证或论证你的观点。而且在论据的组织上，要具有说服力。通过提出问题、分析问题、解决问题的逻辑思路，统筹把握整个文章的结构。
- 中间层次：在整个论证展开过程中，每一个论点要有其系统逻辑结构。当你提出一个论点，就必须要对每个论点通过“论点-论据-论证”的结构组织信息。
- 基础层次：每个完整的句子，也要有逻辑性。当一个句子没有表达完整之前，不要轻易断开，一个段落内部不要前一句子和后一句子出现完全不同、或不相关的意思。正如建设性沟通所要求的连贯性一样，笔头沟通更要强调连贯性。

为增强文章的说服力，一种最有效的办法是运用演绎、归纳等推理方式。一篇文章的思维模式，直观地反映出了沟通者的思维方式和技巧。在本书第一章信息组织的目标、结构和论证讨论基础上，这里简要地以例子进一步探讨如何通过论证、论据和结构的有机结合组织信息的内容。

【例子】 A 商场通过市场调查发现，最近他们的市场份额正在向B商场转移。分析后认为，原因在于：

- B 商场运用彩色的广告方式；
- B 商场重新布置商场以吸引新的顾客；
- B 商场的媒体曝光度提高了 20%；
- A 商场在库存、采购和促销方面能力较差；
- A 商场降低了广告预算；
- A 商场在维持商场整洁和有序方面有不良的记录。

现在你是该商场的市场部主任，针对上述现实问题和所导致的结果，你应该如何提出解决问题的对策？

显然，上述这些观点可以为你的论证提供依据，当你准备你的沟通时，通过列举这些关键的依据，可以使你的论证有一定说服力。但这些依据并不能充分地组织信息以支持你的观点。在识别出各种依据后，还得组织一个清晰的结构框架：

主题和目的：如果我们不改变现实，B商场将继续侵蚀我们的市场份额。

（引入）

假设（大前提）：B商场正在侵蚀A商场的市场份额的原因在于：

- ✚ A商场的内部问题。在采购、库存、促销、整洁和组织方面缺乏控制，顾客在逐渐疏远，他们不能发现他们想要的东西；（主体）
- ✚ B商场先进的市场营销策略。当我们在减少广告预算的同时，B商场加大了在媒体上的投入，设计更好的广告，重新布置商场以吸引新的顾客。（主体）

因为（小前提）：尽管提高A商场的功能一开始会提高成本，但从长远看，这些成本能更多地从长期收益中得到补偿。（主体）

因此（结论）：我们应该采取以下一些措施。

7.4　笔头沟通的写作过程

根据玛丽·蒙特的观点[①]，笔头沟通的写作过程可以划分为收集资料、组织观点、提炼材料、起草文章、修改成文等五个阶段。不管你花多少时间、或写作的难易程度如何，你都会经历这样一些阶段，只不过不同的沟通者，在每个阶段上花费时间和经历不同而已，有时也可能会在次序上颠倒，但总体过程如此。

阶段一：资料收集

资料来源，主要有两大类：一类是文献资料，另一类是调查材

① ［美］Mary Munter，Guide to Managerial Communication（4th ed.），Prentice Hall，Inc. 1997.

料。文献资料如以前的信件、文档、文章、数据、财务报告、万维网上下载资料、CD-ROM 等；调查材料包括与各类人员面谈、电话访谈、个人自己的笔记、或采用头脑风暴法得到的信息等。在信息收集时，要训练两个基本功：一是勤作笔记的基本功，尤其是当有新的想法和灵感出来时，要尽快记录下来。另一基本功是以带问题的方式与人沟通的基本功。

阶段二：组织观点

组织观点是最重要、也是最困难的任务。如果在起草文稿之前能把观点组织好（也就是平时说的打好腹稿），写作的效率将大大提高。尽管在文稿修改过程中可以修正观点结构，但如果有一个系统的观点结构，将非常有利于提高写作效率。观点组织可分为四个步骤：

- 分组：以问题和原因、时间和步骤、主要观点和次要观点的思路将相似的观点和事实组合成一体；
- 选择观点和素材：根据分组的结果，提出初步的结论和建议；
- 归纳标题：将结论和标题归纳成一个简短明了的标题。若想介绍某个信息，标题就是你的结论，如以“过低的广告投入”作为标题表明问题的关键。
- 论据和结论的合理编排：对于不同的报告以及沟通对象，要策划相应的编排次序。如公司的高层领导，没有太多时间来阅读上万字的报告，你就应该先把结论提出来，放在开头；如果是公司内部具体操作人员在阅读你的报告时，可能更关心的是理由、操作方式，因此，要把依据放在前面。

阶段三：提炼材料

在材料提炼上，首先要概括文章的主要观点，要善于用一、二句话来概括整篇文章的主要观点，同时分清主要和次要观点；其次要根据不同的对象选择论证材料，有的喜欢理论性的材料，有的喜欢实证性的材料，要根据对象的特点组织提炼材料以提高说服力；其三，要以尽可能快的速度来表达观点说服对方；其四，用最精练的词句说明观点，做到惜字如金。

前面三个阶段都属于写作的准备阶段，一般来说是每个人写作之前要思考的问题。有专家认为，对于高效的写作者来说，在文章正式起草前的这三个阶段所花的时间是全部过程所花时间的50%。要说明的是，这三个阶段是准备阶段的一般次序，在特殊情况下，这些阶段是相互交叉的。比如，收集资料和组织观点是一个相互交叉的过程，可能是先收集资料，组织观点，也可能先有观点，再去发掘资料。比如你要写一份关于现有管理中存在的实际问题的解决报告，你其实早已收集了初步材料，在写作过程中，不断充实这些支持性的资料。但如果你为了提出一个全新的观点，可能你先形成的是观点，然后收集有关文献来支持你的观点。前一种情形在企业解决实际问题过程中用得较多，而后一种情形在理论性较强的报告或论文中出现得较多。

阶段四：起草文章

在文章起草过程中，建议运用以下四个方面的技巧：一是不断训练用电脑直接写的习惯。在电脑上直接写可以大大提高写作效率，其中最大的好处在于修改的方便。二是不要一边写一边改。文章的写作过程是一个创造性过程，这时连续的思路比语句的润色更为关键，如果写的过程去改，就会局限在细节性的问题上，中断你的创造力。三是不要拘泥于写作顺序。你可以从结尾开始写，也可以从中间开始写，总体来说，你应该从自己最有把握的地方开始写。四是不要断断续续地写，最好能够一气呵成。“打补丁式”的写作风格会使你的思路经常中断，逻辑性会下降，效率也降低。

阶段五：修改文稿

文稿的修改，要注意时间间隔，当文章写完后，最好放一、二天,使得你有时间思考新的观点，或更好地厘清你的观点。另外，注意修改的层次性，先从整体上修改文章的观点、逻辑性；再修改文章中的词句，要避免冗长的、啰嗦的语句，要注意文体。最后修改文章的具体措辞、语法和标点符号。在措辞的使用上，要尽量避免“我认为”、“笔者提出”……这样的语气，而尽可能用中性的表达方式。

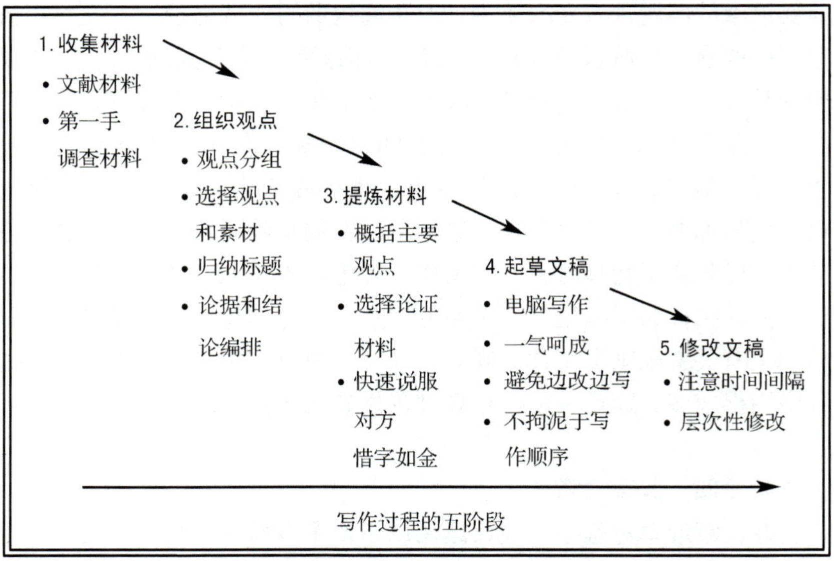

图 7.2　写作过程

（引自：钱小军，张洁译，玛丽·蒙特著，管理沟通指南——有效商务写作与交谈，清华大学出版社，Prentice Hall，1999 年，第 25 页，略有修改）

7.5　报告的书写

以前探讨过的有关管理沟通的一般原则和有关笔头沟通的特殊原则，都适用于写报告。掌握了这些原则和技巧，有助于我们写出有效的报告。要说明的是，上面的一些原则和技巧，以及下面的技巧，同时适用于所有笔头沟通形式，不要因为报告特别长或特别短就不顾这些技巧和原则，因为长而复杂的报告和短而简单的报告基本上有着相同的构成要素，差别只在于报告的规模。

7.5.1　报告的概念和类型

报告是一种搜集研究事实的人与由于某种目的而要求看报告的人之间的信息或建议的交流形式。报告的最终作用通常是作为决策和行动的基础。

报告根据采用的形式不同可以分为：(1) 口头；(2) 示范；(3) 信函；(4) 便笺；(5) 表格；(6) 多页文件。具体地，报告有以下几种分类：

(1) 根据长度指标不同，有短报告和长报告；

(2) 根据语气指标不同，有非正式报告、一般报告和正式报告；

(3) 根据主要内容指标不同，有工程报告、财务报告、营销报告和事故报告；

(4) 根据时间或进度指标不同，有每天报告、每周报告、月度报告；或中期报告、进度报告、最终报告；

(5) 根据重要性指标不同，有日常报告、特殊报告和紧急报告；

(6) 根据写作风格指标不同，有叙述性报告、说明式报告、评述性报告、图画式报告和统计性报告；

(7) 根据流通范围指标不同，有办公室报告、公司报告、公共报告、私人报告。

不论报告采取什么形式，它必须适合沟通对象的特点和他们的目的，并据此进行计划和交流。如有的报告几乎不需要什么计划，有的则需要很详细；有的采用口头形式，有的采用书面形式；有的较短，有的很长。本部分主要针对比较难的一类报告——书面报告，讨论有关的技巧。

7.5.2 报告的目的和成功报告的必备条件

当你需要写一份报告时，首先你应准确地知道要写些什么内容及其原因，这是最基本的要求。如果这是领导布置给你的任务，你还得弄明白授权调查的范围，即确定调查范围和限制，使得调查对象能够清楚调查的背景，因为调查得到的资料将为你提供沟通目标，指导调查和报告写作。

授权调查范围常常在报告开始时加以引用，如果你得到的指示是很正式的书面形式，并且措词合理，那么可以直接写进报告。如果你得到的指示很清楚但比较冗长，可以在写进报告前进行一下精简。如果你不清楚授权调查范围是什么，必须向要你提交报告的人或委员会进行询问：(1) 为什么需要这份报告？(2) 到底报告是为谁写的？(3) 他们想用这份报告干什么？

以例子说明。若你受国家审计局领导的要求，写一份有关全国开展抽奖申请的评估情况调查报告。委托方给了你很正式的授权调查范围。请注意文中是怎样清楚地阐明其目的的（见图 7.3）。

“关于开展全国抽奖申请的评估情况研究”调查范围

1.3“关于开展全国抽奖申请的评估情况研究”的工作主要着重于对开展全国抽奖申请的评估，以确定现在的抽奖申请是否按“国务院关于……的规定”中第五章的规定实行许可证制度。

1.4 调查工作的目的在于：

- ✚ 检查是否按照有关法案的立法宗旨，公平一致对待所有申请人，建立合理的评估程序以审查关于开展全国抽奖的申请，授予“规定”第五章中的许可证。
- ✚ 确认申请人的最终人选是否是以合理恰当的方式确定的，是根据设定的评估程序和对其证据充足的合理修改、在允许主席本着有关法案的立法宗旨合理行使其决策权的情况下做出决定的。
- ✚ 确认授予的许可证是否符合合格申请的有关条件。

图 7.3 授权调查范围确定的例证

一个成功的报告，要具备以下几个方面的条件：

- ✚ 报告内容应该统一，一般只涉及一个主题，不应包括读者不需要的内容和与主题无关的内容；
- ✚ 报告内容应该完整，包括读者需要的所有内容；
- ✚ 所有的信息应该准确，根据事实作出的推理应该正确；
- ✚ 应按照基于逻辑分析和材料分类的计划描述主题内容；
- ✚ 内容表述方式应使计划清楚，以使读者很清楚有关内容所在及原因；
- ✚ 报告应以简单、精炼的风格写作，要便于阅读，不会令人误解；
- ✚ 不管读者是否知道有关的技术和细节，报告对于所有可能的读者来说都应是易于了解的。

7.5.3 报告的基本结构

表 7.1 所示的报告结构基本适用于所有的长报告和短报告，只不过长报告除了上述基本结构外，还包括一些“附件”。

表 7.1　报告的基本结构要素

部分	要素
1. 内容简介	·授权调查范围或目的 ·程序或方法
2. 报告正文	·主要的事实
3. 最后部分	·结论 ·建议（如果要求的话） ·附录（如果必要的话）

1. 内容简介

这一部分的目的在于为读者引入报告的正文部分。一般，内容简介按以下的格式来写，这种格式可以较好地解决开头没有条理、比重失调、重点不对称的问题。

✚ 清楚说明真正的主题；

✚ 指出报告的目的，并介绍有助于理解这一目的必要背景信息；

✚ 简介如何去获得这些信息；

✚ 以最简单的形式提出结论、事实和建议等；

✚ 说明据以安排正文的计划。

总体而言，报告简介应做到：(1) 越简单越好，但要清晰；(2) 正确地把读者的注意力吸引到你真正的主题和目的上；(3) 与后面的内容相协调，例如，不要提及那些后面没有解决或不能解决的问题，也不要出现与后面部分不一致的说法。

2. 正文部分

报告的正文部分是在内容简介和最后部分之间的内容，其中列出所有的事实（例如调查的性质、有关采用方法的详细解释、整个程序、得到的结果），并分析这些事实，引导读者合乎逻辑地得出最后部分的结论和建议。

3. 最后部分

最后部分的作用在于简要、清楚、总结性地提出得到的结论建议。一个成功的结论部分的特征是：(1)不要再引入任何新的观点；(2)与内容简介和正文部分相协调；(3)给读者留下你想留下的印象。

7.5.4　报告的格式、布局、标题和编号

报告可以采用多种格式，除了有明确规定的格式外，可以自由选择布局。下面介绍几种报告的格式。

1. 信函、便笺式

短小报告最简单的格式可以信函或便笺的形式来写。这种格式不一定要设立小标题，但仍具有上面讲到的报告基本构成部分（见图7.4的信函式报告）。

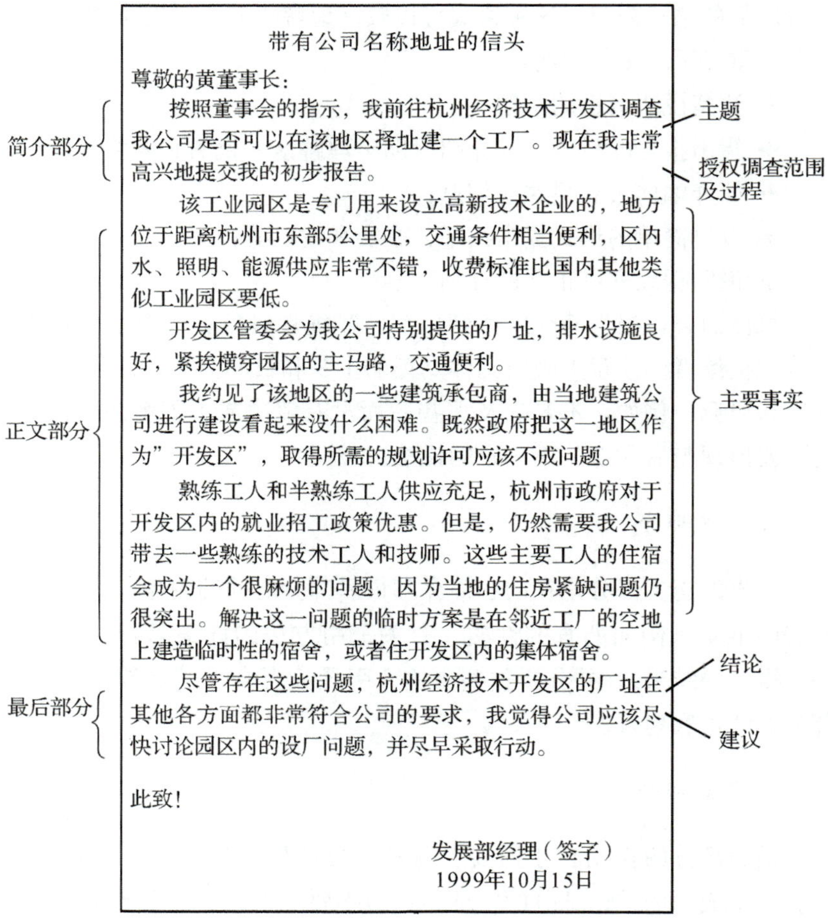

带有公司名称地址的信头

尊敬的黄董事长：

按照董事会的指示，我前往杭州经济技术开发区调查我公司是否可以在该地区择址建一个工厂。现在我非常高兴地提交我的初步报告。

该工业园区是专门用来设立高新技术企业的，地方位于距离杭州市东部5公里处，交通条件相当便利，区内水、照明、能源供应非常不错，收费标准比国内其他类似工业园区要低。

开发区管委会为我公司特别提供的厂址，排水设施良好，紧挨横穿园区的主马路，交通便利。

我约见了该地区的一些建筑承包商，由当地建筑公司进行建设看起来没什么困难。既然政府把这一地区作为”开发区”，取得所需的规划许可应该不成问题。

熟练工人和半熟练工人供应充足，杭州市政府对于开发区内的就业招工政策优惠。但是，仍然需要我公司带去一些熟练的技术工人和技师。这些主要工人的住宿会成为一个很麻烦的问题，因为当地的住房紧缺问题仍很突出。解决这一问题的临时方案是在邻近工厂的空地上建造临时性的宿舍，或者住开发区内的集体宿舍。

尽管存在这些问题，杭州经济技术开发区的厂址在其他各方面都非常符合公司的要求，我觉得公司应该尽快讨论园区内的设厂问题，并尽早采取行动。

此致！

发展部经理（签字）
1999年10月15日

图7.4　信函式报告

带有公司名称地址的信头

关于新厂址的建议报告

简介部分

1. 授权调查范围

按照董事会的指示，调查在杭州经济技术开发区择址建新厂的可能性，并提出合适的建议。（主题）

2. 过程

报告在参观开发区后，分别与管委会、当地的建筑企业、杭州市劳动局会面后写出。（授权调查范围及过程）

正文部分（主要事实）

3. 杭州经济技术开发区

(a)地点和设施

该工业园区是专门用来设立高新技术企业的，位于杭州市东部5公里处，交通条件相当便利。区内水、照明、能源供应非常不错，收费标准比国内其他类似工业区要低。

(b)提议的厂址

开发区管委会为我公司特别提供设厂址的地方，排水设施良好，紧挨横穿园区的主马路，交通便利。

(c)建筑与规划许可

(i) 由当地建筑企业施工看起来没什么困难

(ii) 既然政府把这一地区作为“开发区”，取得所需的规划许可应该不成问题。

(d)劳动力

(i) 熟练和半熟练工人

熟练工人和半熟练工人供应充足，杭州市劳动局对开发区内员工就业有政策优惠。

(ii) 熟练工人和技师

需要我公司带去一些熟练的技术工人和技师。

(iii) 住宿

这些主要工人的住宿会成为一个很麻烦的问题，因为当地的住房紧缺问题仍很突出。解决这一问题的临时方案是在邻近工厂的空地上建造临时性宿舍，或者住开发区内的集体宿舍。

最后部分

4. 结论（结论）

在该园区建厂具有如下优点：

- 邻近公路
- 设施良好
- 收费较低
- 熟练和半熟练工人当地可以供应
- 有现成的建筑承包商
- 没有规划问题

尽管存在一些问题，杭州经济技术开发区内的厂址在其他各方面都非常符合公司的要求。

5. 建议（建议）

公司应该接受这一地点，并马上开始动工。

发展部经理（签字）

日期：2001年3月9日

图 7.5　纲要式报告

2. 纲要式

上述关于开发区内设厂的报告也可以采用一个单独的小报告加上一封说明信的形式。将报告分为不同的部分，使用标题，但是基本结构不变。纲要式报告有助于读者一眼就能发现所需的信息（格式见图7.5）。

3. 混合式

混合式即为介于上述两种格式之间的一种形式，它整体上是一封信，但是可能在正文部分有一些简单的标题，如："工业园区"、"建议地点"、"工人"等等。这种格式也很常见，因为它适用于各种长度的信，只要再加上小标题即可。

在报告的写作过程中，只考虑格式还不够，更主要的还是报告的主题内容。在主题内容的安排上，要强调其内在逻辑关系，使得读者看了之后能马上明白报告的内在联系。因此，在写作的过程中，要强调各部分标题的设计。

4. 标题设计

标题设计的目的在于便于读者的阅读和理解。如果没有一个统一的标题体系，会使读者搞不清楚主题内容之间的关系。具体在标题设计上要注意以下几个问题：

- 标题的排版和空格应该反映报告的内在条理性；
- 避免激怒性的标题，尤其当报告是针对矛盾事物的解释时，一定不能采用有损读者尊严的标题；
- 标题应富于启发性，且让人容易理解，否则就失去标题的价值；
- 标题一般应由单词和短语构成，尽量避免用句子；
- 标题应准确，但又要简洁。

在标题设计中，很重要的一点是要注意一致性原则。这是合乎逻辑的内容组织的基本要求。通过一致性的标题把整体的不同部分联系在一起。当然，在通常情况下，即使有了标题，仍要求写作中在上下文之间使用承上启下的词句以及前后引用，以帮助读者能有机地从前一部分过渡到后一部分。这种过渡性的句子，在大型报告中，可能是

"功能性"段落，这些段落不增加新的信息，只是起介绍、总结、过渡的作用。

标题的一致性，是以标题编号来实现的。标题的编号方式可以根据个人不同的偏好作选择。有些写作者喜欢用编号体系来强调不同层次标题的重要程度；有的写作者喜欢用数字和字母混合使用的编号方式来说明重要性递减变化。当然，假如标题的外观已经足够清楚，也可以不用编号。常用的标号方式有：

编号组例 A，B，C；1，2，3；(a)，(b)，(c)；等等；

编号组例 1，2，3；(a)，(b)，(c)；(i)，(ii)，(iii)；·（标题符号）；等等。

编号组例——"数字"体系：

1.

　1.1

　1.2

2.

　2.1

　　2.1.1

　　2.1.2

在论文和会议讨论报告的写作时使用"数字"体系比较常见，这种形式也是国际上采用比较多的编号方式。这种体系可以帮助读者方便地转移到相应的需要部分，例如"3.2.1"比"第3节第（b）小节第（i）点"要容易找得多。

另外，还有一种不太常用的编号方式——直接为所有段落按次序编号（如"1，2，3，4，…25"）。如果你的计划合理，标题清楚，采用直接为段落按次序编号也可以帮助读者较快地找到所需要的内容。这种编号在教材中、试卷中出现较多。有些机构的印刷风格也要求任何超过两页纸的文件都要进行段落编号。图7.6为标题编号的范例。

7.5.5　长篇正式报告格式简介

1. 长篇报告的典型格式

一份长篇的正式报告的典型结构如下：

（主标题）粗体大写印刷字体并居中

粗体大写印刷字体或粗体大小写混合

在标题前空双行，在标题后正文开始前空双行或至少比正常的行间距要大。

粗体小字母

在标题前空双行，在标题后正文开始前空双行或至少比正常的行间距要大。

粗体小字母，带句号。正文在同一行紧接着开始。

这是四级标题的主要格式。但是也可以通过以下方式来说明标题的不同级别：

+ 加下划线：<u>加下划线的标题</u>
+ 使用不同的大小字体：16 点，14 点，12 点
+ 使用不同的字体：宋体
  黑体
  楷体
  隶书
+ 带空格的标题：带 空 格 的 标 题

大部分字处理软件中都提供了很多种不同的字体，这对业余人员是极具诱惑力的，但是我们建议：不要在一份文件中使用太多的字体。在正常的商业交流中两种不同的字体就足够了。同样，你也需要控制标题层次的数量，否则会让读者摸不着头脑。

图 7.6　在打印的报告中的标题格式

（1）前页

① 扉页

② 授权（授权调查范围、区域、目标）

③ 目录

④ 附表与附图一览表（如果需要）

⑤ 前言、引言

⑥ 致谢

⑦ 摘要

（2）主报告（所有的报告至少需要如下三部分）

① 内容简介

② 事实与讨论

③ 结论和建议

（3）附页

① 参考书目与文献

② 附录

③ 索引

当然，上面的格式是可作参考的典型格式，你也可以对之加以修改和调整，以适应不同类型、不同长度报告的需要。比如，在学术性的论文中，“授权”部分可以没有。

2. 扉页

扉页是读者阅读报告时首先接触到的内容，因此值得花功夫设计它的布局。扉页的功能在于帮助读者从一大堆报告中找出所需要的报告，因此，扉页中应说明以下几个问题（图 7.7 是扉页的一个范例）：

麦哲伦环球科技股份有限公司

关于在 HZ 高新技术开发区设立
新厂址的报告

提交给：麦哲伦董事长　　　　报告人：哥伦布
麦哲伦环球科技股份有限公司董事会　　发展部经理
电话：(0571) 5172242
二零零零年十二月十八日

图 7.7　扉页范例

- 关于什么内容的？　　（报告的主题）
- 谁写的？　　（作者）
- 为谁写的？　　（要求提交报告的人或团体）
- 从哪儿来的？　　（写作人所代表的机构的通信地址）
- 什么时间？　　（报告完成的日期）

扉页中的标题是最重要的部分。尽管标题很短，一眼就可以看完，但是也应该很仔细设计。首先，标题应在一页中间位置；其次，标题的字符应该居中；第三，如果标题超过两行或更多，应注意把重要的词放在一起，不能把语意拆开，放到两行。

3. 参考书目和文献

如果在写报告时使用了别人的著作和观点，应该在报告中予以声明，列入后面的参考书目和文献中。这对于学术论文和毕业论文来说，非常重要。如果引用人家的观点，又没有表示出来，可以被认为是剽窃他人的成果，侵犯他人的知识产权。要求大家从平时的写作中就注意这个问题。在报告写作中，应该严格遵守下面五条规则：

- 任何不是自己的工作都应该清楚地注明参考文献，以免被认为是剽窃他人作品；
- 引用他人的话时请用引号，即使只有一个词，如果是反映了别人的主要观点，也必须用上引号；
- 报告中的文字和插图的每个参考文献都应列入参考书目中；
- 参考书目中的每一项在文字中都应该涉及，要养成在文字中说明引用出处或数据来源的良好习惯；
- 所有的数据和图片必须在文中注明出处。

7.6 如何起草公司年度工作报告

可能对于一般的管理者来讲，很少碰到写年度工作报告的情况。但对于部门经理，尤其是公司高层经理，每年都会遇到写年度工作报告的事。即使你自己不写，而由你的秘书负责讲话稿的起草，你也需要清楚年度工作报告的写作技能。当然，对于这部分内容，适合的读者应该是公司总经理或董事长的秘书。这里提纲式地就如何写年度工作报告提出参考建议。

7.6.1 充分准备、领会目的

年度工作报告可以说是每个公司最重要的正式报告之一。为此，要写出一份好的工作报告，必须要有充分的准备。具体准备工作包括：

(1) 思想准备。一般要求提前一到一个半月就为年度工作报告作思想准备，要对报告的写作充分地给予重视。思想准备过程中，一个重要的问题是弄清楚报告的性质，是阶段性、半年性还是年度报告；是董事长的报告、总经理的报告还是部门经理的报告。对于不同的报告，要注意不同的写作风格。

(2) 材料准备。对于经常写报告的老总秘书来讲，材料准备已经成为一项基本功。材料准备主要包括两个方面，一是平时要建立自己的信息库。管理者要写出内容充实，论点、论据、论证合理的报告，在平时就要养成良好的收集信息的习惯，要有专门的数据库，把平时积累的信息放在数据库里，这样，当需要的时候就可以比较方便地调取，为你所用。有经验的领导秘书告诉我，在平时，不但自己要建立信息库，还要总经理办公室全体人员都去建立信息库。二是在开始写报告之初，先听取领导的意图，再针对性地去收集补充信息。材料准备的技能，概括起来，可以总结为“平时积累、资料收集、建立数据库、归类整理”。

(3) 明确受众。即弄清楚谁来听报告。

(4) 明确目的。在正式动笔前就要与领导沟通，听取领导的要求，去体会领导到底要讲什么。由于领导工作忙，也没有多少时间来系统考虑讲什么的问题，因此，需要深入去捕捉领导的观点，去体会领导在这个报告中期望达到什么目的，这是非常重要的。作为领导的秘书，有时也需要帮助领导来厘清讲什么的问题。同样，对于如何明确报告目的，可以总括为“高屋建瓴、领会意图；提炼核心、把握主要思想。”

7.6.2　全面酝酿、构筑框架

对于有经验的报告写作者来说，酝酿和写作的时间比例为 1∶1。换句话说，如果构思好了整个报告，等于完成了整个报告的一半。

报告酝酿的核心任务是构筑整个报告的框架，并选择合适的素材。整个报告大的框架思路设计，一般也可以是提出问题、分析问题和解决问题的思路。这个思路具体落脚到年度报告中，可以是前一年工作的总结和回顾，发现优点和缺点；确定下一年的工作目标，发扬优点，克服缺点；明确下一年的工作任务，分步落实，贯彻实施。

进一步地，在更为细化问题上的框架设计，主要包括：

✚ 确定标题和主体。这最好由一个班子（如总经办全体成员）来讨论。

✚ 具体题目的设计。包括报告题目、一级子标题、二级子标题，其中一级子标题可以是单层式，也可以是复合式的。

✚ 素材的初步考虑。在框架设计阶段，不要求有很详细的设计，但要有计划。一般来说，素材选择是为观点服务的，但也不排除根据素材来提炼观点。素材和观点之间是相辅相成的。

常见的年度报告一般性框架如：

第一部分：过去一年的工作回顾。该部分对前一年的工作要充分肯定成绩，鼓舞士气。在肯定成绩时，要配以必要的数据说明。这部分的篇幅约占整个报告的 1/3。

第二部分：提出下年度工作总体思路。在企业内外部环境分析的基础上，分析现在存在的问题和优点，从而提出下年度的工作目标和指导方针。

第三部分：确定下年度的工作目标和工作任务。对于工作目标要明确具体，简明扼要；对于工作任务要明确，有条理，思路清晰。第二部分和第三部分的内容强度约占整个报告的 1/2。

第四部分：明确完成上述目标和任务的措施。可以从人、财、物、党、政、工、团、妇等方面来分析。由于要考虑整个公司全部员工的明年工作安排，这部分内容要尽量面面俱到，尽管篇幅不多，但对各个部门都应提到。

第五部分：简要总结，发出号召。这部分内容一段即可，不要啰唆。

7.6.3 提炼写作、修改完善

在完成框架后，写作过程的主要任务是“填充”。根据主题和标题，充实内容。具体如何写，在本章“笔头沟通的写作过程”中分别就提炼材料、起草文章、修改成文三个方面作了分析。这里只补充一些建议。

首先，在内容结构上，可以采用多种方式，如正叙、倒叙、插叙、演绎、归纳、例证（枚举）、反证（排除）等。

其次，表达方式上，注意内容与表达的结合。不同的报告有不同的写作风格。即使同一个内容，也可以有不同的表达方式。如，前面所提到的年度报告的一般性写法，也可以改变为“现状分析”、“目标确定”和“措施选择”三部分。这在某种意义上，要与领导的要求一致。

第三，在文字多少上，要根据领导的意图合理布局。对于领导希望重点突出的观点，可以“铺张式”写法；对于一般性内容，则要“扼要式”写法。要“惜墨如金”和“挥毫泼墨”相结合。

总结前面三点，一个完整的年度报告写作过程可以总结为图 7.8 所示。

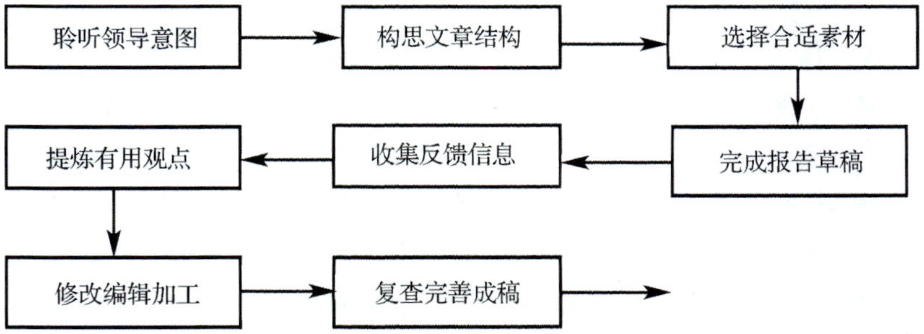

图 7.8　年度报告的写作过程

【技巧】

理解和思考是灵魂
条理和提纲是骨架
形式和表达是血肉
实践和体验是根本
功夫在诗外，做个有心人

7.7　英文信件的写作

随着国际间商务交流的不断增加，书信来往也日益增多。这里专门就英文信件的写作格式作提示。

7.7.1　标准英文信件的构成要素

标准英文信件的格式包括题头、信内地址、称呼、主题行、正文、结尾、署名等几个部分。

(1) 题头：题头用于注明信件的寄出地及寄出时间。

- 位置：若是有表明单位地址信头的信纸，应写在信头至少两行以下；若是空白的信纸，应在距离顶部 1 英寸左右之处。
- 内容：若是有信头的信纸，只需写上日期；若是空白的信纸，应有三行，其中两行为回信地址，然后一行为日期。

(2) 信内地址：注明收信人的地址和姓名。

- 位置：在日期下至少两行处。
- 内容：通常有 5 行：姓名、职务、公司或组织名称及两行地址；有时也为 4 行，姓名和职务为一行，公司或组织名称为一行，地址两行。

(3) 称谓：收信人称呼。

- 位置：通常在信内地址以下至少两行处，加上冒号（正式）或逗号（非正式）。
- 内容：Dear Mr. 或 Dear Ms. 或 Dear 加姓或 Dear 加职位。

(4) 主题行（可有可无）：介绍主题。

- 位置：通常在称谓以下两行处，居中。
- 内容：描述信件主题的词语。

(5) 正文：讨论主题

- 位置：称谓以下两行处开始。
- 内容：所需的段落。

(6) 结尾

- 位置：在最后一段以下两行处。
- 内容：可以结尾如下：正式：Yours truly
半正式：Yours sincerely
非正式：Yours cordially

(7) 署名

- 位置：通常，先是手写的签名，再接以打印的姓名、职务，在结尾下至少三行至五行处。
- 内容：手写的签名及打印的签名与职务。

7.7.2　信件格式

Company Letterhead (带有公司名称和地址的信头)

Date (日期)

Name (姓名)
Company (公司名)
Address (地址)
Address (地址)

Salutation (称谓)

When the dog chews the meats of cat, the cat is very angry and beats the dog. While the dog is much stronger than the cat, how can the cat beat down the dog? If you can answer this question, I promise you can be given one hotdog.

Closing, (结尾)

Signature (签名)

图 7.9　格式一：无缩进格式（各行均顶格开始）

Company Letterhead (带有公司名称和地址的信头)

Date (日期)

Name (姓名)
Company (公司名)
Address (地址)
Address (地址)

Salutation (称谓)

When the dog chews the meats of cat, the cat is very angry and eagerly want to fight with the dog. While the dog is much stronger than the cat, how can the cat beat down the dog? If you can answer this question, I promise you can be given one hotdog at once.

Closing, (结尾)

Signature (签名)

图 7.10　格式二：修正的无缩进格式

Company Letterhead（带有公司名称和地址的信头）

Date（日期）

Name（姓名）
Company（公司名）
Address（地址）
Address（地址）

Salutation（称谓）

When the dog chews the meats of cat, the cat is very angry and beats the dog. While the dog is much stronger than the cat, how can the cat beat down the dog? If you can answer this question, I promise you can be given one hotdog.

Closing,（结尾）

Signature（签名）

图 7.11　格式三：半缩进格式

7.8　本章案例

案例 11　凯乐集团股份回购风波

最近几天，凯乐集团公司投资部经理王健忙得焦头烂额，他不断地接到股东打来的抱怨电话和询问电话，还要接待一拨又一拨的来访者。他们大多数对公司的股东分配方案深表不满，而对公司答应过的上市计划更是耿耿于怀，一些情绪激动者甚至破口大骂凯乐集团公司是骗钱公司，说什么“表面上红红火火，在中央台的广告打得砰砰响，花大把大把股东的钞票，对广大股东却如此苛刻”。尽管王健对他们作了大量的解释说服工作，仍不能消除他们的怨气。事情起源于一周前凯乐集团公司下属凯乐美食城股份有限公司的一则公告，公告的内容是这样的：

本公司派发 96 年至 98 年共三年的股票红利，每股人民币 0.12 元（税前），即日起凭股票资金卡到省证券登记中心划取。由于客观原因，本公司的股票在近三年内不能上市交易，为了广大股东的切身利益，公司决定以每股 1.5 元人民币回购法人股、社会公众股和内部职工股，即日起在省证券登记中心开始办理相关手续，有意者请前往办理。

凯乐美食城娱乐股份有限公司

一九九九年三月八日

公告登出后，在社会上激起巨大反响，人们对凯乐公司的种种美好愿望仿佛在一夜之间都化为泡影，一些借债买股的股东，本以为可以靠股票上市赚一笔钱，没想到等了几年空欢喜一场。美好的想像和冰冷的现实之间巨大的反差，使部分心理素质较差的股东做出了一些过激的反应，全然没有当初购买股票时对美食城公司的热望和憧憬。

风波背景

凯乐集团公司是一家全国知名的食品经营企业，1998 年该公司的营业额为 38 亿元，利税 7 亿元人民币。从 1996 年起，连续三年处于 Z 省利税第一名。该公司成立于 1987 年，起家时仅三人，14 万元贷款资金。公司在贺前乐经理的带领下，一步一个脚印，依靠凯乐系列产品，逐步发展壮大。

1993 年，为了扩大企业规模，发展多元化经营，凯乐集团公司下属美食城娱乐有限公司决定采取发行股票的方式，向社会募集资金约 2 亿元，以进入饮食娱乐服务行业。凯乐集团公司当初决定采用发行股票募集资金的方式成立凯乐美食城娱乐有限公司。1993 年正是全民炒股的疯狂年代，加上不断有杨百万、李千万的出现，而原始股更被视为稀缺资源，而且凯乐集团公司在全国具有较高的知名度。因此，当时发行股票时，面值 1 元的股票以 1.5 元的溢价发行，而且很快被抢购一空，凯乐集团公司的神奇发展速度，更助长了人们对其下属美食城娱乐股份有限公司的美好期望，人们不管法人股、社会公众股、职工个人股之间的本质区别，也不问美食城娱乐公司和集团公司之间的隶属关系，人们一个朴素的想法就是：只要买了该公司的股票，就是买到了发财的希望，急切地盼望手中的股票能早日上市。

平心而论，凯乐集团公司为了使美食城娱乐有限公司上市做了大量的工作。1996 年公司花了 2.1 亿元在省城闹市区黄金地段开始建造凯乐美食城大厦。1999 年 2 月份正式建成开始营业，主管部门对凯乐所属美食城的股票上市问题也非常重视，在全省不多的股票上市额度中，挤出一个名额给美食城，投资部对于上市的前期工作也做了精心准备，但是，由于美食城大厦迟迟没有完工，影响了财务报表中的主营收入利润，在证监会对美食城股票上市资格审查时，正是这一条要求连续三年主营收入增长率达到10%以上的规定成了美食城股票上市的拦路虎。1998年底，上级主管部门正式通知凯乐集团公司：因不符合有关规定标准，凯乐美食城娱乐有限公司股票近几年内不予上市。考虑到广大股东的切身利益，美食城娱乐股份有限公司发布了上述公告。

面对股东日益不满的情绪，投资部经理深感问题的严重性，他连夜草就了一份事情经过的报告，呈送给凯乐集团公司董事长兼总经理贺前乐先生。两人讨论了目前出现的情况后，一致认为造成现在这种局面，公司是有责任的，主要的问题在于公司和股东之间沟通不够，没能让股东了解更多的情况，以至于产生隔阂。目前最重要的事情是在近期召开一次凯乐美食城娱乐股份有限公司的股东大会，在会上准备向股东就以下问题作解释和说明：

(1) 美食城娱乐股份有限公司仅仅是凯乐集团公司作为股东所发起设立的股份有限公司，拟准备上市的美食城娱乐股份有限公司和凯乐集团公司在财务上是完全独立的，因此，凯乐集团公司的业绩不等于美食城娱乐股份有限公司的业绩；

(2) 由于财务报表的原因，公司近三年内不可能上市，证监会审查时，曾打算利用集团公司的利润来为美食城娱乐公司润色，因涉及违规，公司放弃了这一想法；

(3) 美食城娱乐股份有限公司1999年开始正式营业，在这之前只有一些投资利益，无主营收入，故近三年红利每股仅0.12元人民币；

(4) 本着对广大股东负责的态度，公司打算回购原先售出的股份，如对公司的持续发展有足够信心的，也可持股，公司一定会以对股东负责的态度运作公司的业务，力争有一个好的回报，也不排除三年以后上市的可能性；

(5) 凯乐美食城娱乐公司本着“励精图治、艰苦奋斗、勇于开拓、自强不息”的企业精神，继续努力，争取在将临的21世纪，对社会作出应有的贡献；

(6) 公司对于广大股东多年来给予公司的支持和帮助予以深深的

感谢，并希望一如既往，继续行使当家作主的权力。

最后，贺前乐董事长要求王健根据上面的六条意见，起草一份报告，由董事长在凯乐美食城娱乐股份有限公司股东大会上作报告。

要求：运用本讲中所学的技巧和方法，拟写一份笔头沟通报告，董事长将在股东大会上向全体股东作演讲。（提示：能够综合运用所学过的管理沟通基本技能和方法，根据沟通的目标安排信息内容和结构；报告要有非常清晰的脉络和逻辑，具有较强的说服力。）

第八章　演讲与辅助手段

【本章提要】　本章的主题是讨论如何进行成功的演讲。演讲作为特殊的群体口头沟通形式，一方面日益显示出其现实价值，另一方面也特别能反映和提高沟通者的整体沟通技能。因此，本章单独从演讲的语言结构、演讲的组织安排、视听辅助和非语言技巧等几个方面来讨论演讲的技能和方法。

8.1　演讲准备

尽管你不是政治家、演员、演说家或知名人士，但在信息交流不断增加、知识量呈指数增长的时代，人们更需要通过听来获取自己所需要的知识和信息。同时，组织越来越意识到对每个人技能培养的重要性以及面对面交流的优势，邀请你对较大规模群体讲话的机会日益增加，因此，不断提高每个人演讲的技能已显得越来越重要。本部分将讨论演讲的准备、开场白和结束语组织、语言结构等基本技能。

8.1.1　明确演讲目的

演讲的目的非常多，R·勒德洛和F·潘顿（1992）把演讲的目的归纳为以下几种：（1）说明服务项目、介绍产品；（2）创立形象、制定行动计划；（3）取悦同事、组织和外部人员；（4）使人接受概念、观点、了解产品；（5）代表小组、公司和部门发表演讲；（6）表明态度，说明工作方法；（7）建议解决问题的方法，提出新概念。

这种分类法在分类标准上不够明确，如"说明项目、介绍产品"和"使人接受概念、观点、了解产品"在内涵上有重复。根据演讲者希望得到的效果划分演讲的类型，可以把演讲的目的归纳为以下五类：教育、鼓励、说服、报告情况和娱乐（见图8.1）。

教育性演说的重点在于传授特定的技巧或知识，对他人进行技能培训和开发；报告性演讲的重点在于向对方提供资料（如产品、服

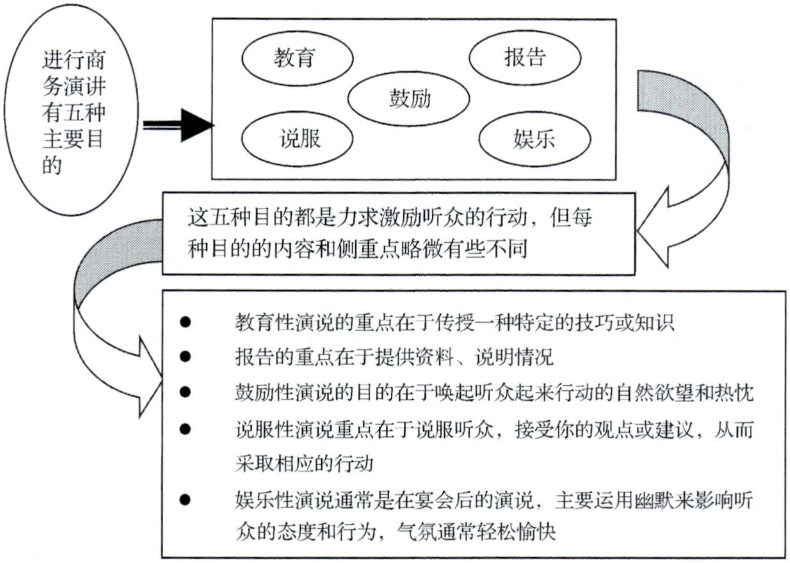

图 8.1　演讲目的的明确

务、制度等)，并说明情况；鼓励性演说的目的在于唤起听众起来行动的自然欲望和热忱，如为了提高员工的士气，或提高组织的凝聚力，通过鼓励性演说激发员工的工作积极性；说服性演说重点在于说服听众接受你的观点或建议，从而采取相应的行动，如说服顾客产生购买行为；娱乐性演说通常是在宴会后的演说，他主要运用幽默和轻松活泼的语言来影响听众的态度和行为，气氛通常轻松愉快。根据不同的目的，演讲者应组织相应的演讲内容并采用合适的信息组合方式。

如果你的演讲目的是报告或描述，你应该了解听众目前的知识水平和认识水平。具体应考虑以下几个问题：

- 使用适当的语言，并考虑是否使用术语，如果他们对术语不了解，则要对这些术语的含义作解释；
- 使用轶事、实例和生动的说明；
- 运用演绎和归纳的逻辑方式，安排时间和空间顺序，仔细推敲用词以准确形容事物。

如果你演讲的目的是教育性或解释性的，则应当集中精力于知识面的宽度和广度，以及解释的逻辑性，并借助图表或演示。具体要考虑以下问题：

- 演讲内容的思维逻辑，要由浅入深，层层递进；
- 要解释事物是如何发展的，如何执行其程序和进度，要解释事物的原因和方式，以及一个过程中如何采取相应的步骤；
- 选择自己的文字制成清晰的文字图片或视图，以使听众能够领会；
- 要充分利用演绎、归纳等逻辑推理方式，强化演讲的条理性；
- 要侧重于准备最新的理论、思想和方法，给听众以最新知识的熏陶。

如果你演讲的目的是为了激励或说服，则应集中于思考如何改变听众的信念、态度和行为。为此，你的目标在于解决好四个关键问题：一是如何吸引听众的注意力；二是了解听众的需要和兴趣；三是如何能够满足听众的需要；四是如何激发听众给予适当的反应和赞同。具体从四个方面入手：

- 深刻地去感染听众，通过引证听众的利益和事实支持你的观点，如统计资料、可靠的观点、别人的经历，但这些依据必须是准确的、有关联的；
- 避免泛论和夸张及感情色彩浓的语言。如果你的观点是基于假设的，就应该解释这些假设；
- 通过演示案例，来赞同或反对一个结论。这些案例可以是正面支持，也可以是反面佐证，如通过案例来反映某种观点的缺陷；
- 结构必须有严密的逻辑性，以归纳的方式增强你的说服力。

如果你演讲的目的是娱乐性的，这种演讲最有艺术性。这种演讲的一般准则是：

- 具有感召力和鼓动性，能调动活跃的气氛；
- 要简短，运用适当的幽默，比如引用别人的幽默故事；
- 讲话时要适应听众的口味和场景，别具一格。

8.1.2　演讲的准备工作

演讲的准备工作首先要做好心理准备，以适应环境。其次，要分析解决为什么（Why）、谁（Who）、什么（What）、何时（When）、何地（Where）、怎么做（How）等基本问题。

1. 环境准备和适应

不管你是亲自参与这次演讲的前期安排，还是非参与者，你最好在演讲开始之前了解演讲的环境。因为在不熟悉环境的情况下，很可能自己准备的材料、工具、辅助手段无法使用，从而影响演讲的效果。比如，可能你习惯于采用“Powerpoint”作投影的演讲方式，结果由于环境中没有多媒体工具，你就无法按照原定的设想展开演讲，甚至因为心理准备不足，而不知如何下手。

在任何一种情况下，都可能发生理想的环境和既定环境之间的冲突，在这种情况下，就需要尽早地修正环境，或适应环境。

环境准备中，听众人数也是一个非常重要的因素。可能某个演讲的听众是 20 人，你可以考虑如何让听众能够参与到整个过程中去，因此，在演讲时可以采用适当的激励方式让听众参与。但一旦当你为 20 人的演讲作准备后，实际的听众数达到 60 人，你就得修改你的演讲方式。

第二个非常重要的环境因素是房间和讲台的布局以及视觉辅助仪器的配备。在房间的安排上，你应该考虑座位的安排、窗户的位置、灯光的配置等要素。在座位安排上，一般来说，听众与你的距离越近，越易引起共鸣；半圆形布局好于传统的“教室形”布局；在窗户位置的考虑上，既要使得空气新鲜，又要防止穿堂风；在灯光的配置上，要了解开关的位置，并避免使用演讲者背后的灯光；在视觉辅助仪器的配备上，要检查和了解投影仪的状况和使用情况，检查粉笔/笔的数量、颜色和板擦；在讲台布局上，要考虑移动空间、麦克风和椅子情况（如果需要坐着讲的话）。

2. “5W1H”的准备

为什么（Why）——关注为什么要演讲，也就是演讲的意图和目的。只有当目的明确后，才能有的放矢地准备演讲内容。

谁（Who）——分析听众的对象、文化层次、知识背景、年龄、组织中的地位、他们对演讲内容的了解程度、出席演讲的原因和态度等。

什么（What）——准备演讲的具体内容。讲什么是一个非常关键的内容，一方面是演讲的主题，一定要与组织者充分沟通；另一方面是演讲的知识面和知识点。只有根据听众的需要安排内容，才能吸引听众的注意力。

何时（When）——确保你有充足的准备时间，包括书面准备时间和演示材料的准备。

何地（Where）——最好在演讲之前先到现场看看，如不可能，则要询问演讲的环境和设施状况。

怎么做（How）——弄清楚是正式演讲还是讲座，或是引导性的讲话，是否有提问时间，若有提问和讨论时间，则要留时间给听众提问，同时你要估计听众可能的问题并做相应的准备，以使你在回答时有新的东西。

3. 演讲材料的准备

当确定好演讲的目标和主题后，演讲者就要做下面三步工作：

第一步：整理思路。要利用各种可能的时间对主题作思考，并与周围了解或熟悉这个主题的人交流看法，获取他人的思想。要养成一种随时记录你灵感的习惯，这些灵感可能是突然冒出来的，要抓住它们。这些灵感可能来自路上，可能来自睡觉前，或早上起来。用简单的文字记录下来，便于提纲和内容设计时加以整理。

第二步：查阅和收集资料。杂志、报纸、书籍是最有效的三个资料来源。平时要有意识地看这些材料，丰富你的知识库和信息库。

第三步：设计演讲提纲。演讲提纲主要包括开头、主体和结尾。

收集支持要点的资料

- ✚ 说明要点好处的背景材料
- ✚ 说明要点有效性的例子
- ✚ 证明要点的事实、数据及图表
- ✚ 方案实施前后的比较
- ✚ 权威人士的观点和理论基础

图 8.2　资料收集

其中要特别注意设计主题的引入和结尾，有一个忠告："关注开始和结尾，中部自会照顾自己"。在主体部分，要列出演讲的要点、主要观点，对每个要点的论证方法，提出支持你的要点的说明材料和理由，同时还要考虑听众可能有的反对意见以及自己如何应对这些观点的策略。

8.2　演讲的语言结构

在演讲过程的语言结构组织包括开场白、主体观点的阐述、结尾三个部分。

8.2.1　演讲开场白

演讲的开场白包括四个目的：一是提高听众的兴趣；二是让听众感受到你的演讲与他们的关系；三是让听众明白你是有资格和实力来作这次演讲的；四是把开场白作为一个在你和听众之间建立亲善关系的机会。从这四个目的出发，具体的演讲开场白组织可考虑以下策略：

- 以说明主题或标题开头，但不必太深入；
- 以提问题的方式开头。提问的问题应从听众的预期出发，并与你的主题紧密相关；
- 以叙述演讲目标和内容安排入手。但这种策略不要过早泄露你的论证策略和有趣的观点；
- 以非正式话题切入。如"刚才我与贵公司谢总聊天时，谈到这样一个问题……，这正是企业现阶段面临的最普遍，而且也很难解决好的问题。"这种切入方式在非常正式的场合是不适用的；
- 以趣闻轶事开头。必须结合主题，要简短，可能的话最好结合自己的亲身经历，这样更能赢得听众的信任和亲和力；
- 以事例、统计资料和数据开头。以惊人的数字或强烈的数字对比作为演讲的开头可以增强吸引力，但这种数据应该是与听众直接相关的；
- 以引证材料开头。引证取材于听众熟悉的名著、名人，并紧密结合你的主题。

✚ 以讲述笑话、时事故事等其他形式开头。

准备生动有力的开场白

✚ 陈述一件惊人的事实
✚ 陈述一个引人注目的问题
✚ 提问，让听众参与进来
✚ 使用展示物、小道具或形象教具
✚ 讲述一段与主题有关的故事或幽默
✚ 答应听众要告诉他们如何获得他们想要的

图 8.3　开场白准备

8.2.2　演讲主体部分结构

演讲主体部分的安排，首先应该帮助听众预览演讲的主要论点。预览是演讲内容的目录、议程表和提纲。预览的作用在于让听众了解你的演讲内容和轮廓，以及很概括的提纲。比如在正式的场合，你可以这样预览：

“在接下来的 20 分钟时间里，我将向大家汇报三个问题：一是西北地区的市场开发经验；二是东北地区的新市场开发情况；三是东北地区下阶段的工作重点。”

其次，在主体的组织上，要明确阐述主要的论点。具体做法上要注意四个问题：

✚ 要严格遵循演讲预览，不能让讨论的问题与预览内容次序不一致，也不能只讲了其中一部分内容，让听众感觉到没有条理。

✚ 要限制主要论点的数量。一般以 3～5 个为宜。这是因为听众获取的信息与演讲者输出信息相比，要困难得多。论点多了，听众不易领会，而且容易忘记。

✚ 使用清晰的承接词。讲话比写文章更需要在语言的连接上使用清晰的连接词。清晰的连接词，是指能清楚地帮助听众厘清演讲内容条理的连接词。比如，在写文章时，你可以用“第一，第二，……”“另外”等之类的连接词，但在演讲时，就要避免这种用法，因为听众记不住“什么东西的第二”、

"什么东西的另外"。如果改为"采用弹性工作制的第二个好处是……"、"除了要求大家准备笔记之外，还……"。这种表达比简单的"第二、另外"要清晰得多。

✚ 作阶段性的小结。演讲的每个观点，要提纲性地归纳一下，让听众有机会简略整理你的观点。阶段性小结还能够以适当的方式把话题过渡到下一个观点。如：

"现在我们已经总结出了西北地区市场开发的五个经验，以及东北地区市场开发所面临的六个现实问题——一、二、……。从市场特点看，东北和西北有一定的相似性，我们可以借鉴西北经验。现在就让我们来讨论东北地区下一步具体执行的措施。"

8.2.3 演讲结尾

很多演讲者，到主体内容讲完了，接着就是："我就讲这些，谢谢大家"。这实际上浪费了你最宝贵的时间。因为听众很可能记住的是你最后说的话，而你却没有给他们。所以，不要用"好了，该讲的都讲完了"作为结束语。

在演讲进入结束语之前，应该用简短的、语气较强的、明显的句子，来开始你的结束语。有效的结尾形式如：

✚ 作总结。总结一下主要论点，在解释说明或指导教育性的演讲中是比较有限的；

✚ 前后呼应。再回到开场白中提到的问题、事例、数据、故事等；

✚ 以行动方案结尾。根据演讲内容，以号召行动结尾，使得"我们下一步该做什么"更加明确；

✚ 以强调听众好处结尾。可以强调，如果听众听从了你的建议，可以获得什么样的好处。

8.3 演讲的心理技能

8.3.1 提升演讲资格，优化自我形象

【问题】 如果在演讲之前，你非但没有树立起良好的形象，而

且听众早就构成了对你的成见和怀疑，他们怀疑你是否有诚意，是否够资格站在他们面前发言，他们是否值得花费宝贵的时间和精力去听你的长篇大论，这时你应该采取什么样的应对策略来提升你的形象？

策略一：如何提升你的自我形象

✚ 谈谈你对所讲专题所做过的调查和研究，列举一些你在这方面的经验和成就。最好是一个较有名望、成就或权力的人，能在发言之前讲几句有利于树立起你演讲资格的话。

✚ 选择柔和、自然、大方得体的服装，避免穿戴奇特、耀眼、与演说内容不协调的服饰。这是因为：（1）听众不仅会对你的内容，而且会对你的衣着打扮作出反应，合适的衣着可以增加你的魅力，至少不会使大家分散注意力。（2）当一个人的衣着大方得体时，良好的自我感觉有助于演说的成功；当一个人的外表显得成功时，他的思想也比较容易成功。

✚ 发言前和听众聊聊天，表示友好和谦逊；适当地赞赏听众，或者寻找共同点，引起心理共鸣，从而缩短心理距离。

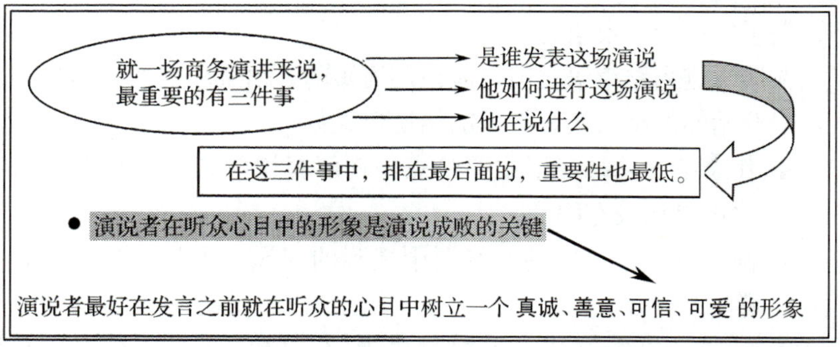

图 8.4 提升演讲资格，优化自我形象

8.3.2 克服恐惧和焦虑，展现充分的自信

首先，要学会正确地看待恐惧和焦虑。

【实情】 实情一：99%的人，包括著名的职业演说家在内，发表演说时都有不同程度的恐惧和紧张。实情二：某种程度的登台恐惧感反而有用，我们天生就有能力应付环境中不寻常的挑战。紧张时脉搏加快，呼吸加速，身体处于应激状态，这时人的思维和反应都可能

加快，活动的能量也会明显增加。

【问题】　如果你在演讲时碰到以下情况怎么办？

- 发言前非常紧张；
- 担心别人会认为自己的观点非常愚蠢；
- 演讲时靠在讲桌上；
- 紧张得踱来踱去；
- 手上玩东西；
- 忘记了下面该讲些什么。

策略二：如何克服紧张、焦虑和恐惧？

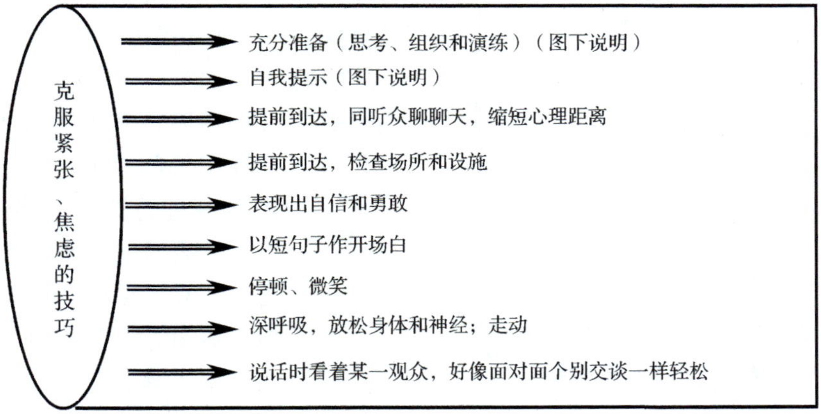

准备：思考——围绕目的列出提纲，逐一要点加以深思。
组织——根据演讲的内容及其内在联系，合理组合，最好是把他们连成流图或一幅幅图画。
演练——实战模拟训练，使用所有的辅助工具，并由一两个有经验的同事为你的演讲提供改进意见。

自我提示：避免去想可能会使你不安的反面刺激；跟自己说，你比听众中任何一个人都更有资格来作这番发言。自我启发式的精神对话，即使是佯装的，对克服发言的恐惧都非常有效。

图 8.5　如何克服焦虑和紧张

8.3.3　机智应答听众，提升快速反应

作为对听众的尊重，体现沟通双方的互动，在演讲过程中，听众经常会现场提出一些问题，而且这些问题对演讲者来说，往往是事先无法准备的。这就对演讲者提出了挑战：如何迅速、机智地回答听众的问题，提高自身的可信度？

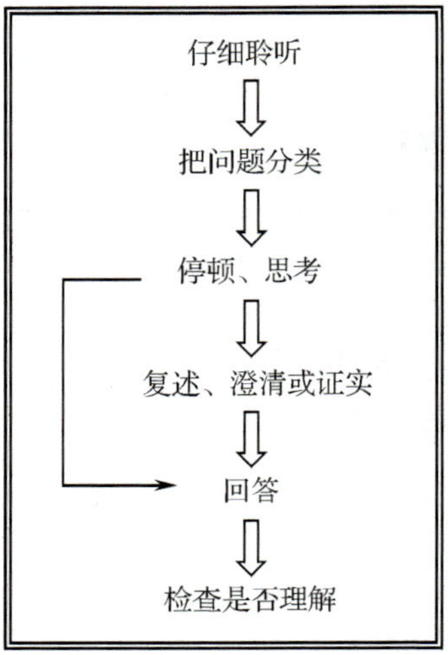

图 8.6　应答听众提问模式

诚然，要提高快速反应能力，更重要的是平时的训练和积累，但在技巧方面也有相当的讲究，这里专门就如何机智应答听众，提高自己的快速反应能力提出一种模式供大家参考。该模式的整个过程如图 8.6 所示。

第一步：仔细聆听。仔细聆听听众提出的问题时，要与提问者进行眼神交换，点头，显示你很感兴趣，这样，对方会觉得你对他很尊重，而且对他的问题感兴趣，且乐于尽力回答，给对方以亲和力。

第二步：对问题进行分类。区分对方的问题是寻求理解和帮助，还是带有敌意的故意刁难，加以区别对待。

第三步：停顿和思考。除非你是非常有把握，一般不要急于回答，稍微停顿以思考对策，这样也给对方一个深思熟虑、稳重可靠的印象。

第四步：复述、澄清或证实。如果你不理解或没有听清楚，可以提问澄清，或者复述对方的问题，证实对问题本身的理解，如“你刚才想了解行政人员是否会受这次变革的影响，对吗？”

第五步：回答。回答问题要切中要害，尽量避免冗长

问“不知我这样的解决你是否能接受/理解”，或“我这样的回答不知是否能让你满意？”

在应答听众提问时，最困难的是应对带有敌意的问题。如果发现对方的提问是带有敌意的刁难，则可以采取重复、改编的策略，直截了当而又简明扼要地给予回答。

✚ 重复策略：尽量使用提问者的语言，把问题重新叙述一遍；

✚ 改编策略：把问题改编成与你的演讲宗旨相关或对听众来说很一般的问题。

在采取以上两个策略前提下，最后给予简明扼要、开诚布公的回答，不要怕说“我现在无法回答这个问题，你可以把它写在你的名片背面或一张纸上，我将在下周把答案给你”这样的话。在问答时，可以使用格言、名句或幽默，然后很快就转向下一个提问人。

【例子】 下面是一位公司经理在一次员工会议上与雇员进行对话的情境：演讲人准确估计到与会者准备拖延时间，有意发难，便对所提出的问题采取了复述和改编的办法，以轻松幽默的语言给予回答。

雇员：刚才听到你提出了几项目标，但是，什么时候我们才会得到更短的工作日？

重复：你问我什么时候将得到更短的工作日？

改编：换句话说，就是，你应在要我们安全生产，提高质量，获得更大效益的口号中再加一条：增加更多闲暇时间。

回答：我的回答是，“今年不行”，但是，我看闲暇时间少不一定是坏事。大家都听说过这样一句话：“诸神拥有的时间长达百万年，但他们却不知道怎样打发掉一个有雨的星期天下午。”至少在一年多的时间内，增加闲暇时间不会作为我们必须解决的问题。

继续：下一个问题。

当然，如果遇到的问题非常棘手，且令人头痛，就不得不采取更具进攻性的回答，如用眼光直视对方，说：“你为什么要提这样的问题？”为了说明动机或表白自己，对方往往会放弃挑衅的态度，而你自己也从中赢得了宝贵的思考时间。

如果你确实不能当场回答对方的问题，不妨坦白地告诉对方；也可以让听众来回答，或者承诺随后给予答复。

8.4　演讲中的非语言技巧

演讲中的语言文字和视听辅助手段只是沟通中的一部分。有专门研究认为，沟通中的65％～90％是非语言的沟通。非语言的演讲技巧包括肢体语言、声音技巧、空间和物质的安排等方面。

8.4.1　肢体语言

肢体语言有五个基本元素：姿势、手势、身体移动、眼神交换和面部表情。优秀的演讲者能通过这些肢体语言的运用，以达到吸引听众注意，增强演说效果的效果。

1. 姿势

优秀的演讲者通过运用姿势来表现他们的泰然自若。具体在采用有效的姿势时，要关注两个问题：

✚ 尽可能采用放松的、有职业规范的站立姿势。要根据你自己的特点，舒适地直立，面对听众，把身体的重量均匀地落在两只脚上；双脚应与肩同宽，相距既不要太紧，也不能太远。

✚ 注意不要左右或前后晃动或用脚尖上下颠动，注意不要表现出无精打采的样子，也不要将重心完全放在一只脚上或倚靠在讲台上。最后，避免“僵直”的姿式，比如僵硬的立正姿势。

2. 手势

优秀的演讲者演讲时手的动作和他们在谈话时一样，有些人夸张一些，有些人含蓄一些。在手势的运用上，也要注意两个问题：

✚ 当面对个体讲话时，可以让手自由活动。譬如，可以作些帮助谈话的动作；也可以暂时不动或指向辅助图像中的某一项。

✚ 不要把手放在一个地方，然后呆在那儿不动。如要避免这样一些手势：（1）双手交叉在前面；（2）双手叉在后面；（3）双手交互握另一胳膊；（4）紧抓讲台；（5）要避免显得你很紧张的动作，如挠耳朵、搔手臂等。

3. 身体移动

身体的移动要因演讲者个人和空间的大小而定。具体要注意两个问题：

- 自然移动，不必总是站着不动，亦不必总在计划每一个动作。如你可以身体前倾表示关注对方的反应，或表示强调重点；你也可以向后走动以便指点辅助图像。
- 避免随机的、紧张的、快速的或经常的移动。

姿态和手势

- 身体站直，让颈背紧紧贴着衣领，让双手自然下垂在身体的两侧。
- 不要玩弄你的衣服、首饰或其他东西，因为这样会使听众分散对你的注意力，并且会给人一种懦弱而缺乏自我控制的形象。你必须以静止的状态站着，控制你的身体，给人以泰然自若的感觉。
- 让双手自然地下垂在身体的两侧，因为这样不会受到听众的注意，而且能自然而不受妨碍地摆出各种强调性的手势。

原则：作手势时要注入生命的活力，融合当时的感觉，使其显得自然；惟一有价值的手势就是你天生会的那种。

图 8.7　演讲时的姿态和手势

4. 面部表情

无论是在何种场合演讲，都要像平时交谈一样显得轻松自然。具体地说：

- 保持放松的面部表情，看上去要显得生动有趣。表情要随主题和情景的不同而变化。
- 避免面部僵化，毫无表情，也不要作出讲述悲伤或不好的事情时面带微笑这样不恰当的表情。

5. 眼神交换

目光交流是重要的非口头沟通技巧。沟通专家鲁塞尔（Lynn

Russell）在研究“听说联系”时提出，有好的视线交流，一方面可使听众感觉到与你的联系，另一方面，你可以掌握听众的反应。图 8.8 是我们在演讲时要避免的两种眼神交流形式。

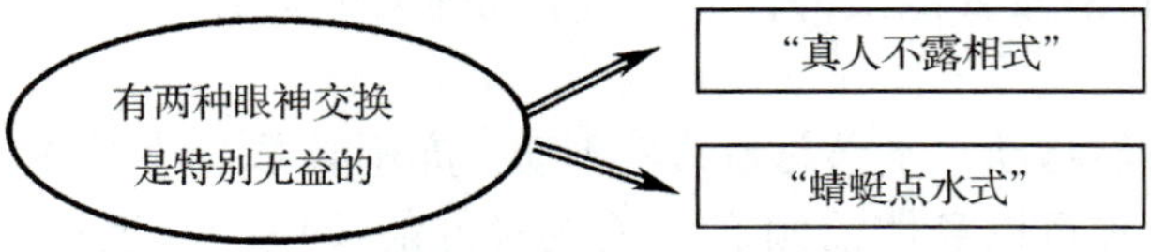

图 8.8　要避免的两种眼神交流方式

- 真人不露相式：演讲者一直低头垂发，头顶被听众一览无遗的情景。这种情景出现在演讲者逐字逐句地读不熟悉的讲稿，或者为掩护心慌假装低头看稿的时候。
- 蜻蜓点水式：演讲者受不了长时间低头的疲乏，在一句话刚刚念到一半或翻页时慌忙瞥一眼听众的举动。

有效的眼神交流形式，可考虑以下四类眼神：

- 环视：用于事先对讲稿的全文做过反复阅读，可以脱离讲稿讲述整个句子以至大段故事的情节。
- 搜索：在意念上用一条看不见的线把整个会场划分为若干个区域，边讲话，边有意地轮流注视这几个区域，这样全场没有一组人能逃出你的视线。
- 扫视：演讲者的视线沿水平方向掠过人群，短时间用眼神沟通多个听众。
- 凝视：演讲者持续地与某个听众眼神交流达 6 秒钟之久或直到讲完一句话为止。这样可以帮助你缩短与所有听众的距离，使你感到你是他们中的一员。

8.4.2　声音技巧

如果我们把声音和语言分离开来，你会觉得语言是那么的乏味，正如我们在听那没有起伏、没有快慢的“睡眠曲”。即使在语言中包含了多么有价值的信息，由于没有吸引力，没有被受众接受，也就失去其本来价值。“声音是语言的载体”，声音组织成为重要的非语言演讲技巧。有效地使用声音包括五个要素：语调、语速、语汇、声音连接、发音。

1. 语调

演讲时，语调要随着内容、环境的变化而不断调整。语调的抑扬顿挫能使声音具有表达力、感受力，不单调、不枯燥。讲究语调的变化，演讲者要注意以下技巧：

+ 演讲要富有表情和热情，语调要温暖愉快，音量要有高有低。如根据房间的大小适当调整音量。呼吸要深厚充足。
+ 语调不能太单调或令人烦躁（如刺耳）。声音不要小得听不见，或大得不适合房间的大小。要特别注意两个音量问题：不要在句子的末尾降低音量；不要在使用辅助图像时降低音量。
+ 对重要的句子要突然提高或降低声调，以达到强调和音乐美的作用。

2. 语速

语速指讲话的速度。在不同场合以不同的语速表达会起到不同的效果，如在严肃、庄重、正式的场合讲话速度要慢；向获奖者作激动人心的致辞时，节奏要明快；发泄愤怒时可以用声色俱厉的快语攻击，也可以用低沉的慢语恐吓。演讲者在调整语速时，应注意以下问题：

+ 在通常情况下语速不要太快，以便大家能听懂、听清楚；也不能太慢，以保持活跃的气氛。
+ 在重要的词汇之前或之后略加停顿，也可以使用停顿将一组内容分开或暗示一段思考的结束。
+ 对重要的词句，把声音拖长，并一字一句都很重；对不重要的句子，可以很快，甚至说五、六个句子的时间和说五、六个单词的时间差不多。

【练习】 *用很慢的速度说“三万元”，再用很快的速度说“三千万元”。*

3. 语汇

即演讲者要尽量运用不同的语汇以增强语言的活力，运用生动形象的语言表达演讲。具体要求不断变换语汇，不要重复单调的词汇，但当为增强气势时，又可以采用排比的方式，用重复的词汇加强语言的力量。语汇的运用，在本书第二章中已作了阐述，此处不展开。

【练习】 试对比以下两组句子：

第一组：A. 距离我们最近的星球，在三十五兆哩之外。

B. 如果一列火车以一分钟跑一哩的速度向前行驶，将要费时四千八百万年才能达到距离我们最近的星球。如果在星球上唱歌，而声音又能传回此地，也要三百零八万年。如果以蜘蛛丝从地球牵到那星球，蛛丝的总重量将达到五百吨。

第二组：A. 如果要解决全国失学儿童的就学问题，国家每年要投入近20亿。

B. 现有的“领导”一年光去澳门赌博就花去1个亿，试想国家为了让失学儿童回到课堂中共需投入的钱，只够20个这样的人赌博赌一年。

4. 声音连续和发音

声音的连续就是在演讲过程中，用填充词作为有声的暂歇，如“哦”、“嗯”、“大家知道”等。在演讲过程中一般不要用填充词，当偶尔用填充词作暂短停歇以便整理思路时，演讲者也不必有过于强烈的反应，因为每个人都会偶尔用一下的。但一个高超的演讲者要设法取消这种填充词。

发音方面，就是要求发音清晰。不要含含糊糊，也不要连读。切记“不要自己把自己的话吃掉”。有的演讲者往往会把一个句子的最后一个或几个字吃掉，这种现象一定要设法避免。发音的不清楚会使人感到没教养，或留下做事很忙乱、很着急的印象。

8.4.3 空间和物质的安排

非口头沟通的另一组成部分是利用周围的空间和物体，不论是在办公室还是在普通房间，物体和空间会影响以下四种选择：座位的安排、演讲者位置高度和距离、物体的使用、演讲者着装。

座位安排的方式会无言地显示希望与听众进行何种合作。直线式的座位安排适用于相互合作最少的场合。马蹄型或曲线型座次会鼓励更多的合作和参与。对于听众较少的场合，可以选用（1）长方形会议桌，领导者坐在桌子的一头，强调他的权力；或者（2）圆形会议桌，从而鼓励平等参与。

演讲者的高度和距离也影响着演讲的氛围。演讲者相对于听众的位置越高，无形中制造出的气氛就越正式。因此，最正式的演讲大概就是在舞台上或讲台上做的演讲。半正式场合中，一般是演讲者站着，听众坐着；为了让气氛更加轻松，可以把自己与听众放在同一水平上：一起围坐或坐在听众前。

物体摆设方面，一般演讲者和听众之间放置的物体越多，合作的形式就越正式。要想使演讲更加正式，可以使用讲台或在演讲者和听众之间放张桌子。要想不那么正式，无论站着或坐着，在演讲者和听众之间什么器具也不要放。

8.5　有效地利用视听辅助手段

8.5.1　视听辅助手段的设计

不管演讲者对演讲的内容如何充分准备，也不管其非文字的表达技巧如何高，由于演讲者说话的速度总是跟不上听众听的速度，因此，演讲者要运用视听辅助手段来填充由于听众信息接受速度和演讲者输出速度之间速度差所带来的时间空隙。同时，运用视听辅助可以帮助厘清思路，使得接受的信息更有条理。另外，视听辅助手段还有助于提示听众理解演讲的内容，增强信息的接收量，加深印象。

视听辅助手段的设计应注意以下四个方面的技巧：列出演讲内容的议程图表；列出证据支持图表；使用标题信息；做好图片之间的联结。

1. 列出演讲内容的议程图表

议程图表就是演讲的“提纲”、“基本框架”。议程图表是演讲的目录。仔细研究设计议程表并确保后面的图表都是由议程表引出。如图 8.9 是某公司市场部经理的议程图表。

东北地区市场开发现状和对策

- 西北地区的市场开发经验；
- 东北地区的市场开发情况；
- 东北地区下阶段的工作重点。

图 8.9　议程图表

2. 列出依据支持图表

支持性图表是为了支持你的观点。议程表中的每一部分都要一系列图表的支持。支持图表可以是文字，也可以是图形或图解（如图8.10）。

例一：文字式“支持”图表

东北地区现阶段市场开发情况

- 该地区市场特点
- 该地区的市场总量和潜力估计
- 该地区同行竞争者状况分析
- 公司已开发的市场状况
- 潜在市场开发的障碍

例二：图形式“支持性”图表

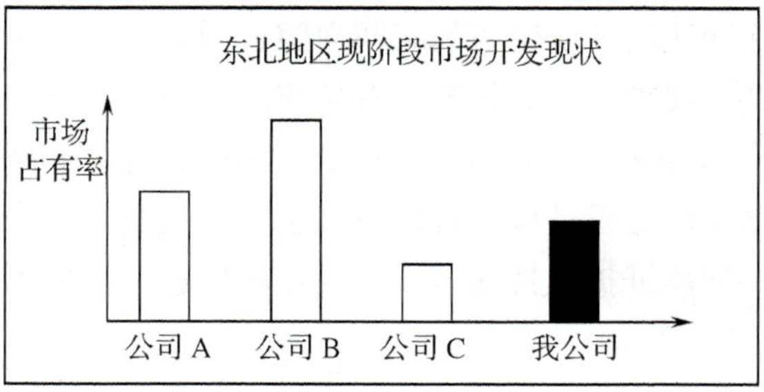

图 8.10　支持性图表设计

3. 使用信息标题

使用信息标题的目的在于帮助听众直观地理解图表的含义。使用信息标题的方式，可以是信息标题，也可以是主题标题。当演讲者需要表达某个观点时，应该用信息标题；如果演讲者不在乎听众从图表中去获得某一结论，如果需要由他们自己去理解，则只要用主题标题就可以了。一般来说，我们应采用信息标题，这样更准确、易于理解。这两者标题如图 8.11 所示。

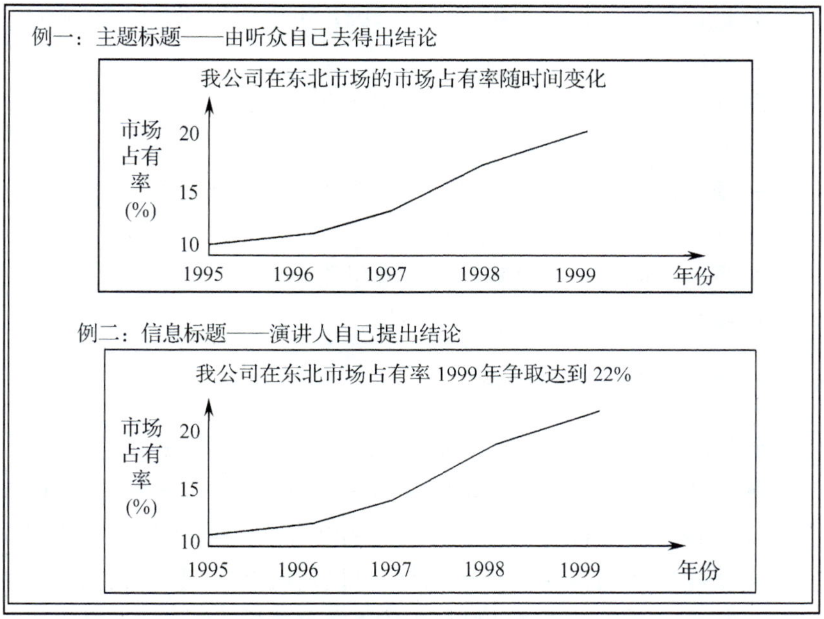

图 8.11　信息标题和主题标题图例

4. 图片之间的联结

要做好图片之间的联结，就是要让听众能够从图表中看出上下层图表之间的直观联系。如议程图表和支持性图表之间的联结。具体做法上，可以采用专门标记的方式，如图 8.9 中在“东北地区的市场开发情况”几个字符上加框，或加黑；或其他特殊表示技巧；或者可以采用一致的编号系统（如图 8.12）；或采用主标题和副标题之间的一致，如每一层次采用相同的格式——使用完全一样的字体、大小和颜色。

另外，演讲者在制作演示图片时，要注意制作要领——KISS 原则（Keep It Short and Simple（简单明了））和 KILL 原则（Keep It

Large and Logic（字体大，内容逻辑强））。坚持 KISS 原则，要注意：

- ✚ 图表不要成为数据的海洋；
- ✚ 不要出现大段的文字、连篇累牍；
- ✚ 尽量利用图形、图表，有利于清楚地传递信息；
- ✚ 运用饼图、直方、曲线，每张胶片不要出现两个以上的图片。

坚持 KILL 原则，要注意：

- ✚ 演示图片上的字体要较大，如文字一般在 28 号字体以上，32 号比较合适；
- ✚ 演示图片的图像、图表要大，能让听众清晰浏览；
- ✚ 前后图片之间内容连贯；
- ✚ 图片之间衔接有逻辑，不出现思路中断；
- ✚ 要多运用逻辑性、总结性图片。

8.5.2 视听辅助手段的利用

现有越来越多的工具可供演讲者选择使用，这里介绍几种。

- ✚ 多媒体投影系统：多媒体投影系统能将个人计算机、万维网、录像带、录音带中的图像和声音投影或传播出来。如果在演讲中需要用多媒体显示数据，可以在演讲过程中请别人帮忙操作。多媒体投影仪可以用大屏幕投影仪、LCD 投影平台(这些平台与个人计算机的图像输出口相连，但他们安装在投影仪的镜头之上或内部，适用于听众较少时使用小屏幕投影)、便携式计算机等。
- ✚ 静态投影系统：三种静态投影系统是胶片投影仪、35 毫米幻灯放映机、CCD 数码相机。其中胶片投影仪有很强的灵活性。
- ✚ 动态投影系统：如录像、电影等。
- ✚ 写字板和图表。

8.5.3 如何使用投影仪

投影仪是演讲过程中最常用的，它一方面成本低，另一方面使用方便、效果好。为此，专门对投影仪的使用过程中可能出现的问题，

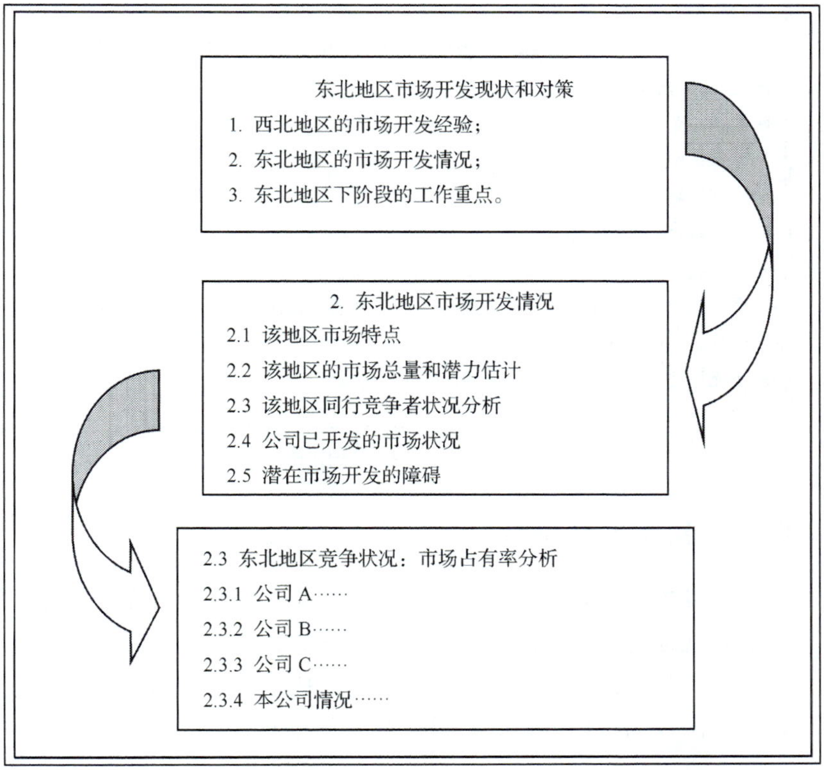

图 8.12　统一编号系统的图片联结

以及正确使用方法作一介绍。

✚ 当演讲开始后，便马上讲解，使听众不知听好，还是看好

最好的方式：先让听众很快地扫视一下演示内容，然后再开始讲解，讲解时不应照演示内容宣读，而应把它当作提纲，从中引伸开，提供支持性解释。

✚ 讲解时面朝投影屏幕，背对听众

最好的方式：用钢笔或教鞭在投影仪表面上指引，而不是用手指向投影屏幕。

✚ 在投影片上写得太多

标准的投影胶片：一般每页不超过 6 行，每行十至十五个字，字体应大到让最后一排的听众看得清楚。

利用投影仪进行演示时应注意的事项

- 按 45 度角摆放投影仪
- 准备一个备用的灯泡
- 确保在座的每一位看得清楚
- 先把投影胶片放上，再开机
- 讲授者直接面朝听众
- 用笔或教鞭作为指引工具，指向投影仪面上，而非屏幕上
- 用一张纸作为掩盖演示内容的工具，首先短暂地演示整张胶片，然后用纸盖住尚不需部分，一段一段地揭开
- 当无需要演示时，马上关掉投影仪，以免分心。

图 8.13　投影仪的正确使用

8.5.4　图片页面的设计

精良的图片页面设计，不但能够让受众清晰理解你的意思，能让他们直观地把握信息的结构，让受众感觉到亲切、悦目；而且，对于演讲者自身来说，也可以省时、省事，树立良好的沟通形象。一般来说，在图片的页面设计时，要注意以下 8 个方面的原则。

页面设计应注意的八个原则

- 用空白突出重点
- 用小标题把观点分类，使读者容易把握文章结构
- 在英文图片中要限制全部大写字母的使用
- 控制每张图片的字体数目，一般每张图片字体类型不宜超过 2 种
- 按具体情况和读者要求调整边界
- 用左上角或右下角突出需要强调的重点
- 用分栏来统一图表的格式
- 使用影阴突出，或适度着色和其他点缀方式

图 8.14　图片页面设计八个原则

8.6 本章案例

案例 12 奥克斯津机械有限公司

引子

2000 年 6 月 25 日下午，天气有点反常地热。奥克斯津机械有限公司（以下简称奥克斯津）的大会议室里，4 只落地电扇在吱吱吱地响着。时间已将近 5：00，会议似乎还没有结束的迹象。

“我认为，奥克斯津这些年的起起落落，与产品开发紧密相关，近几年遇到的困境也与产品开发直接相关，奥克斯津要持续发展，关键在于解决技术的持续创新问题。有同志认为这是公司的战略问题，我同意这个观点。”正在讲话的是公司董事长、总经理罗巍先生，“刚才大家也谈了公司目前面临的困难，分析了企业的现状，提出了很好的建议。下面，还是由袁晓悟来详细谈谈对这个问题的看法。”

1. 奥克斯津技术发展历程

奥克斯津的前身是 HZ 机械厂，始建于 20 世纪 50 年代初，50 年代中期开始，确立 KF 设备为其生产经营主业，经过 40 多年的发展，奥克斯津已成为中国重要的 KF 设备制造和科研中心，是国家大型重点骨干企业。一直到 1994 年之前，奥克斯津企业经济指标（如完成利税总额、利润总额）均排在 H 市工业企业的前十名，在 H 市具有举足轻重的影响。但是到 90 年代中期以后，随着我国经济体制从计划经济向市场经济的转变，产品市场竞争日趋激烈，同时，随着国外产品的大举进入，出现国内 KF 产品“十分天下已失其六”，而且“国内用户简单相信国外产品”，使得奥克斯津几年来一直任务不满，企业效益一直严重滑坡，到 90 年代末甚至跌入了扭亏脱困企业的行列。

纵观奥克斯津发展过程中曾经的辉煌和面临的困难，公司原董事长、总经理汪涛也认为，是与企业的技术创新过程紧密联系在一起的。“公司过去的辉煌得益于 40 多年来始终坚持走以技术创新为主线，通过技术进步促使企业发展的道路，这也是奥克斯津过去成功的最重要经验。”公司高级工程师徐明这样评价。

但是，随着企业发展到 90 年代中后期，由于资金、人员、市场以及整个宏观体制等方面原因，企业开始走下坡路，80 年代具有国际先进水平的产品，现在与国际水平的差距越来越大。正是在这样的大背景下，公司高层决定召开一次全公司技术系统的管理工作会议，讨论公司的技术开发工作。

2. 公司技术部门的一次会议

2000 年 6 月 15 日下午，公司会议室，长条型的会议桌旁，坐满了公司技术中心、各研究所、设计院、计量理化部、自控工程部、总师办、销售中心等各部门的有关负责人。会议由袁晓悟主持，公司董事长、总经理罗巍也出席了这次会议。罗巍是从 1998 年接手挑起奥克斯津董事长、总经理这副重担的，他原来没有从事过 KF 产品技术开发方面的工作，因此对该产品还不是非常熟悉，上级主管部门之所以要罗巍来挑这个重担，更多的恐怕是从管理方面考虑的。

会议已经进行了将近一个半小时了，罗巍一直没有发言。他始终在静静地听着来自公司技术系统各部门负责人的发言。看那架势，罗巍、袁晓悟没有打算在这次会议上作出什么大的决策，他们的主要意图恐怕还在于听听各方“诸侯”的高见。

“综合各位的意见，制约公司产品开发的主要症结看来在于这样几个方面：一是用户的不信任、不支持；二是企业自身由于资金的限制，还不可能把设备制造和设备使用结合起来，新开发产品就没有业绩；三是技术人员的收入待遇与市场差价太大，留不住优秀的人才；四是化工、冶金、石化等行业对产品的可靠性要求很高，为了保险起见，不愿意在 KF 产品上做试验性的工作，制约了新品的开发；五是国外技术的封锁，我们拿不到最新的技术信息。”

袁晓悟对会议前面讨论的情况作了简要总结后，继续道：

“上面这些问题，究竟是不是解决技术开发问题的关键？究竟哪些方面是瓶颈要素？请各位谈谈自己的看法。”

“人才流失是制约企业技术发展的第一因素。现在公司内部优秀科技人才流失非常严重，应该引起大家的高度重视。”公司技术中心副主任王涛认为，“人才问题是决定企业发展的根本问题，现在大量年轻技术人员在公司经过一定时期的锻炼，或者跑到其他竞争对手企业，或者跑到其他待遇较好的企业去了。而要解决人才流失问题，又得从激励制度上考虑，想当初90年代中期，我们人均年收入达到1万元，五六年后的今天，还只有1万2左右，怎么能留住人才。”

“是的，留住人才要提高研究开发人员的收入待遇，但问题是企业这几年经济效益不好，哪来的钱提高员工待遇。”有人插了一句。

“资金确实是个瓶颈因素。以这几年的研究开发经费为例，我们前几年每年投入200万元左右，这两年这个数字也没有，而LD公司每年投入2个亿，还是美元，怎么跟人家比。再如技改投入，公司在‘七五’、‘八五’期间分别达到2600万元，1.1个亿，而这两年基本就没有投入。资金问题没有解决，说什么都是空的。”公司设计研究院高工周智勇接着说，“现在公司想通过主业上市来募集资金，思路是不错，但这要到什么时候，还是个未知数，我们总不能等两、三年后再在研发上投钱吧。”

“产品开发要有个长远规划，公司阶段性的起起落落，尽管有外部原因，我认为内部因素是关键，为什么一代新产品出来，经济状况就会好一些，过一段时间就不行了。我看关键还是在于产品开发缺乏长远规划。比如，各专业厂之间生产任务严重不平衡，忙得不堪重负，闲的无事可干，而又没法调剂，设计、工艺人员的综合效率下降。大家回忆一下94、95年的情景，当初生产任务一直很忙，技术人员忙于技术准备和产品设计，整日应付生产，没有精力投入新产品开发。加之重组后在技术管理上的不完善，始终没有确定一个关于新产品开发的规划，每种新产品构思、设计、试制、用户试验及至最终鉴定、推广都没有明确的时间表，有的也只是一些方向性的设想，从来没有认真去组织过。这样就使公司在先进技术的开发及成果商品化方面落后于竞争对手，给公司的经营与销售造成了巨大的被动。对这些问题我建议公司要好好作作规划。”

公司设计研究院高工周海的发言，引起了大家的共鸣，与会者七嘴八舌地议论开了：

“公司还有一个问题，就是好的技术开发人员提拔到管理岗位去的人太多，不利于人才的培养和人才结构的优化。”

“公司必须在研究方面投入相当的力量，而不仅仅是技术支持。研发队伍应该保持有效的集中统一，以利于发挥整体的力量，研究开发过于分散是不利于企业长远发展的，这是奥克斯津发展过程中的一个重要教训。”

“技术开发是一个方面，我认为产品价格竞争力方面问题也不少。”公司总师办主任陈胜达从另一个角度提出自己的看法。“奥克斯津产品在价格上没有竞争力，这是上下皆知的事实。主要问题出在这样几个方面。一是产品成本核算体系不健全，甚至很弱。财务部到现在拿不出任何一套产品的成本价，谁也说不清一套产品有多少个零件组成，材料成本是多少，人工成本是多少，外加工、外配套费用是多少，管理费用的分摊则更是“毛估估”，销售人员根本心中没数，到时候就拍脑袋，报高了蒙进算运气，报低了亏本自认倒霉，成本核算与管理完全是粗放型的，公司并不了解产品成本高的问题到底出在哪些环节上，也就无法采取降低成本的有效措施，因此公司上层亦多次提出要学邯钢经验，搞成本核算倒推。但这个要做起来难度实在大，现在好像无从下手。二是采购漏洞太大。原材料、标准件及成套部机的采购价格没有严格的制度控制，采购员权限很大，完全凭良心做事。许多标准件、原材料价格明显高出市场销售价，一些配套部机的价格更是不可思议。关键是一方面采购员签订合同的权限没有约束，另一方面是没实行采购招标制，致使好不容易到手的微薄利润白白送给了分供方（供应商）。三是管理费用居高不下。在计划经济时代养成的财大气粗、家大业大的习惯一直未改，管理费用控制不严，各部门都采取粗放的管理费用承包制。另外，应收款项过大，严重影响了公司流动资金运作，流动资金过分依靠贷款，致使利息净支出大幅上升，造成了“企业给银行打工”的局面。”

……

“今天，各位讨论了现阶段公司产品开发方面存在的问题和现状，现在想请大家回去后，考虑一下技术开发工作以后怎么做的问题，希望有关部门负责同志能给我提供一些书面材料，要求大家在 6 月 18 日上午交给我。”罗巍听完大家的发言后，第一次开口就给大家布置了作业。

3. 技术部门部分负责人的“作业”

6 月 18 日那天，罗巍由于参加了一个上级政府的会议，回到公司已经是上午十一点了。他一到办公室，秘书就递给他一沓材料，并说："罗总，今天刚上班，技术中心、设计院、研究所等这些部门的头就来找你，他们好像有些话要与你说。等你不来，他们留下了这些材料，说是你布置的作业。"

罗巍从秘书手里接过那沓材料，说了声"我看看再说"，就进了自己办公室，开始翻阅这些材料。其中有两份材料给罗巍留下了较深的印象。

材料一

坚持技术引进、自主开发和联合开发相结合的技术开发路子

设计研究院 查文杰 周智勇

综观奥克斯津的技术开发历程，是一个从仿制起步，到局部自主开发，技术引进和消化吸收相结合、自主开发和联合设计相结合的过程。其中，1978 年开始的，从欧洲 LD 公司引进技术、到 80 年代在技术消化吸收基础上开发的一系列产品，为奥克斯津的发展作出了较大的贡献。每一代产品的出现，都促使奥克斯津总体迈上一个新的台阶。我们总结了 80 年代以来的技术开发经验，认为以自主开发和联合设计相结合为主、以技术引进为辅的技术开发路子比较适合于我们公司的特点。

80 年代初期公司之所以成功，关键在于技术引进过程中把软件技术和硬件技术相结合，当初公司派出了相当规模的科技人员队伍分批到欧洲去学习，学习了国外产品设计过程中的许多最新的技术信息和设计经验。回来后，工厂又安排人员到 WH 钢铁公司现场考察进口产品的实际运行情况，极大地提高了技术开发人员的研究开发能力，通过消化吸收还开发出了自己的单机产品，这些产品的技术有的还达到了当时国际先进水平，甚至出口到欧洲。

同时，也应看到，我们从国外公司引进新产品时，他们已经开发出了下一代产品，结果是，过不了几年，我们与国外先进产品的差距又拉大了。所以，尽管技术引进对于提高技术开发能力是有很大帮助的，但如果不提高自主开发能力，就会被国外公司牵着鼻子走。公司如何才能提高自主开发能力，我们建议采取自行设计、委托设计、联合设计相结合的办法，探索出一条有利于不断提高产品开发水平的、切实可行的新路子。之所以如此建议的理由是：

- 我们最新产品的总体性能设计及结构设计就是和法国 FYK 合作完成的，结果是，在邢钢、承钢、水钢等项目上为我们创造了较好的业绩；
- 与 SUES 公司合作进行产品结构设计的性能计算，解决了自身实验设备不足的问题，为整个产品的开发打下了扎实基础；
- 由奥克斯津和 TJ 化工研究所联合设计，并由研究所提供部分原料的××部件，奥克斯津严格按照 TJ 安装规范和检验要求进行组装，通过这种形式对产品合格率提供保证；
- ……

我们的观点是，在开发策略上，应进一步加强与国内同行和高校之间的合作。这种合作方式能够优势互补，能克服技术引进的不足。建议公司以后在这方面迈出更大的步子。

材料二

关于提高企业技术开发能力的几点建议

技术中心总师办 彭湃

……

根据奥克斯津以前的经验以及现阶段所面临的问题，我们认为企业要提高自主技术开发能力，必须在以下几个方面采取相应的措施。

(1) 加大科技人员培养力度和激励力度是提高技术开发能力的根本。

回顾奥克斯津产品开发历程，当初之所以能够在较短时间内较快地提高技术开发能力，最重要的一条是加强科技人员的培训，优化科技人员的结构。1978 年从欧洲 LD 公司引进技术的成功，关键在于通过培训和自主开发，培养了一批技术骨干，提高技术开发人员的能力。当时，如果没有这些人员培养的举措，不可能促成企业后来的快速发展。

但是，到 1994、1995 年，由于生产任务饱满，技术人员忙于应付工艺设计，没有时间去学习最新近的产品开发技术，现在一大批年轻科技人员流失，很重要的原因就是企业没有对年轻人的培养给予足够重视。公司至今为止都没有专门的部门来作人力资源管理工作，这种局面不改变，要提高企业的技术开发能力可以说是一句空话。

与科技人员培养同样重要的是对科技人员的激励。公司要留住人才，一方面要重视对人才的培养，另一方面要加大对科技人员的激励力度。我们不能因为经济效益不好而忽视激励问题。公司现在最需要的是建立一支强有力的研究开发队伍，收入低是导致人才流失的重要原因。在1993年前后，奥克斯津研究所技术开发人员的月收入达到1500～2000元，那时科技人员的积极性相当高。五、六年后的今天，科技人员的月收入反而不到1500元，相当部分研发人员的年收入在1.2万左右，这样的待遇怎么能留得住优秀人才呢？

(2) 加大技术改造力度，不断提高工艺设计能力

工艺开发落后于产品开发一直是奥克斯津发展过程中面临的问题。为了解决这个问题，奥克斯津也采取过相应的措施。在“六五”、“七五”期间，奥克斯津的软件引进成效显著，技术水平大幅度提高，但技改力度不大，工艺开发相对滞后，制约了奥克斯津整体技术开发能力的提高。为了克服硬件上的瓶颈，“八五”期间，奥克斯津制定了“以科技为先导，加大技改力度，加快技改步伐，立足长远发展”的科技进步工作框架。在“八五”期间，奥克斯津对6个技改项目投资超过1.1亿，接近于该公司“七五”期末固定资产（原值）的总额，而且投入资金全部到位。

但到1996年以后，由于企业经济效益下降，资金不足，银行贷款困难，导致技术改造的力度大幅度下降，1998年以后，企业几乎没有在技改上作投资。这种局面的结果是，奥克斯津尽管在基础技术开发方面与国际先进水平差距不是很大，但在设计工具、设计经验、制造技术、自动控制等方面与国外先进水平的差距在不断拉大，有人估计这一差距在10年以上。如果再不在技改方面作出规划，就会出现工艺开发能力严重滞后于产品开发能力的局面，也严重制约企业整体技术开发能力的提高。

(3) 设法与用户建立良好的关系

奥克斯津产品与国外产品的竞争力差距，除了技术水平外，很重要的一个原因是奥克斯津产品缺乏前期业绩。国外同行企业，如FYK、LD这样的公司，自己既是成套设备的制造商，同时又是使用

者。它们有能力把设计开发的新产品为自己所用。而我们由于资金缺乏，没有这样的能力，因此，要取得业绩，就必须要取得用户的支持。问题是像冶金、化工、石化这样的大型和特大型企业都非常强调产品性能的可靠性和安全性，轻易不肯冒风险。因此，当新产品出来后，试验性工作就很难开展，而必须直接在用户订货产品上采用新技术，这客观上给用户带来一定的风险。为了解决这个问题，公司应该制定相应的政策，取得用户的支持。建议公司在这方面尽快落实行动。

(4) 对产品开发活动要有一个较长远的规划

由于1994年、1995年公司生产任务一直很忙，技术人员忙于技术准备、产品设计，整日应付生产，亦没有精力投入新产品开发，加之重组后在技术管理上的不完善，始终没有确定一个关于新产品开发的规划和每种新产品构思、设计、试制、用户试验及至最终鉴定、推广的时间表，有的也只是一些方向性的设想，从来没有认真去组织过，亦没有检查是否完成，致使公司在技术开发及成果商品化方面落后于竞争对手，公司的经营与销售造成被动。

罗巍看了这两份材料后，感到有些欣慰，这说明公司内还有许多人在关心公司的发展问题，也在思考着公司下一步的对策。但同时，罗巍也感到了很大的压力，上面这些建议都不错，但归结到最后，都是一个“钱”字。而根据企业现在的局面，又到哪儿去筹钱呢。

罗巍考虑了一会儿，拨通了袁晓悟的电话。“晓悟啊，我看了查文杰、彭湃等一些人交上来的材料，觉得很不错。我想在这个月下旬公司高层开个有关技术开发方面的会议，讨论讨论以后的战略性问题，你好好准备一下，作个主题发言。”

接着，在6月25日就出现了本案例开头一幕的会议情形。

根据案例背景，请你为袁晓悟在6月25日会议上的讲话起草一份讲话稿的框架，以及演讲的议程图表、支持性图表、以及其他需要的辅助手段。具体要求：

(1) 讲话稿的题目、子标题等；

(2) 报告内容的组织结构（包括论点、论据和论证）；

(3) 为支持你的论点，除了前面背景材料外，你认为还需要收集什么资料？如何安排开场白？如何结束？

(4) 设计好议程图表、支持性图表，注意标题的设计和图表的联结技巧。要求对每个观点设计出两层以上的支持性图表。

*　　*　　*

附录　演说技能自我评估调查表

1. 步骤

步骤 1：在阅读本章内容之前，请你对下列陈述根据度量标准进行评分，并在右栏先估出分值（预估），你的回答应该反应你现在的态度和行为，而不要有意根据你所希望的结果那样去评价，要诚实。采用这种方式是为了帮助你发现自己在演讲技能方面的能力处于何种水平。通过自我评价，你就可根据需要调整你的学习方向。

步骤 2：完成本章的学习后，尽可能把所学的知识和技能与实际结合起来，根据自己工作的体会，结合平时的工作反思，不断修正自身的沟通技能，然后盖起你第一次的答案，重新回答下列测试题，当你完成这次调查后，检测你的进步，如果你在某一技能领域成绩依然较低，说明在这些方面你还得不断加强理论和实践的结合。

2. 评价标准

非常不同意/不符合（1 分）	比较同意/符合（4 分）
不同意/不符合（2 分）	同意/符合（5 分）
比较不同意/不符合（3 分）	非常同意/符合（6 分）

3. 测试问题

	总是 ------------- 从不
(1) 我在整个演讲过程中眼睛同听众保持接触	5 4 3 2 1

(2) 我的身体姿态很自然，没有因为紧张而做作　5 4 3 2 1
(3) 我能运用基本的手势来强调我的要点　5 4 3 2 1
(4) 我运用停顿、重复和总结来强调我的观点　5 4 3 2 1
(5) 我每次演说前都会确定具体的目标　5 4 3 2 1
(6) 我会对听众的需求、忧虑、态度和立场进行分析　5 4 3 2 1
(7) 在组织思路时我会先写下几个主要的论点　5 4 3 2 1
(8) 我会特意准备一个颇具吸引力的开场白　5 4 3 2 1
(9) 我演讲的结尾会呼应开头，且必要时能要求听众采取行动　5 4 3 2 1
(10) 我制作的投影片简明扼要，有助于达到演讲目标　5 4 3 2 1
(11) 我的论点、论据之间有内在的逻辑联系，有助于支持我的主张　5 4 3 2 1
(12) 我会把紧张、焦虑转换为热情和动力　5 4 3 2 1
(13) 我会清楚地叙述我的观点对听众的好处与利益　5 4 3 2 1
(14) 我会热切、强烈地讲述我的观点　5 4 3 2 1
(15) 我会事先演练，以免过分地依赖讲稿，而集中注意听众的反应　5 4 3 2 1
(16) 我的演讲稿只写关键词，以免照本宣科　5 4 3 2 1
(17) 我会预测听众可能会提的问题，并且准备相应的回答　5 4 3 2 1
(18) 我的声音清楚，语速适中，富有感染力　5 4 3 2 1
(19) 我会有意识地运用语音、声调和语速来表示强调　5 4 3 2 1
(20) 演讲前我会检查场地及相应的设施　5 4 3 2 1
(21) 准备演讲时，我会估计将会遭到的反对意见　5 4 3 2 1
(22) 整个演讲过程我会充满自信　5 4 3 2 1
(23) 演讲前我会检查我的衣着打扮是否得体　5 4 3 2 1

自我评价：如果你的总分是：

105～115　你具有优秀演讲者的素质
98～104　你略高于平均水平，有些地方尚需要提高
99 以下　你需要严格地训练你的演说技能

选择得分最低的 6 项，作为本部分技能学习提高的重点

第九章　面谈技能

【本章提要】　本章围绕如何进行面谈，讨论了面谈的概念、理念和技能。要成功地面谈，应系统地制定好面谈计划，从而有效地实施面谈。本章重点在于讨论实施面谈过程中要注重的技能。探讨了面谈的计划和实施后，本章还分析了平时最常用的三类面谈：收集信息面谈、挑选新员工的面谈和检查下属业绩的面谈，提出了这三类面谈应注意的问题。此外，本章还提出了管理者与下属面谈的特殊技能：个人管理计划。

9.1　面谈的概念和性质

【测试题】　在讨论面谈技能之前，建议读者根据本章附录，识别自己在平时面谈中的技能水平。

除了非正式谈话，面谈也许是最经常发生的交流方式，它经常在组织中发生，如人们通过面谈以获得一个职位；通过面谈去收集信息以完成工作；经理们通过和下属面谈检查他们的业绩并给予建议和指导。

面谈是指任何有计划的和受控制的、在两个人（或更多人）之间进行的、参与者中至少有一人是有目的的，并且在进行过程中互有听和说的谈话。面谈既可以是沟通者和沟通对象之间一对一进行的，也可以是以一对多的口头沟通形式进行的，它是人际沟通的重要形式。从面谈的定义看，它具有以下几个特征：

- 目的性：参与面谈的一方或双方有明确的目的。
- 计划性：谈什么（What）？何处谈（Where）？何时谈（When）？与谁谈（Who）？如何谈（How）等都要有预先的计划。
- 控制性：至少有一方处于控制地位，或者由双方共同控制。
- 双向性：面谈必须是相互的，而不是单向的教训和批评。
- 即时性：面谈一般要求沟通双方即时对沟通信息作出反应，

反应速度快。

根据上面五个特征，首先，我们要把面谈与闲聊、打招呼、谈话区别开来。如你在走廊、马路上与人相遇，便谈上几句话，这样的聊天不能称为是面谈，因为这样的谈话没有明确目的，没有计划。尽管面谈和谈话很相似，但仍有很大区别，面谈作为特殊的交流形式，是与工作有明确的目的相关性的。

其次，对面谈要制定计划和策略。面谈时，沟通双方以口头语言作为沟通的媒体，针对沟通对象的特点，选择相应的沟通策略。面谈与一般沟通一样，同样要针对沟通对象的特点（受众策略分析），结合自身特点（沟通者策略分析），选择相应的信息编码策略、媒体策略和信息反馈策略。

第三，面谈较笔头沟通有更高的技巧性要求。面谈作为面对面的口头沟通，在信息组织和表达（信息编码技巧）方面，与笔头沟通相比，更有技巧性。这一方面是由于面谈的即时性特征，它更需要快速的反应、灵活的信息组织技巧、及时的受众分析技能；另一方面，是因为在我们日常的沟通中，口头沟通的可能性和发生频率要比笔头沟通大得多，正如我们可以一月不动笔，但不能一天不开口讲话一样。这就给我们提出了挑战：如何把自己培养成为成功的面谈者？这个问题的解决，在相当程度上也决定了你职业的成功。

9.2　面谈的计划

9.2.1　面谈计划的必要性

尽管面谈是一项非常重要的、甚至会影响到每个人职业前途的技能，管理者几乎每天都要面谈，但有些经理人作为访谈者，其表现仍相当拙劣，原因之一就在于他们过于随便地看待这种“有目的的交流”,好像它仅仅是一个非正式的谈话。他们对于面谈往往事先没有计划，或计划制定得很糟糕，且不注重处理面谈过程，这样的结果是,他们不但不能实现面谈的目的，而且还疏远了与被访者的关系。

我们先来看一个例证。该面谈发生在公司服务部门主管郭靖（以下简称郭）和部门职员袁晓悟（以下简称袁）之间。

郭：袁，我一直想找时间与你谈谈关于你在某些工作方面的事。也许我的话并不都是你喜欢听的。

袁：你是我的领导，既然你找我谈谈，我也没有太多的选择。请说吧。

郭：我不是什么法官，也不可能给你什么判决，我只想要你认真对待这次谈话。

袁：可是……，是你安排了这次会谈。继续发你的牢骚吧。我还记得一次我们吃午餐时你告诉我你不喜欢我那身褐色套服和蓝色衬衫的打扮。我觉得那有些无聊。

郭：我很高兴你提到仪表。我想你给客户造成了一个不合规范的印象。一个技术服务人员看上去应当是精明的。你给人的印象好像是你买不起好衣服，你的裤子是松的，你的领带也不合时宜，并经常沾满油渍。

袁：公司可以向顾客要价很高，但我的报酬不允许我购买绚丽的衣服。我对把自己装扮得使客户感到眩目这一点几乎没有兴趣。而且，我从来没有听说过来自他们的抱怨。

郭：然而，我想你的仪表应当更加稳重一点。好，让我们再谈谈另一件事。在对你的例行审计中发现的一件事，我认为你做的不对。你连续三周星期三请一个客户吃晚饭，但你填写的出车单表明你每周都是在下午三点回家。那种行为是不符合职业要求的，对于这三次离奇的晚餐费用报销你怎么解释。

袁：出车单可以说是下午三点，但我出去后可以去约见客户，既然约见客户就不妨请他们吃餐饭，公司不是有规定如果工作需要可以在500元范围内自己作主请客户吃饭吗?

郭：但你是怎样在下午三点在饭店吃晚饭的呢?

袁：我认为所有在下午1点以后吃的饭都是晚饭。

根据上述案例描述，请你对郭靖和袁晓悟之间的面谈作评判：该面谈是成功的面谈，还是失败的面谈，为什么？如果你安排这次面谈，将如何进行？应作什么准备？如何实施面谈？采取什么策略？

我们认为上面的面谈是失败的。要实施有效的面谈，作为部门主管，首先应该明确面谈的目的；其次，应采取策略性的面谈技巧；其三，应以建设性沟通的策略去实施面谈。总体来说，面谈主体应该考虑“如何计划面谈”和“如何实施面谈”两个基本问题。本部分我们首先讨论如何制定面谈计划，在下一部分，将具体讨论如何实施面谈。

现有两点需要特别阐述。第一点，在较多的其他论述中，把面谈对象分为上级、同级和下级等不同的类型，我们不主张如此划分，而把所有的沟通对象都归结为同一类型。作为管理者，平时的面谈对象不外乎组织内部对象和外部对象两类，其中更常见的是与内部员工的沟通，内部员工不外乎自己的上级、同级和下级三类。绝大部分管理者，能够根据不同的对象采取不同的策略，但总体来说，他们在平时往往比较关注自己与上司沟通时的艺术和方式，却忽视了与下属的沟通，因为他们往往会轻视那些自己能控制的人。但事实上，管理者更多的是在与下属进行合作。从沟通的策略看，可能会认为与上司沟通和与下属沟通存在很大的差别，但当深入去解剖人际关系的本质，发现最基础的还是“人与人之间的关系”，因此，与上司沟通和与下属沟通不应是两个独立的问题。换个角度讲，如果把每一个人都看成是上级，这就意味着在推销自己的主张时不能用职位或权力，只能用自己的影响。如果在观念上把与每一个人的沟通都认作是“以自己的影响”来推销观点，管理者就会深入思考如何采用建设性沟通策略使对方接受我的影响，而不是一味地指令和强制。因此，本章将从一般意义上来讨论如何进行有效的面谈。当然，对于不同沟通对象，沟通策略还是各有特点的，比如，在本书第三章中专门对如何与领导沟通作专题讨论。

第二点，对许多人来说，面谈就意味着找工作。的确，对许多人来说，求职或选拔面谈可能是参加过的最重要的面谈。然而，求职只是参加面谈的原因之一。在每个工作日，为了发布或接受指示、推销想法和产品、工作评估、抱怨处理、解决问题等都发生着无数的面谈。此外，还有医生与病人、教师与学生、律师与当事人、警察与公众、父亲与儿子、亲戚朋友之间都发生面谈。面谈是我们生活和工作中每天都要做的事。因此，这里所讨论的面谈技能，不仅适用于较正式的面谈，而且还适用于所有的面谈。

明确了面谈的含义和必要性，以下具体展开讨论面谈的计划和实施。具体制定面谈的计划时，可以把它分解为五个阶段（见图 9.1）。

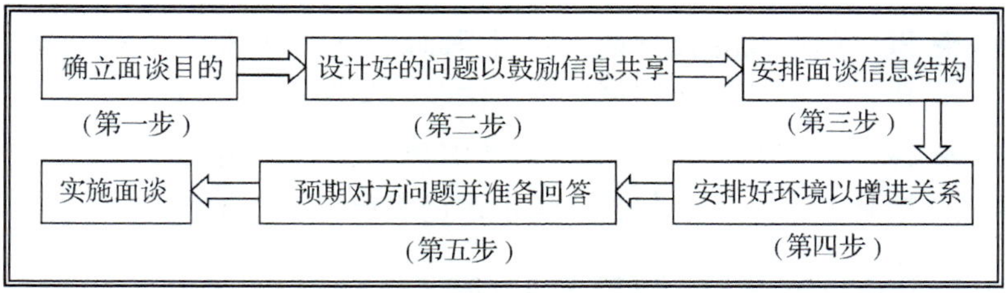

图 9.1　面谈计划步骤

9.2.2　确立面谈目的

任何有计划的沟通活动，首先要清楚地确定面谈的目的。你若要成功地进行某个面谈，或者使自己成为一个有效的沟通者，在每次面谈之前先问自己这样一个问题“我为什么要与那个人谈”、“想要达到什么目的”。是收集新的信息、劝说、提供建议还是对对方的业绩作评估。你不但需要考虑通过面谈想解决什么问题，还必须考虑与被面谈者之间的关系如何处理。这个问题解决了，你才可能选择面谈的策略、时间、地点等问题。刘易斯·卡洛尔（Lewis Carroll）在其名著《艾丽丝漫游奇境记》中有这样一段对话：

“请您告诉我，在这里我应该走哪条路?”艾丽丝问。

“这完全取决于你要到哪里去。”卡特说。

“我根本就不在乎到哪里去。”艾丽丝说。

“那你走哪条路都无所谓。”卡特说。

这段话给我们的启示就是“凡事要首先确定目标”。面谈的目的往往是非常具体的，可能是为了争取某个职位；或听某人的抱怨；或对某人的错误进行批评；或对某人的进步表示肯定，并提出希望等。但无论是何种目的，从沟通的过程来看，这些都是阐明信息（信息输出）、传递信息（信息流动）、接受信息（信息输入）的过程。正是要交换信息的原因形成了具体面谈的目的。Nicky Stanton（1998）提出了面谈的四个基本目的：

- 信息的传播。如教师与学生的面谈，新闻记者与采访对象的面谈；
- 寻求信念或行为的改变。如产品推销、训导、劝告、绩效评估；

- ✚ 解决问题和寻找对策。如招聘面试、绩效评估、看病、劝告、申诉、父母与教师讨论孩子的学习问题；
- ✚ 探求与发现新信息。如学术团体、社会团体对个例的调查、市场调查、民意测验、学术讨论和记者调查等。

9.2.3　设计好的问题以鼓励信息共享

问题来源于你的目的，它是在面谈中获取信息的基本手段。任何访谈者都会提问，只有精心准备的访谈者才能提出有效的问题，从而获取他们所需的信息。在问题的准备时，很重要的一点是根据被访问者的特点组织语言，要用对方能懂的语言，加强相互之间的有效沟通，准确传达你的信息。具体在问题设计上，可采用两种类型的问题：开放式问题和封闭式问题。这些不同类型的问题可以达到不同的效果，获取各具特点的信息。

开放式问题，如“你的工作干得怎样”或“新的规章对部门士气影响怎样”，一方面可以引出一般性的信息，而且可以让被访者感到谈话过程无拘无束，因为开放式问题允许被访者自由谈论他们有何感受，他们优先考虑的是哪些问题，以及他们对某一问题了解多少。另一方面，开放式问题有利于发展沟通双方相互之间的关系。但必须记住，开放式问题往往回答比较困难，特别是在被访者滔滔不绝时，话题可能会不着要点。开放式问题也很耗时，频繁使用会使访谈者很难控制面谈进程。

封闭式问题，如“你最后一次在哪里就职”或“你是愿意在项目A还是项目Z中工作”，这样的问题有助于引出你需要的特定信息。封闭式问题限定了被访者可能给出的回答。他们适用于当你时间有限或你想要弄清开放式问题的某一点信息的时候。表9.1总结了何时使用开放式/封闭式问题的建议。

除了前面两类问题，面谈者在沟通时，要尽量避免“诱导式”问题提问方式。如，难道你不认为采用这个方案将会缓解我们现有的压力吗？你和你的同事一样赞成这项政策吗？这样的问题，机敏的被访者，不用多久就能猜出你的意图和想要听的东西。因而你可能会得到有偏的答复，除非你本来就打算和渴望得到你偏爱的答案。

9.2.4　安排面谈结构

表 9.1　何时使用开放式/封闭式问题的建议

开放式问题适用场合	封闭式问题适用场合
✚ 了解被访者优先考虑的事情 ✚ 找出被访者 reference 的结构 ✚ 让被访者无拘束地讨论他的看法 ✚ 明确被访者的知识深度 ✚ 弄清被访者表述能力怎样	✚ 节省时间、精力和金钱 ✚ 维持、控制面谈的形势 ✚ 从被访者处获取非常特定的信息 ✚ 鼓励被访者完整描述一个特定事件 ✚ 鼓励腼腆的人说话 ✚ 避免被访者泛泛而谈

确定了目的，设计好问题后，面谈准备的下一个步骤就是确定面谈内容的结构。为此，要考虑三件事：面谈指南、问题提问和过渡。面谈指南是一份关于你想涉及的话题和子话题的提纲，通常在每个标题下列举一些特定的问题。

当你在构思面谈指南的时候，你还需要注意问题的顺序，亦即它们将怎样结合。最常见的两种提问顺序是“漏斗型顺序”和“倒漏斗型顺序”。漏斗型顺序从一般性问题开始，然后移向特定性问题。倒漏斗型顺序颠倒了这个次序，从特定的问题开始，然后移向更开放的问题直到结束。表 9.2 列举了这两种顺序的例子。选择哪种顺序使用取决于你想在面谈中得到什么。

表 9.2　漏斗型和倒漏斗型问题的顺序

漏斗型：从一般到特殊	倒漏斗型：从特殊到一般
有关在大楼内吸烟的规章，你认 为怎么样？这些规章公平吗？ 这些规章是否限制了员 工中的抽烟，实施 状况如何？	这些规章怎 样限制了员工的抽 烟状况？这些规章公平 吗？对于有关在大楼内吸 烟的规章，你认为究竟怎么样？
⬇	⬇
使用漏斗型顺序的背景： ✚ 试图发现被访者的总体看法 ✚ 避免诱导被访者 ✚ 想竭尽所能去探求问题 ✚ 被访者愿意讨论这个话题	使用倒漏斗型顺序的背景： ✚ 想在总体反应之前了解特定事实 ✚ 想鼓励一个不愿开口的被访者 ✚ 想唤起被访者的记忆

9.2.5　安排好环境以增进关系

面谈地点会对面谈的气氛和结果产生较大影响。如果在你办公室或单位会议室进行面谈，创造的是一种正式的氛围。如杲在一个中立的地点（如餐馆）进行面谈，气氛就会轻松些。环境的选择取决于你面谈的目标。最重要的一点是，在所有的可能下，你应当努力在一种有助于实现你所寻求的交流的环境中进行面谈。

9.2.6　预期问题并准备回答

当你准备面谈时，你应当考虑你可能遇到哪些问题；被访者可能怎样回答你的提问；他或她会提出什么异议或问题；被访者的个性以及在面谈中的地位（支配地位还是被支配地位）；预计需要多长时间提问等问题。每一次面谈都会遇到从未有过的问题，如果你能对这些情况作些安排，在实际面谈时，其结果就会比仓促上阵要好得多。

面谈作为有目的的沟通活动，它不是“自然发生”的，成功的面谈是参与者一方或双方认真计划和准备的结果。好的面谈者和被面谈者是训练出来的，而不是天生的。面谈技巧的练习使得他们在看似随意的面谈中，能得到极好的沟通效果，在面谈过程中表面上的自然放松，是他们背后事先有意识地分析、准备，并在面谈过程中小心地加以控制的结果。

面谈者在面谈准备工作中，要认真计划“为什么（Why）”、“谁（Who）”、“何时（When）”、“何地（Where）”、“什么（What）”、“怎样谈（How）”等问题。表 9.3 就从“5W1H”来讨论面谈的准备工作。

表 9.3　面谈准备的问题清单

准备要素	准备问题
为什么（Why）	(1) 面谈的主要类型是什么？ (2) 究竟希望实现什么？ (3) 你寻求或传递信息吗？如果是，那么是什么类型的信息？ (4) 该面谈寻求信念和行为的转变吗？ (5) 要解决问题的性质是什么？

续表

准备要素	准备问题
与谁面谈（Who）	（1）他们最可能的反应/弱点是什么？ （2）他们有能力进行你所需要的讨论吗？
何时何地（When & Where）	（1）面谈在何地进行？在你办公室还是他们办公室？还是其他地方？ （2）它可能被打断吗？ （3）在一天的什么时间进行？ （4）面谈前可能发生什么？ （5）你在这件事中处于什么位置？ （6）需要了解事情全貌，还是只需提示一下迄今为止的最新情况？
谈什么（What）	（1）确定需要包括的主题和提问 （2）被问问题的类型
怎样谈（How）	（1）如何能实现你的目标？ （2）你应如何表现？ （3）以友好的方式开始和直接切入主题哪种好？ （4）你必须小心处理、多听少说吗？ （5）先一般性问题再具体问题，还是先详细信息再一般性问题？ （6）你准备如何准备桌椅？ （7）如何避免被打扰？

（资料来源：Nicky Stanton，Mastering Communication，MacMillan Press Ltd. 1996）

9.3　面谈的实施

9.3.1　开始

【讨论题】　你是一位正在就读的MBA学员，正参加一门课程的学习。你和你的同学对这位老师的教学方式不太满意，你作为班级学习委员会负责人，受全班同学的委托，去与这位老师进行私下交谈，希望他能改进教学方式。那么你打算如何开始这次面谈？

无论哪种面谈，在面谈组织过程中，必须仔细策划面谈的开始方式。尽管面谈开始的方式可以多种多样，但要坚持两个原则：一是尽量开诚布公；二是尽量以“建立和睦的关系”开始。下面列出了可供选择的面谈开始方式。

- 概述被面谈者或面谈者面临的问题。这种方式当被面谈者对问题略知一二又不很清楚时特别有效；

- 开诚布公，就特别问题征求意见或寻求帮助；
- 说明你是如何发现问题的，建议被面谈者与你讨论问题；
- 以惊人的或引人注目的事实开始。这种方式往往在紧急情况下或被面谈者相当冷漠时很有效；
- 提及被面谈者对特别问题提出过的看法。这种方式在被面谈者就某一问题已有了众所周知的立场，要求你提出建议，或很可能强烈反对你的想法时最有效。
- 不谈问题本身而谈问题的背景、原因和起因等。这种方式在被面谈者可能对你的观点抱有敌意且熟悉问题时较有效；
- 说出派你与被面谈者面谈的人的名字开始。当被面谈者不认识你时，这种方式相当于“介绍信”；
- 说出你代表的组织、公司或团体；
- 请求占用对方 10 分钟或半小时时间，这种方式对那些忙碌、急噪或不耐烦的被面谈者比较有效。

9.3.2　面谈主体内容的组织

面谈的主体部分用来提出和回答问题、寻求问题的答案、努力说服被面谈者接受你的观点或产品。面谈主体部分的时间安排，不同的面谈目的、类型和时间限制，是各不一样的。在一个非结构化的面谈中，容许被面谈者成为面谈的主导者；而在结构化的会谈中，面谈者必须支配和控制进程。下面根据面谈结构化程度的高低，从非结构化、一般结构化、高度结构化的角度讨论如何进行面谈。

在非结构化面谈中，面谈者只要简单考虑面谈的目的，对可能涉及的几个问题或领域作一些思想准备。这种面谈比较适合于交流性、劝告性的面谈。在一般结构化的面谈中，要准备好计划和要回答的主要问题的框架，若需要进一步了解问题的话，则要准备一些进一步的问题。在高度结构化的面谈中，所有的问题都是事先安排和准备好的。这些问题以完全相同的方式提给每一位被面谈者。有些问题可能是不受限制的，但这类面谈一般主要采用限定性的问题。

在面谈过程中，由于面谈是以自由对话的方式进行的，面谈者提出的问题和确定话题的范围将直接影响面谈的气氛、被面谈者的情感和由此而产生的面谈结果。因此，在面谈过程中要掌握和运用提问的艺术。表 9.4 是提问的类型、用途和缺点。

表 9.4 提问的类型、用途和缺点

提问类型	提问举例	该提问方式的用途	该提问方式的缺点
直接提问或限定性提问	“你已经在本公司工作多久?”“事故发生时你在哪儿?”	当对确定的主题寻求明确的答案时；在寻找客观事实或个人经历资料，以及为了与其他被面谈者比较而要求明确答案时	限制了被面谈者的思路；给人冷淡感、沉闷感和被面谈者的“受审”感
是非式问题	"事故发生时你确实在那儿吗?"“1日你上班了吗?”	与直接提问相似，带有明确的目的，可很快获得需要的信息	问题受到极大限制；限制被面谈者的思路；给人以强制感，被迫选择一个极端的、不合实际的答案
引导性或表明了标准答案的问题	“你不认为今天天气糟透了吗?”“你不认为这个主意不错吗?”	引导性问题是推销员的武器，能引导回答者接受他们的想法或产品，特别适用于营销工作中的顾客说服	被面谈者由于有表明了的标准答案而感到压力和受到攻击；因为面谈者给出他们自己的观点，促使对方作出“是”的回答
另有用意的提问	“你认为我们应该接受这个疯狂的想法吗?”	当想了解对方抗拒引导的能力和坚持自己观点的强烈程度时；或者想了解被面谈者在压力下的反应时	限制性大，有强迫性，被面谈者回答的可能不是他们的真实答案
无限制的提问	“请谈谈你自己”、“你怎么看这个问题?”	能揭示出大量关于个人态度、信念和动机以及对方在集中思想、组织语言和在无引导及提示情况下表达自己的信息	会偏离面谈者希望得到的沟通主题；对信息整理困难；很多时间浪费在寻求几个一般化问题的答案上
重复性提问	“按你的说法，你是支持这种观点了?”	是保证真正交流的最有效方式之一；使对方了解自己的观点是否被很好地表达；了解自己理解的程度；增强融洽气氛和信任	有被面谈者“人云亦云”的危险；即使是那些被面谈者并不真正赞同的观点，他们也会表示同意
深入调查的提问	“对你所说的拙劣的工作质量，你能举个例子吗?”	可以引出更多的细节；把面谈从一般引向具体；当偏离主题时引回主题；鼓励对方深入表达	过分地、深入不断地提问这类问题会使对方感到在受审
假设的提问	“假设你的下属经常酗酒并影响了工作，你会怎么办?”	考察对方处理工作中可能出现的问题的能力；发现被面谈者的偏见、陈规陋习、态度、信念和价值观	若假设不着边际，就会无法获得对方的价值观，而更像是面谈者在自话自说

即使面谈者明确了面谈的目的，也对面谈的过程作了精心准备，但在实际沟通过程中，仍要注意克服以下一些问题：(1) 没有把握住面谈时间，时间过长，缺乏效率，也缺乏时间控制技巧；(2) 把大量时间放在讨论细枝末节的问题上；(3) 面谈者（或被面谈者）自己说得过多，不让另一方插嘴；(4) 面谈中没有取得预期的效果，使你感到不满意，并表形于色；(5) 当你就问题与对方进行的面谈结束时，对方仍不知面谈的真正目的是什么。

9.3.3 实施面谈的阶段

在面谈实施过程中，面谈者要具体从引子、主体和结论三个阶段考虑面谈技能。以下我们具体谈论这三个阶段。

阶段一：引子——建立和维持一种支持交流的氛围

面谈的氛围是指面谈的语气和面谈中总的气氛。像其他任何一种人际沟通活动一样，面谈应当是一种建设性的相互影响，参与者能自由地、准确地交流。作为访谈者，要在引子中创造面谈的气氛，和被访者建立良好的关系，创造和寻求舒适的、开放的气氛，而且在整个面谈过程中，要不断分析面谈的氛围。如果当你感到气氛已经不再是建设性时，要适当地把话题从实质性内容暂时引向其他相关的、轻松的话题。我们来看下面这段面谈摘录：

访谈者：感谢你今天花点时间和我谈谈。

被访者：噢，这一点不成问题。我能帮你做什么吗？

访谈者：我想知道你能否对我讲点有关上星期在办公室发生的那件事。首先，你知道它是怎样开始的吗？

被访者：不知道。当时我正在干我的活，突然，那两人就动手了。

访谈者：我明白。你没有听到他们在动手前的谈话吗？

被访者：我没听到。照我看来，好像起因于那个穿蓝衣服的人。

访谈者：你没有留意吗？

被访者：我怎么知道他们会要打架。

到此，问题显然开始激怒被访者了。访谈者对一个话题刨根问底，而被访者似乎认为已经说得够多了。此时，访谈者应该从这一话题上转移，努力减轻被访者的不快。

访谈者：是的，你真的没有预料到这种情况。然而，或许你能向我描述一下打斗之后发生了什么。

当然，一个建设性的气氛并不是只靠语言行为来维持的。有分析的倾听对维持面谈的气氛也是重要的。如果你没有表示你正在倾听被访者的话并有所反应，他或她将不会继续和你谈话。总的说来，你的倾听应当是为了理解面谈的内容、与被访者产生共鸣以及对信息和感受进行评价，要记住在“建设性沟通”一讲中所讨论的积极倾听原则。这将有助于你在面谈时建立一种有效的和建设性的气氛。

建设性沟通在引子部分就开始了，这对你就要确定说话的语气和面谈的气氛。你应当以与被访者建立积极关系的方式来深入主题。面谈开头几分钟造成的印象对其成功影响很大。因此，你应当努力传递一种尽可能好的印象。问候之后，你需要鼓励被访者乐意参与面谈。通常的方法是请求被访者的帮助，或者告诉被访者为什么会选择与他面谈或以他作为信息的来源。

最后，引子部分应当包含对整个面谈的定位。你应当告诉被访者：(1) 面谈的目的；(2) 他或她将怎样有助于达到那个目的；(3) 将怎样利用面谈中获得的信息。引子部分结束时应当以一个过渡进入面谈的主体部分。使用一个过渡性陈述，如“现在，让我们从……开始吧”或“既然你知道在接下去的几分钟内将会发生什么，那我们就转到问题上去吧”，以告诉被访者真正的面谈即将开始。

阶段二：面谈主体

一般地，面谈主体要服从面谈指南，后者预先决定了提问的顺序。有三种类型的面谈指南：结构化的、半结构化的和非结构化的。如果面谈指南是结构化的，你只要读一下指南上的问题并记录被访者的回答。半结构化的指南是在每个话题下列举几个推荐的问题，到时访谈者针对特定的候选者选择最合适的问题。表 9.5 给出了一个半结构化的招聘面谈中的面谈指南范例。

如果面谈指南是非结构化的，那么你就得把指南仅仅当作进程使用。例如，一个终止面谈的非结构化的面谈指南，可能简单列举了几个一般性问题来讨论，如“关于工作和公司，他或她喜欢什么、不喜欢什么?”“他或她为什么要走?”“有什么改进的建议吗?”特别是在非结构化面谈中，需要鼓励被访者尽可能完整地回答你的问题。为了

表 9.5 一个招聘面谈的问题范例

教育	工作经历	自我评价
✚ 你的专业吸引你的地方在哪里？ ✚ 在大学里对你最有影响的经历是什么？ ✚ 对你来说最难掌握的学科是什么？为什么？ ✚ 假如你重新上大学，你会选择什么课程？ ✚ 你与同学和教员们相处时，你遇到哪些困难？ ✚ 你从课外活动中学到了什么？	✚ 你是怎样得到现在的工作的？ ✚ 什么职责占用了你的大部分时间？ ✚ 对于你的工作你最喜欢和最不喜欢的部分是什么？ ✚ 你碰到的最大的挫折和最大的愉悦是什么？ ✚ 你的主管在哪些方面是你喜欢和不喜欢的？ ✚ 你的工作曾受到哪些批评？	✚ 对于我们的行业和公司你知道哪些？ ✚ 我们的产品或服务有什么地方使你感兴趣？ ✚ 你的长期职业目标是什么？ ✚ 你的强项和弱点是什么？ ✚ 你曾做过什么？ ✚ 你认为在一个好的公司里是什么决定了一个人的进步？ ✚ 今年你自我提高的计划是什么？ ✚ 在你的生活中，最重要的三件事是什么？

鼓励完整的回答，你需要根据他或她最初的反应来使用深究性问题。深究是否适当取决于你仔细倾听被访者提供的内容，并对相关信息进行分析的能力。深究性问题很少提前准备，因为你无法预料被访者对你的问题反应如何。不管什么原因，当你觉得你得到的回答不够充分时，你就会想深究下去。

你深究的性质将取决于被访者给予的回答和你所寻求的信息的类型。如果你觉得因信息不够而造成肤浅的或不够充分的答复，那么你应当使用详细的深究。例如：

✚ 关于那个话题，再告诉我一点东西。你为什么假定它那样发生？

✚ 当时还发生了别的事情吗？

如果你需要澄清被访者所说的内容，使用澄清式深究，如：

✚ 工作满意对你来说意味着什么？

✚ 你说你对这项政策感到不悦，你能告诉我具体是什么方面使你感到这样吗？

✚ 早先你曾说过你喜欢和人们一道工作，你能举个具体的例子吗？

当你想详细了解和澄清某个问题时，也可以使用反射式深究。它是一种迂回式策略，一般采用反馈或重复被访者刚才回答中的某些方面的方式：

✚ 那么，你认为这项政策会起作用？

✚ 你说主管没有给予你所要的那种监督？

✚ 你愿意迁到别的地方，这样的假设对吗？

如果被访者没有回答你的问题，你需要使用重复式深究。把问题简单解释一下或逐字地重复一遍。如果你想让被访者一直自由地谈论，运用沉默来鼓励他或她这样做。沉默倾向于传递这样的信息：你期望从被访者处听到更多。然而，注意不要等得太久，要给被访者足够的时间去想，而不是让其变得不安。“我明白，”“哎，哎，”和“好的，请继续”之类的反应，是鼓励被访者说话的迂回式、非评价式方法。

阶段三：结束面谈

面谈的第三阶段是做出结论。当你结束面谈时，你应当达到四个目的。首先，你一定要明确表示面谈即将结束。说一些如“好吧，我的问题就这些”或“你帮了很大的忙”之类的话，这使得被访者知道如果他或她有什么问题，应该现在就问。其次，试着总结一下你得到的信息，用来检查一下刚刚得到的信息的准确性，如果有误，被访者能纠正你的印象。第三，让被访者知道下一次将干什么，如你们需要再次会面吗？你要写一个报告吗？最后，对他（或她）拿出时间并仔细回答表示谢意，确保你和他（或她）继续建立良好的关系。

结束面谈后，要及时检查自己是否记录了所有重要的信息。尽管你可能很好地计划了这次面谈，提出了所有正确的问题和深究性问题，然而，如果你不能准确地记住得到的信息，这次面谈不能说是成功的。毕竟，你准备和实施这次面谈是为了获取信息，而不是简单地因为你想同某人进行一次谈话。要记住获取信息单凭记忆是不起作用的。如果仅仅依靠记忆，有可能会导致信息遗忘或为达到自己的需要对其重新调整。即使你在面谈一结束就进行总结，你还会冒没有按被访者本来的意思对信息进行重新解释的风险，因此，你一定要在面谈结束后立即写出总结，你还可以使用面谈指南作为总结的基础，回顾面谈的问题并写出被访者的回答。

记住信息的一个更好的办法是在面谈中做些笔记。一定要告知被访者你要做记录。做记录要尽可能不引人注目，不要让被访者感到不安。要学会怎样在做笔录时仍然保持目光与被访者接触。这是一个很难掌握的技巧，但你如果能熟练地运用这一技巧，将极大地帮助你取得成功。

9.4　常见的面谈类型和面谈技巧

上一节提到的内容将有助于你计划和实施任何类型的面谈。然而，有一些特殊类型需要计划和考虑。这一节中，我们将简要描述一下组织中几种最常见的面谈类型，并把前面提到的总体原则应用到特定的问题和情况中去。

9.4.1　信息收集面谈

信息收集面谈是组织中最常进行的一种面谈，也是最像谈话的一种面谈。当你需要收集关于某个话题的事例或在不能解决问题的情况下需要帮助时，你可以进行这类面谈。为了保证自己能有效、准确地收集你想要的信息，你得花时间提前作好计划。如前所述，你应遵循上面提出的计划步骤：决定总体目的并安排日程；形成问题；构建面谈结构；安排环境；以及预期可能的问题。

此外，信息收集面谈是惟一你能选择内行人作为面谈对象的面谈。在其他面谈中，如选聘面谈或绩效评估面谈，你很少有余地自己决定面谈对象。但当你想收集关于某个话题或问题的信息时，你可以自己选择被访者。这种选择基于以下两个因素的考虑：谁能给你需要的信息和谁愿意给你这个信息。通常，访谈者会和那些愿意而且知道必要信息的被访者谈话。

举例来说，假定你的组织正在考虑实施弹性时间工作表，你被指定要求写一份可行性报告，尽管你可以从一个同事那里得到一些有关时间安排的想法，但如果你能找到一位弹性时间方面的专家对你的面谈则更好。但是，当你需要知道这种变化的收效如何时，你最好还是和同事们面谈，而不是找专家面谈。

信息收集面谈很像一般的谈话，访谈者可能没有意识到你的意图，因而，要保证被访者围绕正题并响应你的问题会比较困难。因此，作为访谈者，必须灵活地对待被访者并适应他，比如，选择能鼓励说话的自然环境，创造轻松的气氛。一般说来，漏斗型顺序在信息收集面谈中起到很好的作用，它能马上引出主题信息和被访者对该主题的感受。然而，当你准备就某一话题会见许多人或者评价他们的回答是否一致时，选择倒漏斗型顺序也许更好。

9.4.2　雇佣选聘面谈

雇佣选聘面谈用来帮助现有的组织成员挑选新的成员。在选聘面谈中，访谈者试图评价求职者是否适合进入本组织以及他们是否具有从事该项工作的合适技能。另外，访谈者通常还应试着向被访者宣传自己的组织。选聘面谈中的问题涉及四个一般性话题：

✚ 以前的工作经历；
✚ 教育和培训的背景；
✚ 面谈对象的个性特征；
✚ 面谈对象参加过的相关活动以及对方的兴趣。

其中，面谈者要根据工作的性质和被访者的个性来决定哪些话题应该是交流的重点。对于选聘面谈，根据问题依据的不同，一般可以选择以下三种信息渠道：

✚ 运用工作描述来系统陈述那些涉及与任务有关的技能和个性特征的问题。
✚ 运用评价表，根据组织对成员的一般标准来设计问题，从而评价求职者的特征。
✚ 运用求职者简历来系统阐述那些有关求职者的特殊技能和以前工作经历的问题。

首先，为了更好地通过工作描述来评价此人所具有的技术上的技能和经验，以及该人是否具有适应组织现有环境的个性素质，在设计问题时，要避免一般性咨询问题。

其次，在根据公司已经设计好的评价表来评价未来的雇员时，所提问题一般应围绕评价表上的话题，但问题的询问方式可以较为灵活，如可以通过设计一些特别的话题（而这些话题又是围绕关键问题的）来考察面谈对象的特征。

另外，在根据面谈对象的简历来提问题时，要仔细阅读这些材料，如果两次工作经历中有时间间隔，可以向求职者询问间隔期间的有关情况。如果简历上的信息太笼统，可以提些问题以了解详细情况。

【注意点】 大多数人在设计简历时有一个非常明确的目的——能通过招聘官的面谈，因此，简历表中所提供的信息可以说是总结了沟通对象迄今为止职业中所有好的方面，而且，所有的信息可以说都是用热情洋溢的语句写成的，此时，你就需要考虑如何透过这些语句来获得准确的信息。例如，假定你在A的简历中看到这样一行："我有多年在领导岗位工作的经验"，显然，为了知道更多具体信息，你会问求职者"几年？""是什么岗位？""你的具体领导责任是什么？"等问题。

除了上面所提的三类问题依据外，在询问问题的技巧上，还有以下三点建议供参考：

(1) 多涉及具体经历性问题

在面谈问题设计时，一定要包括一些涉及具体经历的问题。如"你能告诉我一个你曾经成功实现预定目标的确切时间吗？"被访者可能不想谈得具体，但你可以深究下去，直到被访者给你提供了具体的行为信息。为什么行为信息如此重要？一些专家认为，估计将来工作业绩的最佳方法是评价过去的行为：过去的行为预定了将来的业绩。如果你发现，对方过去的行为和实绩中，有些情形与现在本组织所碰到的情况相似，那么你就可以判断他或她的风格是否适合你自己的组织，是否能和其他成员很好地合作。

(2) 注意询问问题的平衡性

问题设计时，应注意询问问题之间的平衡，如问一些正面信息时也问一些反面信息。这将有助于你了解对被访者全面思考问题的能力，同时也使对方隐藏的偏见暴露出来。例如，你在正面问题问了之后，接着这样问："那么，请你现在告诉我一个你曾经未能实现目标的具体时间"。同样的，也要保证那人给你提供具体的行为信息。

(3) 注意面谈过程的"PEOPLE"原则

所谓"PEOPLE"原则，指面谈准备（Prepare）、面谈双方关系建立（Establish Rapport）、获取对方信息（Obtain Information）、提供自己的信息（Provide Information）、有效的结尾（Lead to Close）和结论性评价（Evaluate）。"PEOPLE原则"的具体描述如图9.2。

第一步：准备（P=Prepare）
（1）回顾申请书、简历、副本以及其他背景信息
（2）同时准备一般问题和个别的、具体的问题
（3）准备适当的、自然的环境

⇩

第二步：建立关系（E=Establish Rapport）
（1）努力使求职者感到舒适
（2）表达真诚的兴趣
（3）通过语音和举止表示支持性态度

⇩

第三步：获取信息（O=Obtain Information）
（1）提问　（2）深究
（3）仔细倾听　（4）观察对方(如衣着、形体语言等)

⇩

第四步：提供信息(P=Provide Information)
(1) 描绘现在和将来的工作机会
(2) 宣传公司的正面特色
(3) 对求职者的问题作出反应

⇩

第五步：结尾（L=Lead to Close）
（1）澄清回答
（2）为最终求职者的加入提供机会
（3）说明接下去需要做什么事

⇩

第六步：评价（E=Evaluate）
1. 评价技术上的能力和工作要求的匹配性
2. 判断个性素质（领导力、成熟度、团队导向）
3. 作出推荐

图 9.2　选聘面谈建议过程：PEOPLE 原则

9.4.3　绩效评估面谈

绩效评估面谈通常是一个更大的专业评估系统的组成部分。这个系统的目的是评价组织成员实现目标的程度，并通常就提高工作业绩的方法给下属提供反馈。然而，每个组织在实施业绩评估系统的细节上都不同，这里有一些通常的做法。

1. 绩效面谈的准备

首先是书面材料的准备。一般地，在绩效评估面谈之前，下属、上级或两者都准备了书面评价。然而，在大多数情况下，还会要求你用特定和具体的信息来支持你对下属的评价。例如，假如你在使用一个评价量表，表明这位员工做得不好，你应当用客观的措辞写出你为什么作出这样的评价，因为下属有权知道，你也有责任用证据来支持你的决定。

其次是面谈结构的准备。为保证面谈成功，访谈者应计划准备好绩效评估面谈的结构。访谈者要为本次面谈安排一个确定的时间和地点，同时要考虑这些安排可能对访谈者和被访者造成的影响。访谈者必须决定面谈的总体目的和日程。在绩效评估面谈中经常提到的话题包括工作知识、工作业绩、工作目标、职业目标和机遇以及人际技能。

2. 绩效面谈方式的选择

绩效评估的难点是人们倾向于非面对面地评价别人或被别人评价。在面对面的绩效评估面谈中，参与的双方可能都感到不安。作为访谈者，就需要消除被访者的疑虑，要让对方认识到绩效评估面谈是帮助被访者自我认知的一种手段。由于人们总是不太喜欢受到批评，因此，要用消除疑虑和赞扬的方式来平衡你的批评。如当你提出批评后，你应当与被访者一起找到提高今后业绩的方法。

在实施绩效评估面谈中，你应当事先决定你的目标，而这些目标就限定了这次面谈的形式。一般说来，有三种类型的绩效评估面谈对应于实现特定目标，有四种类型绩效面谈对应于实现多重目标，这些面谈形式在表 9.6 中作了总结。

评估面谈的第一种类型叫告知—说服型面谈。这种方法在本质上是评价性的。首先你要告诉下属你是怎样评价他或她的，接着你要用你选择的方式说服下属以提高他或她的业绩。当你非常清楚你的期望时，应当使用这种面谈。这种形式对以下几类人也有效：

- 那些很难客观评价自己的年轻员工；
- 那些非常忠诚或强烈认同组织的员工或评价者；
- 那些不太愿意在组织中就如何提高工作绩效发表意见的员工（Downs，1980）。

表 9.6 绩效评估面谈的类型

- ✚ 告知—说服型面谈
  用于对员工的绩效评价，其做法是：经理们将评价告诉员工，并劝说员工遵循推荐的方式，以提高绩效。
- ✚ 告知—倾听型面谈
  用于对员工绩效的评价，其做法是：经理们将评价告诉员工，接着以不作判断的方式去听员工的反应。
- ✚ 问题解决型面谈
  用于帮助员工的职业发展，其做法：经理们并不给出评价，而是让员工找出薄弱环节并和员工一道提出改进计划。
- ✚ 混合型面谈
  同时用于绩效评价和员工的职业发展，其做法：经理们从解决问题开始，以更直接的告知—说服方式结束。

如果你想让你的下属对你的评价作出反应，就应该用告知—倾听型评价方式。在这种面谈方式里，首先你要告诉下属你对他的评价，然后再倾听他的反应，而且在听的过程中，不要轻易表达你的意见。这种面谈的目的也是评价性的，但同时你可以了解下属的想法以帮助他们接受你的评价。那种旨在帮助下属通过对自身过去的表现所作评价来更好地开展工作的情况，告知—倾听型评价比较有效。这种面谈方式对以下几类人比较有效：

- ✚ 那些强烈希望参加到团队中去的员工；
- ✚ 与考核者地位比较接近的员工；
- ✚ 受教育程度较高的下属尤为适用（Downs，1980）。

第三种常见的业绩评价是问题解决型面谈。在此过程中，评价下属的表现已不再是目的。评价者的主要目的是帮助员工去制定提高工作业绩的计划。对于有些员工，他们在工作中的不足更应鼓励下属自己去思考，而不是评价者去决定。作为访谈者，要避免评价和判断，其主要是针对下属提出的问题提供一些解决建议。在此过程中，你要与下属形成一种伙伴关系以帮助他或她分析并提出解决问题的办法。

最后，如果你既想评价工作表现又想为下属提供一些事业发展的建议，应当采用混合型面谈。在这种面谈中，你从问题解决型的框架开始，而后用更直接的告知—说服方式结束。这样，你既能帮助下属实现发展目标，又能给对方反馈你的评价。

不管你选用哪一种面谈方式，一个绩效评估面谈需要包括所有一般面谈的要素：

+ 建立关系并将被访者引向主题；
+ 以一种支持性的方式实施面谈主体；
+ 结束时要明确说明接下去应做什么事；
+ 绩效评估面谈一般还应讨论具体的改善或改变计划。

9.5 管理者与下属的面谈技巧：个人管理计划

本部分专门就管理者与下属之间的面谈技巧"个人管理面谈计划"进行分析,该计划对于管理者如何进行与下属的面谈和沟通提供建议。

管理沟通是一个双向的沟通过程，面谈双方要给予对方一定程度上的反馈，使对方感到得到了支持和鼓励，得到了指导和建议。尤其是作为管理者，由于他们在平时极缺时间，即使他们希望能够指导、建议和训练下属，但又总是找不到时间。因此，当有机会与下属进行面谈时，必须要给下属以反馈的机会，提高沟通的绩效。为了帮助管理者提升自己与下属继续面谈的技能，我们提出"个人管理面谈计划"，这种计划既能够使管理者的意图得到贯彻（给下属以指导、建议和训练），同时也为下属提供反馈和发展的机会。

个人管理面谈计划用于管理者与下属之间定期的、一对一的会面。博斯（1983）通过调查，发现当管理者与下属进行定期私人面谈时，下属的工作绩效会有明显提高。这些面谈可称为"个人管理面谈"。图 9.3 比较了实施个人管理计划的团队部门与未实施个人管理计划的团队部门的绩效。

建立个人管理面谈计划分两步。第一步为角色协商。阐明管理者对下属的期望、责任、评价标准等。没有这一步，大多数下属会不清楚上司究竟对他们有什么要求、以什么作为评价他们工作业绩的标准。经过角色协商，可以克服双方之间的不确定性。在协商过程中，管理者应与下属就现有管理制度中没有的、同时对下属有影响的条款进行协商，尔后由管理者与下属签署一个意向和责任的书面报告，作

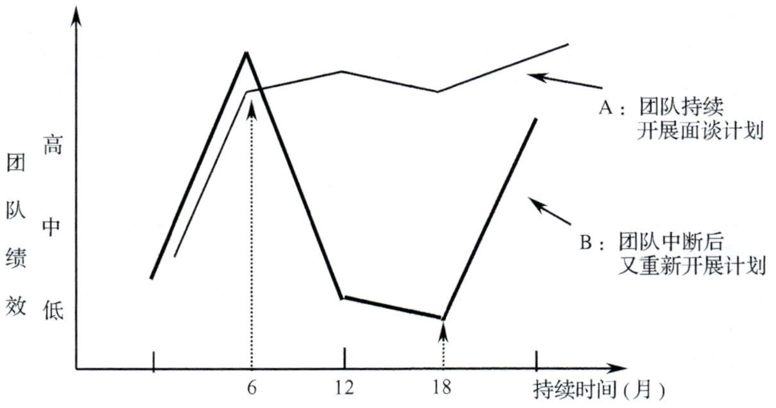

图 9.3　个人管理面谈计划效果

说明：(1) 在 B 团队中，到第 6 个月中断面谈计划；到第 18 个月重新开始面谈计划；(2) 该计划调查实验时的样本数为 5。

为一个非正式合同。角色协商的目的在于使双方都明白对方对他的要求。因为这个角色协商不是敌对性的，而是互相支持、团队合作，因而双方都表现出了良好的建设性沟通意向。

个人管理面谈计划的第二步，也是最重要的一步，就是管理者与下属之间进行一个一对一的面谈。这些面谈是定期的、私人性质的，而不仅仅是在发生错误和产生危机时才进行，也不是公开的。这种面谈能给管理者为下属提供指导和建议的机会，帮助下属提高技艺，改善工作表现。因而，每次会议应持续 45 分钟至 1 小时，集中于表 9.7 中所列的 9 点议程。面谈常会提出一些行动条款，这些条款中，有的是由下属完成，有的是由管理者完成。双方都为面谈作准备，双方都提出应作讨论的条款。

个人管理面谈计划不是一种管理者召集的正式会议，而是管理者与下属平等参与的会谈。对下属来说，这是一个找出问题、报告信息的机会；而对于管理者，可以利用这些针对性很强的面谈，减少那些突发性的、无针对性的、冗长无效的会议。在以后的每次个人管理面谈中，首先要回顾一下上次的行动条款被执行的情况，由此鼓励下属工作绩效的持续提高，表 9.7 总结了个人管理面谈计划的特征。

这种面谈计划不仅能提高面谈的效率，而且提高个人的责任感，使双方沟通更加顺畅。事实上，管理者由于减少了突发性的、无计划的会议，反而得到了更多的自由支配时间。在解决问题的同时，也加强了人际关系。

表 9.7　个人管理面谈计划特征

- 面谈为定期的、私人性质的；
- 面谈的主要目的是帮助个人发展、搞好人际关系、提高组织业绩，因此面谈是问题导向的；
- 管理者与下属共同准备会谈议程；
- 有充裕的时间进行相互交流；
- 建设性沟通用于共同问题的解决，导致工作成就与人际关系不断提高；
- 面谈的第一项条款为，对前一次面谈行动条款的执行进行检查；
- 面谈主要议程包括：

——管理问题与组织问题	——组织价值与前景
——信息共享	——关注良性的人际关系问题
——关注下属发展与提高的障碍	——关注管理技能培训
——关注下属个人需要	——对工作表现的反馈
——私人问题与关注点	

- 解决问题同时会受到嘉奖；
- 小结本次面谈的行动条款。

9.6　本章案例

案例 13　研修生的选派①

派尼家用电器有限公司是由派尼集团洗衣机有限公司与日本松下电器产业株式会社洗衣机事业部合资组建的、以制造、经营家用洗衣机、干衣机、洗碗机等家用电器为主的合资企业，成立于 1994 年 10 月。公司成立以后，即全面引进日本松下的管理模式，同时不断引进其先进的技术，开发、制造和销售高科技含量的新产品。有些新

① 该案例是在浙江大学 98 级 MBA 学员贾春耕先生提供的背景材料基础上，由作者作进一步调查和修改整理而成的。在此对贾春耕提供该案例表示谢意。

产品还达到了与日本松下同步开发的目标，加快了新产品的开发速度，使公司的竞争力得到极大的提高。

我担任公司技术部的负责人。技术部的主要任务是致力于先进技术的研究，不断开发更完善、更先进的家用产品，为用户提供满意的服务。公司成立之初，年轻的技术部人员以新进大学生为主，实际工作经验比较缺乏，为加快提高设计人员的设计水平，以提高整个技术部的技术能力，1995 年末公司决定，结合公司的新产品开发任务派 2 名设计人员赴日本松下进行为期 5 个月的研修。这个消息通过正式渠道在一次部门工作会议上向全体部门人员作了说明。

由于这是首次派设计人员去松下进行较长时间的研修，因此选派人员的选拔问题必须慎重考虑。从部门的情况看，设计人员当初只有 10 名，进公司时间最长(包括进合资中方的公司)的有 3 人，其他的一般只工作了一两年，按惯例好像应该优先安排老同志去，因为研修还多少带有奖励的作用，老同志在公司工作时间长，贡献也多，理应先去研修。我通过与一些科员的接触了解，大家均或多或少地认为此安排较合适，各方面能摆平。由于考虑到部门人员的具体情况，当时我考虑若选派老同志去有其优势，因为他们有产品设计的经验，并多少积累了点技术经验，到日本松下后可以学到更多的技术，但是他们的弱势是由于老同志工作的方式基本定型，是否能够把学到的东西(特别是日本人认真工作的方式)带回来还很难说；若选派新同志去也有其优势，他们除了能够学习到产品设计方面的知识外，还能够培养起日本人认真严谨的工作方式，但其弱点在于工作时间较短，工作经验少，可能会影响到学习的效果。经再三权衡，并结合了部门发展的目标，即尽快积累经验，走自主开发之路，决定选派老同志袁安付带新员工刘敏赴日本松下研修。

为了稳妥起见，我决定先把袁安付和刘敏两人的名单报送公司领导审批下来后再在部门内宣布，然而在送审批后不久，通过非正式渠道，部门的一些人员得悉了此消息，终于在一次部门聚会中，另两位老同志陈寿春和陈文戎，提出了自己的看法。总的看法是派袁安付去没什么意见，但为什么要派刘敏去呢？刘敏他什么都不懂，派刘敏去对部门来说，是“浪费”一个研修名额。最后，他们还建议应该派他们俩去比较合适，其中陈寿春还在沟通过程中流露出自己的担心，虽然在上次关于选派两名研修人员的会议上我也强调这是首次派人研修，以后将每年派人去日本松下研修，但他还是担心以后将没有研修机会了，实在地说，这次不争取去，以后就没有机会去了，若他俩不能去，将影响其今后的工作表现。

出了这件事，我想主要是在上报名单前未能充分地在部门内进行有效的沟通所致，虽然也为此召开过会议，但受众的接受程度、理解程度未能很好地把握，而且最关键的是没有转换角色，站在受众的立场去加以解释，让反对者同意或者中立。因此，我决定找陈寿春和陈文戎两位老同志沟通一次，希望就选派人员的决策获得他们的理解和支持。

后来，通过我与陈寿春和陈文戎的沟通，问题基本得到解决。但没料到接下来的一件事又为人员选派带来麻烦。当我把名单上报后，公司领导认为我选派的袁安付不合适，因为他以前曾有些事情处理不当，给公司领导造成过不良的看法，另外据分析也有些对他不利的信息传到了领导耳朵里，故公司领导要求我重新提供出国研修的名单。这件事是我开始所没有想到的，因为袁安付在部门内的表现还是相当不错的，并且他也知晓了我的推荐，这样要换的话，对他打击会更大，再加上前期他晋升的事被领导否决了。因此，怎样向他解释沟通为好，又要费一番心思。公司领导不同意，出国的名额也不能少，不然会影响新产品开发的进展，所以经各方面的权衡，还是决定换上另一位老同志。这次在上报前也去公司领导处询问了看法，在征得领导同意的前提下，换上了陈寿春，最后上报的名单被领导批准下来了。在正式宣布名单之前，我又单独找了袁安付进行了沟通。沟通过程中，袁安付提出了要求调换工作岗位的要求，我考虑之后，把袁安付从原来的设计科调到了技术管理科作暂时的负责人，让他在新的工作岗位上能够努力工作。后来经过两年的努力，在技术管理岗位上得到晋升。除此之外，当时也找了陈文戎进行了私下的沟通。通过沟通后，取得了陈文戎的理解，而且，他开始刻苦学习日语，成为部门内除翻译外日语水平最高的设计人员之一。

问题

1. 在第一次决定选派袁安付和刘敏去日本松下研修的决定被透露后，“我”应该采取什么策略与陈寿春进行面谈？面谈的目的是什么？在面谈过程中要注意哪些问题？
2. 当第一次上报名单没有被领导采纳后，“我”决定换上陈寿春。在这样的背景下，我与陈文戎、袁安付又如何面谈？面谈的目的是什么？采取怎样的沟通策略？

3. 在与陈文戎、袁安付面谈时，我如何安排沟通的信息内容？

9.7 面谈技能训练

“关于新员工岗前培训”的访谈

你在一家高技术电子企业工作，该企业刚被一家大型电子企业集团兼并了。你公司主要生产高复杂度的通讯设备元件。在公司历史上，这次兼并是一个既令人兴奋也令人疑惑的特殊时期。你还了解到，新的母公司——电子集团是一家强调高生产率以及员工顺从和忠诚的企业。

集团将在两个星期后派遣一个人力资源管理小组来考察你们公司。他们已提前送来了一份将要检查的项目清单，其中包括你公司新员工岗前培训计划。你的上司——人力资源副总，要你准备一个关于岗前培训计划简要情况的报告，该报告要求在30分钟时间内给集团人力资源管理小组汇报。特别地，她要求你先与公司各部门代表进行面谈，以了解他们对公司现岗前培训计划的看法。

一直以来，新员工加入公司后，会安排参加一次指导性质的会议。在这个会议上，新员工将与公司人力资源部的每一成员见面，了解公司的政策和工作程序，每个人还拿到一本员工手册。这个指导性会议时间约2～3个小时，具体长短也将依据参加者多少而定。会议结束后，公司给每位新员工配备一位辅导师傅。担任辅导师傅的员工，必须在本公司工作过1年以上，其职责是帮助新员工熟悉工作和环境，并要求辅导师傅在至少半年内不定期地与新员工保持接触。如果双方都愿意，这种关系可以继续。这个岗前培训计划已经持续大约三年了，但从没有正式评估过。

为完成该项任务，你已经计划与部分部门经理、辅导师傅及当前受训者的面谈，并希望通过这次面谈获取关于“新员工岗前培训”的评价信息。

任务

在面谈开始前，请结合前面所讨论的面谈技巧，包括面谈准备、面谈实施等具体策略，列出你的具体计划议程、有关问题、提问方式和措辞、问题深究形式、环境安排等，然后在组内讨论。讨论之后，大家分成三人组合，并轮流担任访谈者、被访者和观察者。

受访者角色描述

角色1：受训者

你得知自己将被访谈，主题是关于新员工岗前培训计划，而你参加该计划已有三个月了。对这个计划的落实你感到很满意，并希望它继续下去。事实上，你希望有朝一日自己也能成为一名新来员工的辅导师傅。

你的许多朋友指出你有一个不好的倾向，就是讲话太快、太多且老想主导谈话。而你也认识到，当你紧张或者深深卷入某个话题的时候，你的确话多。由于你被指定作为受训者代表接受面谈，而且你也从小道消息听说该计划有可能被取消，所以你对这次面谈感到紧张。从内心，你希望让访谈者知道你从辅导师傅那里和整个岗前培训计划中学到了不少东西。你也知道这次面谈很重要，因此，你想确保让访谈者能从自己这儿听到该计划的所有好处。

你对该计划反应如此积极是因为它同你以前的培训经历形成了鲜明反差。在以前的公司里，仅仅是通过录像带放映让员工了解到有关公司的粗略概貌。而且，由于没有标准化的辅导程序，新员工只能自己督促自己。他们不清楚公司期望他们做什么，没有激励，也没有团队归属感，结果是滋生了许多困惑和误解。相反，在这里，你很感激能够从辅导师傅那儿得到问题的解答。总之，这种岗前培训计划的确能帮助你尽快熟悉和适应新的工作岗位。

角色2：部门经理

你也得知了自己是被访谈者，可是面谈来得真不是时候，你部门刚刚流失了一位很优秀的职员，这几天你为找到一位接替者而焦头烂额。你对花时间考虑或参加这样一次访谈毫无兴趣，你恨不得有更多的时间去参加招聘，引进一位新助手。

事实上，你对任何形式的面谈都会感到不适，因为你很腼腆，所以这种一对一的正式谈话往往使你感到不安。当自己被选为访谈对象时，也并不介意，因为你至少还能把握，甚至控制面谈的局面。然而你从来没有觉得自己是一个优秀的被访者，对方的提问往往会让你有一种好像在受审的感觉。因此，你对这次面谈表现出退缩、不合作甚至是抵制的态度。

你认为访谈者应该去找直接涉及该计划的人谈话。因为，除了为辅导师傅、学徒配配对外，你自己跟它真的没有多少关系。该计划看来效果不错，但毫无疑问，如果让受训者自己去找辅导师傅的话，他们同样也会学得很快。你平时也了解到，自己部门内的新员工对这个计划感到还是有用的，所以，尽管你不怎么情愿，你也会支持。然而，与其同一个相对陌生的人讨论这个话题，还不如直接写一份自己对这项计划的评价报告。

角色 3：辅导师傅

你也刚刚得知你将被访，也是关于公司辅导计划的，你置身于这一计划已有六个月之久。当你第一次成为一名辅导师傅的时候，你对接受这个公益性的工作曾感到兴奋。然而现在，经验说明这个计划是浪费时间。无论是在工作上还是在社交生活中，新员工通常都把他们的辅导师傅当作拐杖。你总体感觉到：这项计划在鼓励员工依赖别人，这反而会降低生产率，浪费时间。你发现有时自己好像在接管他们的工作，成了保姆。你曾想，这可能是自己的个性导致的——太愿意帮助别人，也许事实确实是这样，但你也注意到在其他辅导师傅和受训者之间同样存在这个问题。进一步地，你发现在经历过和没经历过的人之间，没有发现在生产率上有任何重大差别。实际上，由于过于注重人际关系，反而感觉生产率下降了，新员工出现了较多的闲聊和游荡，在工作上精力不够集中。

你认为公司应该抛弃这套计划，虽然对新员工来说，给他们一个适应期也许是有用的，但在实际效果面前，你实在无法说服自己再接受这项计划。你甚至觉得要你对这项计划作评价，本身就在浪费自己宝贵的时间。

*　　*　　*

附录　面谈技能的自我检查

请您认真回想一下前几天参加过的单独面谈。面谈可以是你的上司叫你去他办公室讨论某个问题，或约定一个具体时间与你见面；或许是你约一个客户去讨论某个问题或沟通感情；也或许是与导师在学校单独讨论学术问题。在所有这些面谈中，你可以是“面谈者”，也可以是“被面谈者”，不论何种情况，用下面的问题对面谈进行评判，把评判结果写在问题后面的横线上，若你感到有不对之处和妨碍面谈有效性之处，也可以写在后面。通过全部 11 个问题的判断，评判你的一对一沟通技能水平。

问题

(1) 为什么要进行面谈？ ____________________

(2) 面谈的目的双方都明确吗？ ____________________

(3) 我对面谈的期望是什么？ ____________________

(4) 我的期望实现了吗？为什么？ ____________________

(5) 面谈对象的选择是否合适？ ____________________

(6) 进行面谈的时间、地点选择是否合适？是促进了沟通，还是阻碍了高效沟通？ ____________________

(7) 我听得充分吗？是否所说的比该说的多？ ____________________

(8) 我认真考虑别人的观点了吗？ ____________________

(9) 对方认真考虑了我的观点了吗？ ____________________

(10) 面谈实际进行了多长时间？它应该进行多长时间？ __________

(11) 时间安排得好吗？是否把大部分时间用于目的性问题上了？

____

总体评价

* 您对这次面谈的总体评价是（优秀、良好、一般、基本不满意、很不满意）

* * 最大的三个问题在于：(1) ____________________

(2) ____________________

(3) ____________________

请试着从这三个方面作为你这两天特别要注意的问题加以改进和提高

第十章　会议组织技能

【本章提要】　群体沟通指一对多、多对多的沟通方式。会议组织只是群体沟通中一种最常用的具体形式。本章从分析群体沟通的优点和不足，影响群体沟通效果的因素等问题入手，重点以会议组织和安排为专题，就如何有效地开展群体沟通提供技能和方法。最后提出了一种简单而行之有效的群体沟通方式：群策群力式沟通。

10.1　群体沟通的优势和缺点

现实生活中，除了个体之间的沟通，群体沟通也是常见的沟通方式，如个体与群体之间以及群体与群体之间存在的一对多、多对多的正式或非正式沟通，我们把这些一对多、多对多的沟通统称为群体沟通。群体之间的沟通在最近10年来已经变得日益盛行，这主要是由于组织变得更大、更复杂，以至于在现今的商业社会中，所有决策需要的信息已不再是由某个人、某个专业领域能够充分吸收、评价和决定的，而与组织内其他领域无关。同时，随着学习型组织、团队精神的不断倡导，群体沟通也显得日益重要。

群体沟通的形式，可以是直接沟通，也可以是间接沟通；可以是书面沟通，也可以是口头沟通；可以是电话会议、电子邮件的形式，也可以是网络媒体的实时传输等现代技术手段。不管采取何种形式的群体沟通，都有它们的共性。本章将就群体沟通的优点和不足、群体沟通的影响因素等作深入讨论，并从最常见的群体沟通形式——会议的组织和安排入手来分析群体沟通的技能和技巧。

10.1.1　群体沟通的优点

【例子】　关于群体沟通的作用，早期最有名的例子是Coch和French对生产男式服装的Harwood公司的调查。该公司决定加快工艺流程改造，并进行工艺重组。但以前在进行工艺重组时，工人的反应非常强烈，对工艺的改动持敌对态度。为了实施计划的改革，公司管理层采用了三种不同的策略：

- 策略一，与第一组工人采取沟通的方式，向他们解释将要实行的新标准、工艺改革的目的及这么做的必要性和必然性，然后，给他们一个反馈的期限；
- 策略二，告诉第二组工人有关现在工艺流程中存在的问题，然后进行讨论，得出解决的办法，最后派出代表来制定新的标准和流程；
- 策略三，对第三组工人，要求每个人都讨论并参与建立、实施新标准和新流程，每个成员全部参与，如同一个团队一样。

结果令人惊奇。虽然第一组工人的任务最为简单，但结果他们的生产率没有任何提高，而且对管理层的敌意越来越大，在 40 天内有 17%的工人离职；第二组工人在 14 天里恢复到原来的生产水平，并在以后有一定程度的提高，对公司的忠诚度也很高，没有人离职；第三组工人在第二天就达到原来的生产水平，并在一个月里提高了 17%。对公司的忠诚度也很高，没有工人离职。

该案例的结果启示我们，基于充分的群体沟通之后，员工的自我管理能力、创新能力、信息共享、员工参与程度和工作绩效较传统管理方式下的员工要好得多。美国一沟通专家 Maier 指出了群体沟通合作比单个人工作的优越之处：(1) 可以产生更多的点子和信息，使管理决策和解决问题、考虑问题更为全面，质量也更高。(2) 提高了团队成员之间的理解，关系更加融洽。(3) 因为“社会效应”，当人处于被他人包围之中时，会更有干劲和活力，所以团队中有较高的动力和业绩水平。(4) 消除影响问题分析和解决效率的个人偏差和盲点。(5) 更容易采用“风险转移”的观点——选择更冒险的方案和更创新的行动。

英国管理沟通专家 Nicky Stanton 认为群体沟通具有两大优势。一是能产生更多的承诺。当人们参与决策过程时，对决策会承担更多的义务，因为群体参与决策制定过程，可以使他们更好地了解政策的背景、性质和必要性，而且由于个人参与了决策，更容易持赞成态度。二是能产生更好的决策。其原因在于：(1) 群体决策可提供更多的可利用的信息，如头脑风暴法就是基于这个原因而提出的；(2) 群体决策可以产生更多更好的决策；（3）群体决策可以产生更大胆的决策；（4）群体决策能产生更高的生产率，因为群体成员在工作时常常为了取得社会的承认而更加积极认真。

10.1.2　群体沟通的缺点

但是，以群体沟通合作的方式解决问题，也存在着明显的局限，换句话说，群体沟通并不必然带来“1＋1＞2”的效果。群体沟通的缺陷主要表现在以下几个方面：

一是时间与效率。以群体沟通的方式制定决策，使过程变得太长；团队会因为集体思考而降低行动的效率；团队会因为混乱而给成员造成伤害。尤其是在时间紧迫的情况下强调群体决策，如果所有人达不成一致意见，会延误决策的制定。而在一个人独自工作时，不存在与他人协调的问题，无须去听取已知的信息，在提建议之前不必先试探群体的气氛。有人提出这样的说法：会议的长度是参加人数的平方。当然，如果时间、效率都不是问题时，群体沟通的效率问题也就不称其为缺点了。

二是群体压力。群体沟通时的“从众心理”可能导致不好的决策。由于其他人的存在会产生一种群体压力，它会影响一个人去同意一个平庸的决策。

三是专家或领导压力。当群体沟通过程中，如果专家或领导不是以平等的、团队参与式的风格与其他成员沟通，或者即使专家或领导设法采取平等、民主的参与式沟通风格，但其他成员不能适应这样的氛围，就会阻碍充分的双向沟通的实现。较为严重的是，如果这些专家或领导以权威的身份对其他成员的观点采取压制和否定的方式，不但不利于问题的解决，反而恶化群体成员之间的关系。

四是说而不做。群体更容易倾向于以说代做，因为大家有一种“反正不是我一人的决定”的感觉，不愿意积极去解决问题。有时会议成员去讨论某个重要的问题，仅仅是为了得到“我也参加讨论了这个重要的决定”的成就感。

10.2　影响群体沟通的因素

10.2.1　影响因素框架

群体沟通的成果是一系列非常复杂、相互联系的因素共同作用的结果。因此，首先分析这些影响群体沟通效果的所有因素，有助于我们在群体沟通过程中采取相应的对策，提高沟通绩效。

一个群体沟通的绩效如何，从建设性沟通的目标看，不外乎两个方面，一是原定问题的解决，即沟通的效率，或群体生产率；二是群体成员之间的关系得到良性强化，也就是成员之间的满意度。图10.1反映了影响沟通绩效的所有可能影响因素。

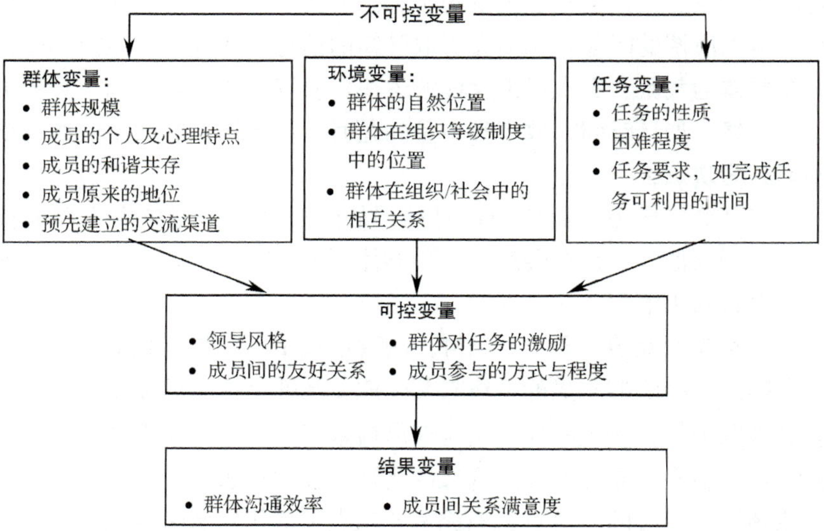

图10.1　影响群体沟通有效性的因素

从图10.1可以看出，影响群体沟通绩效的因素可以分为可控因素和不可控因素两大类。其中，我们把参与沟通的群体从成立开始到问题解决为止这个过程中群体成员自己完全可以设法解决的因素定义为可控因素；而对于所有成员在正式沟通开始之前无法控制、或不能完全控制的因素定义为不可控因素。比如，在一个群体被指定承担某项任务之前，个体成员对由谁组成小组或委员会、与谁一起工作、执行任务的性质等问题是无法控制的，因而，这些因素对群体成员而言是不可控因素。以下分别从这两大类影响因素作分析。

10.2.2 不可控因素

1. 群体变量

群体变量的因素之一是群体规模。显然，群体规模越大，可利用的信息、技能、才能、背景和经验就越多样化，但相应地，个体参与的机会就少。研究表明，较大规模的群体中，权力和力量大的人支配着可用于交流的时间，但他们却不必有更多的知识和经验，同时，与会者可能永远听不到那些沉默者的观点。

因此，必须在有利于参与和有一定广度的可利用的知识和经验这两者之间取得规模的平衡。一般来说，5～7 人是群体沟通较合适的规模，当然，5～10 人的规模在提供足够多样化的才能和个性去富有想像力地解决问题时，仍可以让人们充分表达想法。

群体变量的因素之二是成员的个性和目标。当一个体成员加入一个群体时，会带来完全不同的态度、价值观和信念，并且这些因素会影响群体参与和相互影响的程度、风格，并最终影响沟通效率和成员间满意度。当加入个体与群体之间具有较大的同质性时，成员之间的满意度能得到提高；对应地，当群体成员之间有较强的异质性时，有助于沟通效率的提高。因此，在成员组成上，要考虑满意度和效率之间的平衡。

然而，大多数成员来到这个群体时，往往会带着自己个人的目标，Nicky Stanton 把这种现象称为“隐秘议程”。隐秘议程具有以下特征：

- 成员个体想引起别人的特别注意；
- 设法保护自己所代表的群体的利益；
- 利用会议贬低对手；
- 掩盖在过去错误中所表现出来的无能；
- 结成特别的非正式联盟，或者把会议作为个人消遣或“追求个人成就”的舞台。

显然，会议不可能同时满足所有成员的个人目标和群体目标，所以必须进行权衡和交换意见，设法使每个个体在更大程度上放弃个人目标以支持群体目标的实现。

群体变量之三是身份和角色。当一群人走到一起时，他们可能都作为群体平等的成员，但在群体其他成员眼里，每个人又有一个以前的身份。这种以前的身份就会影响该成员在其他成员心目中的地位和影响力。另外，这些成员中，有的是第一次合作，有的可能以前就建立了关系或友谊，那么这些关系和友谊，也同样将影响他们在群体内的行为方式。作为每一个成员，在这样的群体中，就应该估计自己的身份和地位如何。具体地，成员可以考虑以下一些问题：

- 在这个群体中我是谁？扮演何种角色？其他人期望我扮演何种角色？谁将对我的行为进行评判？
- 影响沟通的方式是什么？谁可能有影响？我是否可以施加影响？若可以，又如何影响？
- 我个人的目标和需要是什么？它们与群体目标和需要是否一致？若不一致，我又该采取何种对策？

2. 环境变量

环境变量之一是自然位置。自然位置的影响表现在以下几个方面。首先，自然位置的接近可以增加相互影响。在一间每个人都感到邻居与自己之间有相当距离的大房间里开会，就会降低群体凝聚力；把领导或主席与其他人分开的座位安排也会妨碍相互之间的影响，助长领导者独断专行的领导风格，从而降低凝聚力。其次，会议的地点安排。如果会议在管理者办公室举行，以前存在的地位关系可以加强；而在中立地方开，可以减少原来关系的影响。第三，各种设施的分享，有助于群体的一致和凝聚力。图 10.2 为几种距离的含义。

环境变量之二是群体间的关系。群体外部其他人对群体的看法会影响它的生产率、凝聚力和士气。没有人会愿意属于一个被组织中的其他人视为不重要的群体中的一员。

环境变量之三是群体的期望。由于许多组织对会议有其自己的“特殊风格”，希望事情以自己特殊的方式（包括会议议程、工作方法、报告和协调方式等）进行。群体成员就不可避免地要遵守这些规

(1) 亲密距离

- ✚ 近状态（实际触摸或拥抱）：这种状态表示爱情、亲密的友情、家庭亲情。在西方文化中，女人之间及亲密的男女之间是正常的，但男人之间或没有亲密关系的男女之间，这种状态就不合适。而阿拉伯人在路上搂着肩膀是完全正常的；
- ✚ 远状态（远到 0.5 米）：这个距离足可以握住手，但没有亲密关系的人不接受这个距离。否则，你应发出这样的信号：很抱歉侵犯了你的私人空间。

(2) 私人距离

- ✚ 近状态（0.5～0.7 米）：这种距离适用于普通的朋友或他们的邂逅相遇。妻子可以若无其事地站在丈夫的私人距离内，而另外的女人则不行。
- ✚ 远状态（0.75～1.25 米）：这个距离是身体控制范围的极限。在这个范围内的距离变化，可以作为判断邂逅相遇或者聚会时，交谈者之间的关系。若你与大家习惯于站在 1 米处交谈，而与某人的距离变成了 0.8 米，可以想像你与该人的关系要紧密得多。

(3) 社会距离

- ✚ 近状态（1.25～2 米）：一般用于非个人事物或一般性谈话的场合，比如会见客户、应聘者等。
- ✚ 远状态（2～4 米）：更多地用于社会和商务交往的场合。如总经理利用一张足够大的桌子来保持这种距离。若总经理从桌子后面出来，则表示着更多个人而非领导者的意愿。

(4) 公共距离

- ✚ 近状态（4～8 米）：适用于非正式的聚会，比如管理员与员工讲话，教师向教室内学生讲话。
- ✚ 远状态（8 米以上）：通常为政治人物或社会名人所用，因为它提供了必要的安全感，并特别强调主导性。

图 10.2　个人空间与人际状态

范和期望，但重要的“风格”可能是成员们所不习惯的。

3. 任务变量

任务的性质、困难度和特殊要求，都会影响群体成员的态度、工作方式和领导者对组织会议最好方式的决定。会议的任务一般包括分享信息、交换观点；说服和推荐行动；产生创意和解决问题；作出决策、选择方案并计划行动等四类。其中，对于分享信息的群体沟通，有较严格的控制；而为解决问题的沟通则有较高的相互影响和较低的结构性。因此，对于不同的任务，要求成员扮演不同的角色。

10.2.3　可控因素

所有不可控因素都会影响群体沟通的绩效。作为沟通的领导者或会议的参加者应该认识到这些因素的潜在影响，这样就能够相应地安排自己的行为。而这正是在可控因素考虑时设法要解决的问题。可控因素具体包括领导者的风格、参与成员的相互影响和角色定位两大方面。

1. 领导者的风格

领导者处于群体沟通绩效控制的核心地位。领导者可以是外部指定的，也可以是群体推选的。不管以何种形式产生的沟通群体的领导，必须要意识到不同的领导风格及其对沟通绩效的影响。领导风格主要包括三种类型：民主型、独裁型和自由放任型。

✚ 民主型领导风格：领导者只在必要时进行引导，工作的基本信念是成员能用自己的资源去实现自己的目标，成员从这些信任和作自己的决策中得到满足。因此，群体的沟通效率相当高。
　——在民主风格的群体沟通中，一般表现出群体导向的行为，目的在于取得群体目标和群体成员的满意度。

✚ 独裁型领导风格：领导者认为，群体要达到目标必须不断给予指导，要不断给成员强化群体目标的信念，因为成员总是从追求自己个人目标出发，而不是首先从群体目标出发。
　——在独裁风格的群体沟通中，一般表现出任务导向的行为，目的在于完成任务，几乎不关心成员的满意度和群体中的人际关系。

✚ 自由放任型领导风格：由于不完全关心目标的实现，群体的任务可能不能被执行，成员的满足来自于实现个人目标，而非群体目标。
　——在自由放任型风格的群体沟通中，一般表现为自我导向的行为，目的在于取得个人的目标实现。

尽管民主的风格有明显的优点，而且现代的趋势是民主管理，但它也有不合适的时候。任务的性质、可用时间的限制、成员的个性等都可能要求在特殊的情况下采用其他领导风格。

2. 群体的相互影响和角色

领导风格的不同将影响群体成员，特别是领导和群体成员之间的关系定位将影响沟通的绩效。从群体角色和行为分析看，群体成员（包括领导）之间的相互影响有两个主要组成部分——内容和过程。内容涉及有关主题的内容或群体将要进行的工作；过程则涉及群体在工作时发生在成员之间的和每个成员面对的问题。群体过程涉及到诸如士气、气氛、影响、参与、冲突、领导斗争、竞争和协调等问题。

在大多数的相互影响中，大多数人把注意力集中于任务的内容而忽视了过程，甚至当过程成为群体行动的主要原因时仍然如此。作为群体沟通的成员，对过程的敏感能使你及早判断群体的问题并有效地加以解决，因为过程存在于所有群体中，了解这些过程可以使你成为群体中更有价值、更有效的成员。

10.3　组织和参加会议

10.3.1　会议筹备和组织过程

作为管理者，使自己成为一位有技巧的会议筹划者和管理者，是改进组织管理绩效的必要条件，因为管理者要在会议上花费很多时间，有人作过统计，在绝大多数公司，大约有15%的时间（人力）花在会议上。而且，在会议上耗费的时间与管理者的等级层次成正比。由于会议管理是日常工作中一项非常广泛的活动，因此，做一个高技能的会议管理者具有非常现实的意义。

一般来说，高效的会议管理者在筹备和组织会议时，要考虑以下四个步骤的问题：目的、与会者、计划和进程。其中会议的目的是会议组织者要明确的首要问题。根据会议的目的确定相应的与会人员是第二步要解决的问题。会议参加人员可以分为三类：会议主席、一般与会者、普通工作人员。作为会议组织者就应该明确这三类角色在会议进行过程中的职责。第三步是通过制定会议计划，保证会议在有计划、有准备的状态下进行。第四步是实施会议议程，保证整个会议的进程。该过程可以图 10.3 表示。

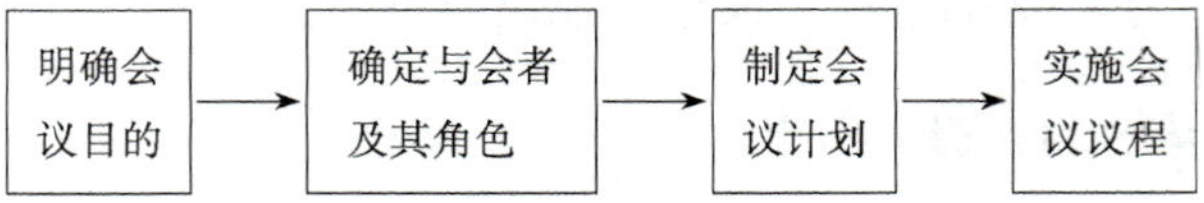

图 10.3　会议筹备和组织过程

10.3.2　明确会议目的

会议目的指会议召开的理由。对于每一个会议的召开，会议的组织者都会认为"既然要召开这次会议，肯定是有其必要性的"。这也就是现在为什么有那么多会议的原因。但我们在这里要讨论的会议目的，是指问题必须通过会议的方式解决，或者通过会议能够更有效率地解决。如果信息能够通过备忘录和电话传递；或者与会人员未作准备；或者关键人员不能参加；或者会议成本超过其可能的潜在收益；或者即便纳入日程但开会无益。当这些情况发生时，会议就不应该召开。具体地说，决定会议是否召开的四条主要指针是：

- 信息共享。当所需的所有信息没有为相关人员个人所掌握而需要大家共同拿主意，或需要何种信息及如何获得这些信息尚不明确时，应该召开一次会议。
- 动员激励。由于多个成员对某项行动的计划和贯彻皆有干系，就应召集会议动员参与。
- 信息传播。当许多人必须以相同方式获得相同信息，或当最新信息必须尽快传播时，通过召开会议共享信息比重复的两两沟通要有效得多，而且，与会者在会议上有机会提供反馈并讨论所分享的信息。
- 问题解决和决策制定。在完成复杂任务或要求根据多种信息作高质量决策时，团队决策要优于个人决策，即便是最优秀的个人决策。

10.3.3　确定与会者，明确与会者角色

1. 与会者的构成与结构

与会者指应邀参加会议的个人。在有效会议管理中，决定与会

者群体的规模和构成是非常重要的。会议可能由于参加的人员太多、太少或不恰当的人员结构而流于失败。比如，如果会议规模太大，讨论将流于形式和浮夸，与会者无法真正参与进来；如果会议规模太小，将无足够信息可供分享，问题也不能充分解决。因此，在决定该邀请谁参加会议时，某些方针应被遵循。表 10.1 给出了会议的类型和每种类型的参考与会人数。适宜的规模主要依赖于会议的目的。

表 10.1　参考会议规模

会议目的	参考与会人数
决策制定和关键问题解决	5
问题识别或头脑风暴	10
研讨会和培训班	15
信息研讨会	30
正式报告会	不限

在与会成员的构成上，可以考虑三个方面的要素：同质性和相异性的平衡、竞争性和合作性的平衡、任务导向和过程导向的平衡。

首先，从同质性和相异性平衡的角度看，一个团队如果内部成员之间具有很强的同质性，成员之间具有相似的背景、性格、知识和价值观，那么成员之间就会较少出现冲突和分歧，会议成果也许会平淡无奇和缺乏想像力。相反，如果团队成员具有很大的相异性，会议期间就会出现各种冲突和争论，可能使得会议什么问题都解决不了；也可能会得出更新奇更优秀的问题解决方案。基于这些事实，根据会议的目的去有效地平衡与会者的结构就显得很有意义。

其次，从竞争性和合作性的平衡角度看，当与会成员为一共同目标奋斗且对他人采取合作态度时，团队讨论的方式比个人决策更有效，更有助于激发全体成员去打拼和获取竞争的胜利，并且会导致更高的成员满意度。更进一步地，合作团队显示出更有效的人际关系、更彻底的劳动分工、更高的参与度和更好的绩效。

其三，从任务导向和过程导向的平衡角度看，与会者的特征会显示出其思维倾向性：侧重于过程还是侧重于任务。如果这两类与会者在构成上能够相互平衡，会议将更高效。一般来说，任务导向的与会者埋头于事务，他们不怎么容忍开玩笑或者有关情感和友谊的讨论，能有效完成任务但满意度可能较低。而过程导向的与会者则强调团结精神和参与合作，他们对成员感情和满意度比较敏感，甚至不惜牺牲“任务结果”来满足成员的愉悦。

在确定好与会者的人数和结构后，会议组织者还必须明确与会者的角色安排。前面已经提出，与会者一般可以分为会议主席、会议成员和会议工作人员（如会议秘书、记录员等）三类。以下我们具体分析如何确定与会者的角色，以及不同角色的职责。

2. 与会者角色职责

(1) 会议主席的类型和职责

【讨论】　先看下面两种情形：

情形一：某公司的年终市场销售分析会议正在进行，公司总经理担任会议的主席。在会议进行过程中，公司负责市场工作的副总经理提出，公司明年的市场营销重点应从“以巩固国内市场为主”转向“以开拓国际市场为主”。他希望他的设想能在这次会议上得到大家的支持和通过。但在会议进行过程中，负责市场营销的部门经理、副经理对这个设想提出了反对意见，他们认为国内的市场潜力还很大，而企业的资金实力不够，如让其全面开花，还不如采用“各个击破”的方略，先在国内市场取得绝对优势地位。结果双方争论得不可开交。如果你是会议主席，面临与会代表这种相争不下的局面，你准备如何解决？如果最终需要你就这次分析会议作总结，你又如何对“市场营销的重点”问题作总结？

情形二：某高校科学馆会议厅内正在召开“中国二十一世纪的管理教学发展趋向”的研讨会。会议进行期间，就 MBA 教育的发展方向问题，不同的与会者提出了不同的看法，有的认为 MBA 教学应该以“案例教学”为主；有的则认为应以理论修养的培养为主；也有的主张像美国哈佛商学院那样采用大量的案例教学，甚至可以取消传统的教师讲解的形式；…… 这些不同观点在讨论过程中，争论得比较激烈，眼看讨论时间将近尾声，但与会代表为了充分表达自己的主张，很难“刹车”。如果现在你是这次研讨会的主席，面对这种不同主张分立的局面，你如何应付这种局面？你又如何就研讨的问题作总结？

上面的两种情形就是我们在平时会议中经常碰到的两种典型现象。第一种情形的会议主席和第二种情形的会议主席面临“相持不下”的争论时，所采取的对策是不一样的，因为这两种类型的会议，在性质上有很大的差别。

显然，作为会议主席，在这两种情形中都要承担上面所提出的五个方面基本职责。但对于不同的会议，由于会议的目的、性质不同，比如有的是为了作出某个决策；有的纯粹是为了相互之间的沟通和交流；有的为了向与会者告知某种思想或观点；有的则是为了说服与会者接受新的观点；…… 这些不同类型的会议，会议主席实际所扮演的角色以及所承担的职责是有差别的。

对于情形一的会议主席，他作为总经理，必须就这两种思路提出最后的决策，或者采用公司副总经理的思路，或者是采用部门经理、副经理的思路，或者是采用第三种思路。如果没有最后的决策，这样的会议也就失去了意义和价值。对于第二种情形的会议，这样的会议在性质上是研讨会，与会代表提出各种不同的主张，正是这样的会议所完全允许的，甚至是研讨会所提倡的。作为研讨会的主席，完全没有必要就不同的观点作一个“谁对谁错”的结论。也就是说，会议主席不需要在不同观点之间作什么决策。

上面是两类典型的会议主席角色，他们在会议进程中所起的作用是不一样的。除却这些个性外，从笼统的会议主席的职责看，可以总结为会议控制、会议引导、促进讨论、应付“隐秘议程”和作出决定五个方面。以下我们具体对这五个方面的职责作分析。

【自我检测】 根据你所了解的群体沟通性质，你认为作为会议主席有哪些责任？在会议中，你若作为与会者，又有哪些责任？你怎样能够受益于会议和其他小组成员的讨论？

会议主席或领导者的角色，主要是主持会议、维持会议秩序并确保小组的积极工作。为此，他们应考虑以下两点：会议的任务和会议小组的类型。如在会议任务的考虑上，他们应尽快地让会议成员明确会议的目的性，并按时组织开会，为与会者提供参考资料。换句话说，会议主席和领导者在会议开始之前就讲清楚任务、规则和行动计划。

会议任务和目标的明确为领导者提供了会议控制的基础，并作为对其他与会者的指导。明确的目标来自于认真细致的准备和清晰的会议日程，这将为团队工作奠定良好的基础。理想的团队成员应当能够认清会议目标，以便明确自己的责任和真正地参与。会议组织者和领导应该相信，当与会者了解一项工作后，多数人会做得更好，并成为有效的参加者来协助决策。如果会议小组的作用仅仅是咨询性的，最好告之各位成员，以免引起不满。具体地，就会议主席的沟通技能和技巧，表现为会议控制、会议引导、促进讨论、应付“隐秘议程”和作出决定等几个方面。

职责一：会议控制

会议控制的方式和组织取决于会议的目的。会议控制应当着眼于建立行为标准，以这些标准衡量会议结果，并在必要时进行调整。领导者为了对群体沟通的最终表现负责，必须从标准和结果来控制会议的过程。作为有效的会议主持人应遵循以下五个基本原则：

- 决定讨论主题；
- 明确讨论范围；
- 确保人们围绕主题依次发言；
- 尽可能做到公正，尽全力避免与会者的争论；
- 确保其他成员了解会议进展情况。

职责二：过程引导

无论主持人以怎样的风格给自己定位，他们必须能够发起会议，并确保以良好的秩序进行主题和问题讨论。例如，有些成员习惯于在真正搞清楚问题之前武断地做结论，作为主持人，就应该对这样的行为加以引导，以保证他们在充分分析问题背景的前提下作出合理的决策建议。为能够保证会议的发起和进行的良好秩序，主持人需要明确四个基本步骤：

- 识别主题/问题——应清楚地加以说明，如有必要，会议间隔后要重复强调；
- 交换和开发建议——在取得解决问题的建议之前，收集和解释依据；
- 评价不同方案——列出可选方案，预测每个方案的可能结果

（时间、成本、资源、政治因素）；

- 选择行动计划——为达到预期结果，决定“谁”、“何地”、“何时”、“怎样做”，并确保每个人都明确自己的责任。主席应确保与会者不偏离这个程序，有时可能需要提出新的建议、澄清上述内容、作小结或提请对可能结果的注意。

职责三：促进讨论

在沟通过程中，会议主席要及时根据会议的进程和讨论的话题，围绕主题提出恰当的问题以激励与会者。提出问题的方式，可以参考第四讲中的“提问类型和技巧”。提问方式不但有助于激励与会成员，也是控制会议的有效手段。比如，在适当的时候打断那些滔滔不绝的人，为其他没有更多机会发言、或不愿意发言的人提供机会。

职责四：应付“隐秘议程”

主席还应努力保持讨论的话题集中，不使其演变成为与会者之间的个人冲突。必须妥善处理群体成员中的隐密议程、竞争和偏激的发言，否则，人际关系和情绪问题将会转移群体的注意力，而影响会议任务的完成。为了促使与会者关注事实和建议，要求他们列举概括性论断的实例是一个有效的方法。但是，你可能需要协助做这项“维持群体”的工作。从现有研究结果看，由群体自己产生的领导者更善于维持群体成员间关系，并对成员进行有效的激励。

职责五：作出决定

当群体要作出结论时，可以采用多种方式，如采取正式投票表决的方式；采取其他由成员一致同意或普遍同意的方法去得出结论（如相互协商）；或采取恰如其分地引出解决问题的最佳方案。

对照前面所提出的会议主席的五个基本职责——会议控制、会议引导、促进讨论、应付“隐秘议程”和作出决定，尽管会议主席都要承担这些职责，但对于第一种情形，主席的主要职责应该在会议控制、促进讨论等方面，而后面这种情形，主席的主要职责应该在于会议引导、应付“隐秘议程”和作出决策上。

我们把那些不用就问题作最后拍板的会议主席称为“社会领导型主席”，这类主席主要是组织会议，起引导作用。而对问题必须提出明确决策的主席，称为“决策型主席”，这类主席要承担决策责任，起决定性作用。具体的职责重点如表 10.2 所示。

表 10.2 不同类型会议主席的主要职责排序

社会领导型主席	作出决定、会议控制、应付隐秘议程、会议引导、促进讨论
决策型主席	促进讨论、会议引导、会议控制、应付隐秘议程、作出决定

（2）一般与会者责任

态度

作为与会者，你的首要责任是树立对会议的积极态度，敞开思想并听取别人的意见。会议是管理和监督的一种重要工具，如果大家都能认真参与，会议对每个人都会有价值。你应该以积极的心态参加各种讨论，即使这个讨论并不是直接关系到你个人的问题。因为，任何会议，都可能为你提供机会去实现下面一个或几个目的：

- 受益于别人的知识和观点；
- 从同事的背景和经历中获取最大量的信息；
- 对所执行政策和决策的参与感；
- 更好地了解和正确评价你的同事，在你们中间形成团队工作精神；
- 与别人交换你的个人思想；
- 以别人的眼光评价你的个人观点、信念和态度。

准备

你的第二个责任是保证自己做好准备和了解会议主题。尽管这可能需要一定的时间和精力，但每个群体成员拥有的信息质量决定着会议的质量。

认识群体过程

就会议本身而言，对“群体过程”和群体功能的认识都有助于你树立正确的态度、更好地参与。你应当意识到领导者的责任和问题，以便你能够更好地理解他们的领导方法，也有助于积极协助他们实现会议目标。

领导是一个动态的职位，在两个小时的会议期间，尽管有一个人始终是正式主席，但可能会不时出现不同的领导者，而你可能也是其中一个。你应当意识到，每一个与你一起坐在桌旁的成员都是与你不同的个人。他们每个人都可能具有与你不同的个人问题、自我中心意识（尽管从更多地考虑别人的角度看，这是我们都应当避免的）和他们自己的思维方法。所以，要成为一个合格的与会者，你的发展目标应当包括不断地研究别人，考察他们的基本动机、偏见、情绪和思维过程。

基于上面问题的讨论，可明确，有效的会议参与者应具有以下一些技能：

- 决定是否需要出席会议。不要仅仅因为收到邀请就参加会议。如果你对会议议程与自己的关系心存疑惑，就应该弄清楚领导为什么要你参加这次会议。
- 准备。了解议程，并准备和帮助其他与会者理解问题。要有准备地带着问题与会，这些问题有助于你理解会议话题。
- 准时与会。具有适当的时间意识，既包括何时、如何发言，也要考虑会议安排和地点。游离拖沓往往使会议耽搁，或是因为询问会议内容而浪费其他与会者的时间，而且这也妨碍了有效团队建设并有违道义。
- 就某些疑点或模糊问题征询清晰解释。多数情况下，你会发现房间里其他人心怀同样的问题，只是因为胆怯而不敢明言。
- 给出信息时，力求精确切题。不要用一些趣闻轶事或于自己观点无益的细节来烦扰大家。
- 倾听。目光同发言者保持接触，尽量明确其言语背后的隐含义，要杜绝对发言者的不敬行为，如懒懒散散、心不在焉或翻看书籍。
- 支持他人。遵循建设性沟通原则，肯定他人的发言并由此衔接自己的开场白，要有能力和意愿去适应别人的语言，并能清晰扼要地发表自己的看法。
- 确保公平参与。要引导他人参与进来，使每个人的才干得以利用。如果你清楚某一特定观点的关键信息未被纳入讨论，这就尤其重要。这种情况可以通过鼓励那些消极参与者而得到矫正。
- 反对要有根据。如果有必要反对或质疑他人意见，则要遵循有关协作型冲突管理的指导方针，比如，使你的评论基于人所共知的原则或价值观。
- 以能提高团队绩效的方式行事。换言之，要将个人私事放在一边而为团队的共同目标工作。

(3) 工作人员与成员的职责

表 10.3 是一个关于会议工作人员与成员职责的提示。

表 10.3　工作人员与成员的职责

会议之前	会议期间	会议之后
主席		
1. 提出和理解计划处理的业务项目 2. 批准议程草案 3. 确使与会者得知会议目标、时间和地点及会议议程 4. 保证房间的合理布置——座位安排、文件、饮水、烟灰缸等	1. 准时开始 2. 清楚地介绍主题 3. 获得有力的发言 4. 维持秩序 5. 有效的决策	1. 核实秘书或记录员准备的备忘录草稿 2. 监控进展
秘书或记录员		
1. 从以前的记录或新的信息源收集资料 2. 起草会议议程，有逻辑性的主次顺序安排 3. 得到主席的批准 4. 发送会议通知和议程	1. 提前到达 2. 将房间准备就绪 3. 提供所有必要文件 4. 记录进程 5. 避免不明确的讨论或通过含糊不清的决策 6. 协助主席	1. 起草备忘录 2. 交主席批准 3. 两天内发给与会者 4. 必要时根据备忘录和监督者的要求发布告示
会议成员		
1. 通知秘书/主席列入议程的事项 2. 阅读所有文件 3. 如果合适，准备自己的支持性文件 4. 向秘书说明需要纠正的论点	1. 准时出席 2. 按照会议要求发言 3. 记录会议决定及需要采取的行动	1. 阅读、审核备忘录 2. 执行行动计划，必要时汇报情况

注：如果没有指定的秘书，主席要确保有人承担秘书所应做的工作。

10.3.4　制定会议计划

制定会议计划是指会议议程的准备。通常，会议的理由是明了的，而且也有合适的人员出席会议，但会议看起来还是毫无头绪缺少章法，无法得出一个最终决议。此种会议往往以这样的领导讲话为开场白："我们有一个问题需要大家坐下来讨论讨论。"这种说法包含这样一些错误的假设：（1）问题已然存在且与会者都能理解；（2）因此，会议将会成功的。不幸的是，与会者可能毫无准备地来参加会议，可能不掌握关键信息，不清楚他们的特殊角色，可能对决策如何制定心存疑惑，也可能未被动员起来去实现目标。而另一方面，会议筹备者试图把更多的东西塞进会议，安排过多的报告，处理过多的文件资料或涉及太多的事务。这样使得在这个会议中，与会者不知何去何从。要制定科学的会议计划，要注意运用以下十个方面的法则：

✚ 半对半法则。即将召开的会议，其议程上的所有事项必须在上次会议和该次会议时间间隔的一半之前而被议程制订者所掌握。也就是说，如果会议每周召开一次，则下次会议的议程项目应该在此前一周内的中点处由议程安排者收集完毕，这样就留下时间来对已有项目进行分类组合，对某些项目进行单独处理并在会议之前制作和散发会议议程表。

✚ 3/4 法则。会议材料（也称信息包，包括以前会议的记录和一份议程表），应该在会议间隔期的 3/4 时间点处送达与会人员。比如，如果会议每周召开一次，则信息包应该在下次会议召开前大约两天左右送出。

✚ 议程法则。议程的措辞应该用行为动词或精练的语句，而不是一个词。比如，不要说“记录”，而说“批准记录”；不说“生产报告”，而说“决定生产时间表”。这使会议应该完成的任务更明晰化。

✚ 六分法则。大约 2/3 的会议时间应该聚焦于当前的议程项目，剩下的 1/3 应被再度细分为两个 1/6，其中一个 1/6 的时间用来回顾以前的议程事项，所剩的另一个 1/6 花在对未来议程项目的展望（计划或预备）。这样，得以保持前后会议间的连续性，使得议程项目之间不至于突兀断裂。

✚ 三分法则。所有的会议都可分为三部分：启动阶段，该阶段涉及较少的困难事项，迟到者到达会场，与会人员进入状态；重心阶段，绝大部分困难项目被考虑到；缓解阶段，会议临近尾声。指导性的项目在第一阶段处理，决策项目在第二阶段考虑，而第三阶段则主要涉及需要讨论的事项。

✚ 报告法则。传发给与会者的报告通常应该包括执行摘要或选项备忘录。执行摘要突出报告的关键点和结论，而选项备忘录则概括了所要讨论并据以决策的可能方案。由此可以消除拣选多页去找有关信息和花大量会议时间翻看报告的麻烦。

- 议程钟法则。该法则在以上这些法则中是较为特殊的一个，它是关于某种议程项目应在何时被涉及的法则。议程事项应该按争议性从小到大考虑，然后注意力转向讨论性和较轻松的项目。
- 议程完整性法则。议程上的所有项目都应被讨论，而不在议程上的项目则不应涉及。这一法则确保与会者不会把话题引出会议轨道，因为没有人对这些项目作过准备，或者也没有充足的信息支持这些项目。
- 时间完整性法则。这个法则很简单：开始于特定时间，结束于特定时间，遵守会议的时间表。这就确保了所有议程事项都被赋予足够的时间，迟到者不能享受让会议停下来等他的特权，而人们也能指望在某一时点结束会议。
- 记录法则。会议记录应具备三个特征：议程关联性（所记录的信息与议程事项相关）、内容关联性（记录应依照议程的形式书写，由此容易在快速扫描中找到切题的资料）和突出决策（记录应反映决议、结果和最终行动方案，而不是达成决议的过程）。

10.3.5　会议议程

1. 常见的会议议程确定原则

会议的议程应当表明需要讨论的业务事项的顺序。合适的话，可以从发言人那里得到这些议题。对议题的安排应认真考虑，以保证最好的逻辑顺序。议程计划的另一个特征是正确评价在有限的时间内可达到什么目标的能力。议程的安排，作为一般原则可作以下考虑：

- 例行公事的项目放在会议议程开始，然后再安排商务中的新问题。
- 当议程中包括一些比较简短或紧急的项目时，先安排它们，余下的会议时间专注于比较费时的事项。

一个错误的做法是把上次会议的主要事项归纳到“出现问题”的

项目内。这些内容不宜归入某个项目中，而应放在议程中突出位置。这能够使主席和与会者对已经完成的工作有一个更切合实际的印象。

不要企图将议程排得太紧，否则会造成会议超时，甚至降低会议的效率（例如仓促决策），因为到该结束的时间，与会者已经准备离开会议，而没有心思考虑更多的问题及合适的解决方案。

2. 会议议程的主要步骤

会议议程的确定指的是会议的实质性进程管理以及用以确保会议有效的手段方法。最常见的会议主要议程可以分为七个步骤：

第一步：回顾。会议开始时，要回顾议程和准备完成的任务以及前次会议以来所取得的进步。这有助于与会者确切地知道期望是什么，并鼓励他们集中心思于手上的任务，它也使得在会议中时间控制更容易一些。

第二步：介绍。与会者应该被相互介绍，以使得在一起感到舒畅，特别是当考虑争议性较大的话题时更为必要。

第三步：制订规则。应明确哪些和多少参加者在预期之中，议程允许哪些变动，时间框架是怎么样的等等。在会议开始时为其构建框架有助于会议按轨道运行。另外，决策制定模式也应确定下来。比如，是与会者一致同意才能达成结论，还是按少数服从多数原则，还是每人一票制。在有多种方法可供决策和达成最终方案之用时，会议应该决定取舍。这些方法包括：

多数原则：每位与会者对备选方案投票，得票多的方案胜出。

✚ 最高票数：当有两个以上方案可供考虑，而无任何一个可得多数票，则得票最多的方案被采纳。
✚ 试验投票：采用无完全约束力投票来获取与会者对不同方案的直观态度，这种投票可能在达成决议前要进行多次，以便剔除那些不受支持的方案。
✚ 赋值：与会者可将 100 分分摊给不同的方案，这样他们对方案的支持度更加具有可衡量性。比如，如果有四个备选方案，某与会者可给其中一个打 90 分，另两个各打 5 分，余下一个打 0 分，总得分最高的方案就胜出。
✚ 排序：方案按序排列，最高平均优先级的方案被采纳。

- 一致同意：所有与会者必须一致同意才能采用某一特定方案。
- 原则同意：虽然不能就所有细节问题达成一致意见，但某些确定的一般原则可以被认同，因此，在这种情况下，是原则而不是全部建议被接受。

第四步：报告。在会议的前阶段，由预先指定的报告人作报告。这有助于保持对任务的责任感，减少报告者的忧虑，确保报告不会被拖到会议末尾。

第五步：演示。为保持与会者的兴趣，应该用多种媒体展示信息，如手册、投影仪、幻灯片、图表、录像、黑板图解等，都有助于保持与会者兴趣和提高信息展示的效率。一般而言，与会者应该能够在会议上动用至少两种知觉形式，如看和听。

第六步：参与。与会者皆平等参与会议，但这并不意味着人人都必须作相同数量的发言。拥有较多信息的人以及对某一话题有特别兴趣的人可以多参与。同时要有意识地鼓励那些有见地但不愿示人的成员参与更多的讨论。

第七步：总结。结束会议时，要总结所达成的决议、分派的任务、所取得的成绩、讨论的主要观点以及从该次会议中学到了什么。审核要在下次会议报告的行动项目；要使与会人员感受到花时间参加会议是有成就感的。这时也是对下次会议提出预期的大好时机，明确会议记录和下次会议的议程何时下发以及该如何筹备等问题。

3. 议程准备和支持文件

会议议程的准备应包括以下几个方面：一是以次序排列出议程；二是对历史项目的讨论准备支持性文件；三是准备好具体议题；四是确定好下次会议的时间、地点等。

议程中的每个项目应用数字排出先后次序。如果出于某种原因需要更改项目次序或者取消某个项目，应该在会议开始时由主席说明理由，这是十分重要的，因为可能有的成员对这些项目有兴趣，如果这些项目被取消，或者推迟，他们会感到不满。

如果会议要继续上次会议的项目,可以继续引用上次会议的日期和备忘录编码,这种纵向参考的作用在于帮助弄清楚该项目的历史背景,从而可能避免错误决策。这种方法对于那些不了解以前情况的新成员也很有帮助。另一种方法是将过去的项目背景作为参考资料——支持性文件，附在相关项目后面，或者列一简短的清单放在议程后面。

在准备会议的议题时，要以开放、公正的方式精心策划问题，使得会议的议程中包含一系列精心设计的议题。在议题的安排上，要善于采用提问的方式，因为这可以引起与会者的兴趣。

最后，如果会议有可能再次召开，议程中应包括下次会议的日期、时间和地点。

以下是可供参考的议程准备的步骤：

(1) 根据上次会议列出突出问题；

(2) 通过目前发展情况的预期，和与会成员联系，提出商务中的新议题；

(3) 选择重要议题；

(4) 避免包括过多的“新问题”(在议程中，突出地分别标示关键项目)；

(5) 将例行项目放在开始；

(6) 按逻辑关系排列关键项目；

(7) 根据会议时间长短和与会者情况安排项目；

(8) 用数字排列项目；

(9) 交叉参考上次会议的议题；

(10) 要求明确提出下次会议的细节，在议程结尾列出“下次会议日程”；

(11) 指定需要的附加文件或将它们包括在议程中；

(12) 与主席讨论通过议程(如果合适的话)；

(13) 将议程草案交付打印；

(14) 校对打印稿；

(15) 附带上次会议备忘录，将文件和有关文章发送所有应出席会议人员。

4. 会议备忘录

任何作出决定的会议都应当记录决策是如何制定的，最后决定是什么，由谁负责哪些行动等重要问题。备忘录能有效地提供有关群体工作历史的有价值的参考资料，减少在何时、何地、何人所作讨论和决策的问题上出现的分歧，并明确和监督责任人的工作落实情况。因此，对于连续性的会议，组织应该完成好、并保存好备忘录。

备忘录通常是由秘书负责完成，但作为领导者，应该知道如何写备忘录、或者为秘书写备忘录提供指导，这也是管理者的一个基本功。图 10.4 是备忘录的基本格式。

备忘录，公司董事会会议室召开的董事会

阳光灿烂股份有限公司

1999 年 8 月 29 日星期日上午 10:30

出席：宋楚渝先生（主席）　吴大猷先生　陈民智先生　吴作栋先生

齐达尼先生　谢军女士　何光明先生（秘书）

收到布尔维先生和罗世冲先生的缺席致谦

142 上次会议备忘录

1999 年 7 月 2 日的会议备忘录，宣读通过，主席签字

143 备忘录提出问题

143.1 备忘录 135.2

吴大猷先生报告内部员工持股项目的计划和持股职工清单。

根据要求，公司应保证每个员工收到一份清单，并向他们解释该项目。董事会要求在 10 月 2 日前完成这项工作。

143.2 备忘录 138

吴作栋先生报告完成了退休金计划的所有必要的修改，人事部将与每位员工面谈。这些面谈计划从 1999 年 9 月 5 日开始。

144 对弹性工作制的反映

144.1 齐达尼先生报告已经制定出了弹性工作制的试点计划，并选定从研究开发一部作为试点；

144.2 解决：董事会认为应先以研究开发三部作为试点，因为一部正承担的项目不能受到影响。

……

147 下次会议日期

下次董事会召开日期为 1999 年 10 月 2 日星期六。若没有任何其他业务，会议将于上午 12:00 闭幕。

签名

宋楚渝

图 10.4　备忘录正规格式

具体在备忘录制作时，要注意以下一些问题：

(1) 在会议之前

- 寻找如何写备忘录的指南或指导；
- 与主席核实是否有专用格式（见图 10.4）。

(2) 在会议期间

- 记录资料、时间和会议地点；
- 记录出席会议人员，收到谁的“缺席致谦”；
- 识别讨论题目；
- 按照会议首先处理例行项目的惯例——宣读上次会议的备忘录并签字，备忘录提出的问题和达成的协议；
- 计划简要题目的记录，这类标题可摘自主题，或讨论、决策和拟订行动的概要，包括时间、参与者；
- 编排每项记录的参考号；
- 跟随会议进程；
- 及时澄清重点和含糊不清的观点；
- 以摘记形式书写，避免逐字逐句地记录（有特殊要求除外）；
- 使用简短的句子和段落。

(3) 在会议之后

- 会后立刻清楚地起草备忘录；
- 与其他人（如主席）核对；
- 在会议后两天内采用清晰的格式打印；
- 仔细校对打印稿；
- 将备忘录发送给出席和原应出席会议的人员，以及任何需要知道情况的人；必要时发送修正稿；
- 按照组织的有关规定，备忘录存档；
- 核查对行动的监督和后续行动。

10.4　群策群力：一种简单而行之有效的群体沟通方式

在实际工作中经常遇到这样的情况，面对具体的任务，下属员工经常抱怨领导没有实际措施、没有其他部门的配合、没有资源支持，或者老板要求太高、没有考虑下属的难处，下属员工好像是被动的、只接受领导指令的机器。而领导们则刚好相反，他们在决策和任务分配上好像是在做选择题，不知道做什么最合适，也不知由谁去做更合适。他们也很苦恼，会觉得下属员工没有主动性，什么事都要由领导来安排指定。当他们很想与下属沟通时，往往只是找直接下属当面交谈，或翻看员工每日报表，随机地与员工交谈，或者开大会、发文件等。这些都是我们平常所见的群体沟通方式，结果在上下级沟通过程中，下属发言不积极，明哲保身，沉默是金。这些沟通方式不是没有一点效果，而是一般情况下效果不佳。

要解决上述这些问题，如何设计有效的沟通方式，是沟通艺术的具体体现。一般来说，有效的沟通应是大家共同参与的双向沟通，沟通过程中领导和下属共同商定问题和对策，同时，组织者要为这样的沟通创造良好的氛围。这里介绍一种简单而行之有效的群体沟通方式——群策群力式沟通。群策群力式沟通的方式可以是这样的：

首先把与会者（包括领导和普通员工）召集到一起开会，规模不限，形式随意，气氛轻松。开会过程坚持以下三个规则：

规则一：论事不对人，言者无忌，无论是非对错，自由发言，领导者也是普通一员，保证秋后不算账；

规则二：所议题目、所讲意见，必须切合实际，是目前公司或组织在短期内能够做到的或能够得到的；

规则三：最终结论，老板必须立即执行，否则有失信用。

具体我们以“为什么我们的产品很难提高销量?”作为问题，采取“群策群力”方式来解决。我们先画一张图表（见表10.4）。

在讨论过程中，大家可以自由发言，并由记录员把讨论的意见记录在纸上，凡是符合规则，只要你能想到的都可以。这种场面往往气氛很热闹，有话尽管说。规定的时间一到，把纸贴在墙上（字要稍大一些），每个人（包括领导）都到跟前用彩笔在几十种甚至上百种意见中挑出三个你认为最重要或最有效的意见或建议上打钩，结果马上就出来了。

通过群策群力方式，不仅领导知道该做些什么，而且员工也明白了不少问题的所在，知道该如何去做接下去的工作。有信誉、有魄力的领导甚至会当场向上级请示报告或直接宣布决议措施，并做一个总结性发言。

这种方式在美国通用电器公司（GE）内部非常流行，它既民主又有效，意见内容虚假成分少，简洁，有利于迅速执行，比起那些一份报告来一份报告去的方式要有趣得多，也实用得多。

表 10.4　为什么我们的产品很难提高销量？

我们的优点	我们的缺点	主要竞争对手优点	主要竞争对手缺点
+	+	+ A	+
+ A	+	+	+ A
+	+ A	+ B	+
+ B	+	+	+ B
+	+ B	+	+
+ C	+	+ C	+
+	+ C	+	+ C
改进的办法		攻击对手或应向对手学习的地方	
+		+	
+		+ A	
+ A		+	
+		+	
+ B		+	
+		+ B	
+		+	
+ C		+	
+		+	
+		+ C	
+			
结论：(1) (2) (3)			

10.5　本章案例

案例 14　城市合作银行

1996 年 5 月美妙的一天，当曹闻走向他位于闹市区的办公室时，他明显感到自己精神状态比过去的几星期要好得多。两个月前，他成为城市合作银行的董事长兼总经理。在这个转变过程中，他一直感到繁忙而紧张，他的大部分时间都被用在“如何使合作银行从省属银行转变为市级银行”这个实质性问题上。直到昨天，他才完成一系列艰苦的、关于与市郊一市属开发区招商银行合并的谈判。今天在上班路上，他自言自语：“总算有一个下午时间可以到郊区的度假村去钓鱼了”，他这样盘算，“除了一个昨天没有时间回复的电话外，今天没有其他紧急的、非急着解决的问题。关于在下星期开设一家新的储蓄所的事，抓紧点时间，在中午之前能够解决好。”

但当曹闾走进办公楼时，他想去钓鱼的希望破灭了。办公室很喧嚣，似乎每个电话都在响，而总经理办公室的全体职员都聚集在屋子的角落里看一份报纸。当看到曹闾进来，办公室主任钱峥便拿了一张当地的报纸给他，并带着一副惊恐的表情说，“看这个。”报纸头版上有一条消息，内容是关于城市合作银行一份内部机密文件的摘要。当初这份摘要是曹闾指示钱峥起草完成的。钱峥是在上星期把这份文件送至银行管理部门的。这份文件具体内容：一是关于城市合作银行成立后如何协调与银行股东的关系，二是关于城市合作银行召开成立大会时这些大大小小的股东是否要出席以及如何出席的一些意见。按有关法律和制度规定，这次会议应该由这些股东通过投票表决的方式对城市招商银行兼并开发区招商银行的提案进行表决。这份文件摘要如下：

虽然股东有权参加这次会议，但根据我们以前的经验，我们不想鼓励大大小小所有股东都来参加这次会议。当然，股东们可以委托他们的代表来参加会议，但如果他们忘记了指派一个代表，也就算了（当然，股东们也可以在 5 月 8 日前，通过签署印章的信件或者提交一份特殊形式文件的方式就会议议题提出意见）。实际上，关于这次兼并事宜，我们并不需要股东代表来讨论，因为讨论了之后既可能拖延时间，也可能达不成统一意见。但不管怎样，银行最好不要直接告诉股东，说他们不用参加这次会议，毕竟在法律上，他们有权参加会议。因此，应该采用比较委婉的方法去阻止他们。一旦当我们完成了对开发区招商银行的兼并，这些股东也就接受了，再提意见问题也就不大了。

曹间的第一个念头是：报纸怎么得到这份文件的？然而，他马上意识到他没有时间来考虑这个问题了。助手们告诉他，那些不断响起的电话是愤怒的股东们打来的，他们想知道银行试图隐瞒他们什么，为什么他们被剥夺投票决策的权力。曹间必须尽快行动，尽快回复那些电话并要尽早起草一份信件，向所有股东及其他有关人员、组织解释银行的处境。

城市合作银行成立背景

有 30 年历史的城市合作银行，其前身是市级储蓄银行，在 1987 年的金融体制改革时转变为一家国家银行省分行所属支行下的储蓄银行。当时，管理层认为这种变化可以使城市之间的合作变得容易，尽管这种变化也使得银行将其操作置于国家银行的监督下，但同时管理者也认为这种变化将保证支持银行长期战略实施的强大力量的持续性。

不幸地，这种期望未能付诸实施。国家银行对下面银行及其派出机构的监管要比地方银行严格得多，因此，这些银行每当搞资产评估时，就需要比地方银行更复杂的资料和更昂贵的费用。当银行业的许多规定在地方银行被明目张胆破坏时，储蓄银行想不出有什么理由来忍受如此费时和费钱的评估。而且，国家银行在商业贷款方面有严格的规定和限制，这招致了储蓄银行内部大部分管理人员的反对，因为他们不希望由于不能向那些“现在资金实力不强，但具有敏锐的商业判断力和聪明头脑”的客户贷款而失去未来良好回报的机会。

现在是，随着融资渠道的不断开拓，以及政策的逐步放开，市属城市合作银行可以把自己的业务延伸到市下属县、区的金融业务，再由于前面所讲的，在 90 年代初期前后，银行业在许多地方存在违规现象，但国家银行管辖下的银行则被制度限制得较死。因此，原储蓄银行决定通过兼并开发区招商银行而成为地方属城市合作银行。开发区招商银行拥有九百万的资产，三个员工和位于市郊的一家办公室。这次兼并将允许城市合作银行无需支付一百万的保证金而转变为一家地方银行。

然而，这次兼并需要经过银行股东的表决。按照规定，股份制银行在国家法律容许的情况下，采取购并行为、资产重组行为，要由股东投票表决，规定股东拥有 1000 元股份就拥有一份投票权，而且转变为地方合作银行后，必将对银行原先的股东产生影响，一旦管理结构发生变化，也会对原股东产生一定的影响。

两个星期以前，在 4 月 25 日，曹闾给所有银行股东发出了一封信。正式通知他们参加即将在 5 月 27 日举行的会议。在那次会议上，股东能对与开发区招商银行合并的提案作出表决。曹闾在信中强调，成员并没有义务非要参加会议。那些不能出席的成员可以选出代表进行投票。

曹闾并没有预期有大量的出席者。第一年的年度会议只有两位成员出席，而第二年只有一人。在这方面并没有多大的问题，无须作出大的解释。然而，当 5 月 27 日的会议通知发出以后，部门管理人员就接到了银行股东们数以十计的电话来询问在管理结构、权限方面的变化是什么意思，他们是否需要参加这次会议等。于是，部门职员就询问钱峥如何答复这些问题。曹闾告诉钱峥，他认为，"尽管股东们收到的信件中提到他们并不是必须要来参加这次会议，但不管怎样，法律赋予他们表决权，我们不能告诉他们不要来参加会议。"根据指示，钱峥给部门职员们写了一份会议摘要，某人将这份摘要泄露出去。现在，曹闾面临一个危机，并且，这个危机在短时间内将会越来越大。

问题

1. 你如何评价曹闾给钱峥的指示和 4 月 25 日的信件？
2. 从银行向受众发出的信息看，是否在内容的逻辑、证据和争论方面存在缺点？
3. 银行决定正式召开一次特别会议，曹闾准备在会议上讲话。如你是钱峥，负责这次会议的议程安排，请确定本次会议的目的、参加对象，并设计会议议程。

附件：曹闾给银行股东的信件

亲爱的______先生：

我们正式通知您参加城市合作银行召开的一次特殊的会议，此次会议的参加对象是全体股东。时间是 1996 年 5 月 27 日下午 3：00，地点是 X 市 XX 大街 68 号。

此次会议将要讨论如下几个提案：

一是寻求省分行等有关管理部门的同意，使本银行从一家国家银行省属分行所属的银行转变为市属城市合作银行。我们要强调的是这并不意味着城市合作银行将改变其传统的主要经营业务。正相反，城市合作银行将继续保持其一贯的储蓄银行特色。而这个转变将使城市合作银行增强它对消费者服务的能力，成为一家富有竞争力的金融机构。

第二项是关于讨论兼并开发区招商银行的事。开发区招商银行是一家位于郊区 X 街的一家小型的、以储蓄为主的银行。此银行已经被兼并到城市合作银行中，而这个行动将不会对你们产生影响。

虽然，银行法规定我们通知银行所有股东参加会议，您作为银行的一个股东，将被授权参加即将召开的会议。但是，您并没有义务非要参加不可。所有股东都可以通过签署一份声明或在 1996 年 5 月 8 日前向银行提供你所委托的代表名单，这样，这些代表具有法律效力。在这次会议上，我们将首先选举新的股东大会代表。

再一次的申明，请你们安心。城市合作银行从省属银行转变为市属合作银行和兼并开发区招商银行的行动将使城市合作银行变得更强大、更富有竞争力和为顾客提供更好的服务。

董事长、总经理：曹闾

1996 年 4 月 25 日

* * *

附录 领导风格认知测试

下面有五组关于群体沟通时的领导风格。现结合自己在平时组织会议和群体（三人以上）讨论时，作为群体的领导，识别在风格上更倾向于哪一种，选择相应的选择项。做完这些问题后，再把选择项的字母填入测试题后的表格中，确定你的领导风格。这些项的选择没有对错之分,在自我测试时，不要以自己所希望的方式来作选择。

1. 领导风格认知测试题

(1) 当你在行动计划的制定时：

A. 在会议进行前，我总是指定好群体成员各自的行动方案，在沟通前群体成员不清楚自己的行动是什么；

B. 由群体成员共同来讨论各自的行动，我只是在必要时提出一些技术性的建议；

C. 一般不干涉他们的行动决策，只有当群体成员提出要求时，我才对他们各自行动计划的制定给予帮助。

(2) 当你在制定纪律和规范时：

A. 我一般不给群体成员在纪律方面施加压力，而要求他们自己给自己施加影响；我与群体成员之间的关系是友好的、宽容的；

B. 我不给成员以纪律约束，成员一般不考虑别人的看法，他们可以按照自己的主张行事；

C. 群体在纪律和完成工作方面有很大的压力。

(3) 当你给成员以责任分担时：

A. 群体全体成员只负有限责任，成员是根据工作安排的需要、为具体的任务而挑选的；

B. 我不给成员加任何责任，如果他们愿意，可以去发展自己的活动；

C. 我要求全体成员共同去承担责任。

(4) 当我考虑自己与成员之间的地位关系时：

A. 我与成员之间是平等的，地位在我心目中不是重要因素，我更注重相互的尊重；

B. 我与成员之间存在明显的地位差别，我认为注重自己的地位是为了提高自己的威信，更好地开展工作；

C. 我与成员接触较少，成员也几乎不发展与领导的友谊，因为对地位的重视会导致相互之间竞争的加剧。

(5) 当我考虑给成员以表扬时：

A. 我常站在领导的地位上给下属以赞扬，这种赞扬往往是个人性的；

B. 领导与成员之间很少进行评论，也很少去发展团结、自信或友好的气氛；

C. 自己在群体中的地位来自对实现群体目标的贡献，我对成员的赞扬是客观的、有事实依据的。

(6) 当我考虑和成员之间相互影响和参与时：

A. 成员主要注意他们自己所关心的事，不喜欢听别人的意见。

B. 成员能很好地倾听我的命令，除非问题解决过程中出现危机，否则他们不会向其他人去请教问题；

C. 我能很好地倾听，并且经常接受别人的想法。

2. 领导风格判别

把自我领导风格认知测试题的选择项在下面表格中相应的选择项中画圈，如题（1）你的选择项是 A，就给第一列的 A 画圈，或打"√"，注意每个题下只能选择一项。

(1)	(2)	(3)	(4)	(5)	(6)	总分	领导风格
B	A	C	A	C	C		民主型
A	C	A	B	A	B		专断型
C	B	B	C	B	A		自由放任型

现统计每一行中你的选择项数目，每一个选择项为 1 分，然后统计总分。得分最高的，可能就是你的领导风格。

附录一

关于管理沟通教学方法与有关说明

1. 教学组织基本观念

管理沟通是一门技能性非常强的课程，其基本目标并不在于让学员掌握多少新的理论知识，而是在于让学员通过系统的学习去检讨自身在管理沟通过程中的思想、行为、技能和方法。与其他课程不同，管理沟通学习的“功夫在课后”，即要求学员在学习和讨论后，把得到的感悟和技巧方法应用到实际工作中去，如果将课堂讨论和实际工作脱离开来，本课程的学习就失去90%以上的价值。因此，教学过程要掌握两个基本原则：一是学员为主，教师为辅的原则；二是实际应用为主，课堂检讨为辅。

2. 教学方式

本课程的教学采取教师讲授、案例分析和总结相结合的方式。一方面，通过讲授要求学员掌握基本的概念和原理，并通过案例分析来理解这些基本概念和原理；另一方面，通过案例分析的方式掌握管理沟通的基本技能和方法。教学过程的基本思路是：基本观点讲解→案例阅读与初步讨论→讲授内容→案例总结与分析。

3. 学习要求

管理沟通是一门技能性很强的课程，该课程学习过程中，要求每位学员把理论学习和自己的管理实践充分结合起来，把学习讨论得到的沟通心得用于日常的管理工作中，在此基础上，不断提升学员的沟通理念和思维方式。为此，在教学和学习过程中强调师生互动，可以要求学员在课程快结束时，检讨在实际工作中的体会和收获，并提出建议。

4. 时间安排

本教材是按照 36～48 个学时编写的，共 10 章，分两部分：基本理念和基本技能。基本理念部分，建议按照 16～20 个学时安排；技能部分按照 20～28 个学时安排。以 4 个学时为单元安排，平均每个单元的讲授时间一般控制在 1.5 个学时之内，而讨论发言时间一般为不超过 2 个学时。具体可以结合自己的特点作调整。

5. 课程考核

成绩可以由四部分组成，（1）出勤率与平时课堂讨论（10%～20%）；（2）案例分析（30%）；（3）个人作业（10%～20%）；（4）最后考试（30%～40%）。

平时课堂讨论的方式，可以以教材中的小案例为背景，或者以实际中遇到的其他具体问题为背景，教师提出相关问题供大家思考讨论，要求学员思考，讨论方式可以是学生自由发言，或者由教师指定学员发言，根据发言情况，作为学生的平时成绩。

案例讨论以分组的形式进行，可以由学生在课堂上就某一案例或例子展开讨论，然后由组员汇报；或者布置课后讨论，上课时间汇报交流。对于汇报者，教师可以由各组自己推选，也可以由教师随机指定，也可以由学员主动上台演讲等多种形式。为提高教学效率，把案例分析深入，最好要求全体学员课后认真阅读指定的案例，在上课时间各小组在组长的负责下，主要是讨论问题、分析问题和总结问题，原则上不安排阅读案例的时间。为此，各小组组长要切实做好案例分析的组织工作。

个人作业则是在课程即将结束时，要求每个学员结合自己工作实际，围绕管理沟通的某一问题，运用管理沟通中所学的技能，完成一篇独立个人作业，教师根据学员作业确定成绩。作业形式可以在学习的最后一周上交一份案例分析报告，要求每位学员根据自己所在单位在管理沟通方面的实际情况提供一个案例，并运用课堂学习的知识和技能提出解决办法，或者结合学习谈谈自己如何运用管理沟通的思想和方法解决沟通问题。

在这三类作业中，第一类记入个人平时出勤和课堂讨论成绩；第二类由小组为单位打分，每个汇报者的成绩代表整个小组的成绩。第三类作业则以个人为单位记分。

6. 关于报告和演讲的要求

平时讨论时，一定要注意演讲的技巧和技能。演讲的技能将作为考核成绩（案例分析成绩）的一部分；而且每位演讲的学员只能代表小组上来一次。

演讲成绩的考核从以下几个方面加以评定：对演讲内容的熟习程度、演讲条理性、演讲语言组织技巧、身体语言和口头语言的匹配和自然度、演讲风度、小组成员之间的配合程度、回答问题的正确性和说服力。

演讲成绩由教师和各小组共同考核确定，权重为 4∶6。

演讲成绩评定表

考核小组成员：

被考核小组编号：

演讲内容：　　　　　　　　　　　　演讲时间：

考核指标	评价成绩				
	优秀	良好	中等	合格	不合格
对演讲内容的熟习程度	5	4	3	2	1
演讲条理性	5	4	3	2	1
演讲语言组织技巧	5	4	3	2	1
身体语言和口头语言的匹配和自然度	5	4	3	2	1
演讲风度	5	4	3	2	1
小组成员之间的配合程度	5	4	3	2	1
回答问题的正确性和说服力	5	4	3	2	1

评定总分：______

附录二

自我学习风格认定

1. 学习风格问卷

设计这份问卷是为了找出你喜欢的风格。这些年来你可能已经形成了自己的学习“习惯”，它能帮助你从他人的经验中受益。但你可能并没有意识到这一点，这份问卷将帮助你找到你所偏爱的风格，使你处在一个更好的位置来选择适合自己风格的学习经验。

回答这份问卷没有时间限制，大约需要10～15分钟。结果的准确性取决于你的诚实性，并且回答没有准确与错误之分。如果你偏向于同意一种说法，就在前面打钩（✓）。如果你偏向于不同意一种说法，就在前面打叉（×）。请保证每一说法前都有钩或叉。

(1) 我对正误、好坏十分分明。

(2) 我经常不考虑可能得到的结果就采取行动。

(3) 我倾向于逐步地解决问题。

(4) 我认为固定的程序和政策限制了人们。

(5) 人们认为我总能简单而直接地说出自己的想法。

(6) 我经常发现出于感性的行为与经过仔细思考和分析的行为同样地有效。

(7) 我喜欢那些能让我有足够时间作完整准备并去实施的工作。

(8) 我习惯对人们的基本假设提出疑问。

(9) 对我而言，最重要的是一件事在实际中是否可行。

(10) 我积极地寻求新的经验。

(11) 当我听说一个新的主意或方法时，我会马上开始尝试它在实际中是否可行。

(12) 我很注意自我约束，如注意饮食、经常锻炼与遵守规律等。

(13) 我为能自始至终地做完一件事而感到骄傲。

(14) 我与逻辑性、分析能力强的人相处得最好，而与冲动、不理智的人相处得差一些。
(15) 我对手头资料理解十分小心谨慎，避免仓促得出结论。
(16) 我喜欢权衡许多选择后谨慎地得出结论。
(17) 我似乎对怪异的主意、荒诞的小说更感兴趣，而对于反映现实的文学作品不很喜欢。
(18) 我不喜欢把事情弄乱，而是把事情安排得很有条理。
(19) 只要能促进工作，我就会遵守既定的程序与政策。
(20) 我喜欢让我的行动符合一般原则。
(21) 在讨论中，我喜欢直截了当。
(22) 我在工作中倾向于与人保持一种非常正式的关系，并保持一定的距离。
(23) 我对处理新的、不同事情的挑战感到兴奋。
(24) 我喜欢有趣、冲动的人。
(25) 在得出一个结论之前，我极其注重细节。
(26) 我发现很难凭冲动想出主意。
(27) 我信奉一步到位。
(28) 我小心细致，以免太快得出结论。
(29) 我喜欢有尽可能多的信息来源——可考虑的材料越多越好。
(30) 对事情不严肃并且草率的人通常令我生气。
(31) 在我提出自己的意见以前，我先听别人的意见。
(32) 我习惯于表明我的感觉。
(33) 在讨论中，我喜欢观察别人的发言。
(34) 我做事喜欢灵活地边做边调整，而不是事前做好计划。
(35) 我喜欢一些技能，如网络分析、流程图、分支项目设计、意外时间计划等。
(36) 如果我必须在很短的时间里完成意见工作，我会感到很焦急。
(37) 我习惯于从实用价值的角度来判断人们的主意。
(38) 安静、善于思考的人通常让我感到紧张。
(39) 做事急躁的人通常令我生气。

(40) 享受现在比回顾过去或展望将来更重要。

(41) 我认为建立在对所有信息进行彻底分析基础上的决定比建立在直觉基础上的决定更成熟。

(42) 我倾向于成为一个理想主义者。

(43) 在讨论中，我通常当场提出许多意见。

(44) 在会议上，我会提出现实可行的主意。

(45) 在很多情况下，应打破规矩。

(46) 我喜欢站得远一点，从所有方面来考虑一个情况。

(47) 我通常能发现别人论点中不一致与脆弱的地方。

(48) 平均来说，我说的比听的要多。

(49) 我通常能发现更好更实际的做事方法。

(50) 我认为书面报告应该短小精悍。

(51) 我认为理智并且具有逻辑性的思考能赢得时间。

(52) 我喜欢与人们讨论特定的事情，而不喜欢参与泛泛的社会讨论。

(53) 我喜欢那些从实际而不是从理论上考虑事情的人。

(54) 在讨论中，我会对不相关的、跑题的东西感到不耐烦。

(55) 如果我要写一份报告，我会在最后定稿前先写出很多份草稿。

(56) 我很乐于尝试，看看事情在实际中是否可行。

(57) 我很乐于从逻辑的角度回答问题。

(58) 我喜欢成为一个谈话很多的人。

(59) 在谈论中，我总是一个现实者，使人们紧扣话题，从而避免无限制的推测。

(60) 我喜欢在决定前先考虑许多不同的选择。

(61) 在与别人的讨论中，我通常发现自己是最不激动、最客观的一个。

(62) 在谈论中，我更喜欢表现得低调，而不是作为领导、做大部分时间的讲话。

(63) 我喜欢把现在的行动与更长期的远景联系起来。

(64) 当事情变糟时，我很乐意放下它并把它当作一次经验。

(65) 我通常不接受不实际的、一时冲动得来的主意。

(66) 最好是三思而后行。
(67) 平均来说，我听的比说的要多。
(68) 我倾向于对那些不能逻辑地思考问题的人态度很差。
(69) 绝大多数时间里，我相信付出会有回报。
(70) 只要工作能做完，我不在乎是否伤害别人的感情。
(71) 我发现拥有特定的目标与计划让人十分窒息。
(72) 我通常是那种把生命融入一个团体的人。
(73) 我做任何有利于完成工作的事。
(74) 程序性而细微的工作很快就会使我感到厌烦。
(75) 我乐于对事情背后的基本假设、原则与理论提出疑问。
(76) 我总是有兴趣去发现人们的想法。
(77) 我喜欢遵守议程、按照既定程序进行的会议。
(78) 我会弄清楚主观的或模棱两可的话题。
(79) 我喜欢话剧和情节高潮给我带来的那种兴奋感。
(80) 人们总发现我对他们的感觉不敏感。

2. 学习风格概述

行动主义者

行动主义者会完全地、毫无偏见地投入到新的经验中去。他们享受此时此地，很喜欢直接经验。他们头脑开放，认为任何事情都是可知的，这种倾向使他们对任何新事物都感兴趣。他们的哲学是："每一件事我都将尝试一次"。他们倾向于先行动，然后再考虑结果。他们的日子充满了行动。他们处理问题时脑子急速转动。但一旦他们的新鲜感一过，他们就会忙着寻求下一个行动。他们通常对新经验的挑战感到兴奋，但对长期的实施与协调过程感到厌烦。他们喜欢与人们呆在一起，但同时他们做任何事情都寻求以自我为中心。

深思熟虑者

深思熟虑者喜欢站得远一点儿思考经验，从许多不同的角度观察它们。他们收集第一手材料以及从别人那里得来的材料，喜欢在作出任何决定前彻底地考虑清楚。对经验与事件的所有资料的完整收集与分析对他们来说至关重要，因此他们倾向于尽可能地拖延做出确定结论的时间。他们的哲学是小心谨慎。他们善于思考，喜欢在采取行动前先从所有可能的角度与内涵进行考虑。他们在会议与讨论中喜欢坐在后面。他们喜欢观察行动中的人们。他们善于倾听，在讨论中，在发表自己的见解之前他们就掌握了讨论的精髓。他们通常保持低调、沉着并带着冷漠。当他们采取行动时，是处在一个包括现在与过去、他人与自己的观察的大背景中的。

理论家

理论家根据自己的观察，把观察结果总结成复杂但逻辑上很正确的理论。他们通过垂直的、一步一步的逻辑方式思考问题。他们把破碎的事实结合成连贯的理论。他们通常是理想主义者，如果事情没有达到有条理并形成一个严密计划的程度，他们是决不会罢休的。他们喜欢分析和总结。他们对基本假设、原理、理论模型与系统的思考方法极感兴趣。他们的哲学推崇理性与逻辑。“逻辑的就是好的”。他们经常问的问题是：“它有道理么?”“这个与那个搭配得怎么样?”“基本假设是什么?”他们通常喜欢客观、分析性地看问题，献身于理性的客观实际，而不是任何主观或模棱两可的事情。他们处理问题的方式自始至终都是逻辑性很强的。这是他们的“头脑结构”，他们严格地拒绝一切不符合这一结构的事情。他们喜欢把确定性最大化，且很不喜欢主观的判断、发散性的思考以及任何轻率的事情。

实用主义者

实用主义者急于尝试新的主意、理论与技术，看它们是否实际可行。他们积极地寻求新的思想并第一个把它们运用于实际。他们是这样一种人：当他们从管理行业退下来时，仍有许多想实践的新思想。他们喜欢不停的做事，会快速且自信地实践吸引他们的思想。他们通常对反复、无限期的讨论感到厌烦。他们是本质上十分实际的人，喜欢做实际的决定与解决实际的问题。他们把问题和机遇看作“挑战”。

他们的哲学是："总有更好的办法"与"可行的就是好的"。

3. 发展个人潜力

不同学习风格的优势与劣势

优　势	劣　势
行动主义者： 灵活且头脑开放 喜欢动手做事 喜欢新的处境 对所有的新事物都很乐观，一般不抵制变化	倾向于不思考就立即采取明确的行动 经常冒不必要的险 倾向于独自做太多的事并以己为中心 没有充足的准备就急于行动 对实施与协调过程感到厌烦
深思熟虑者： 细心 做事周到并有方法 善于思考 善于倾听与消化信息 极少一步跳到结论	一般不喜欢直接参与 下决心与做决定很慢 一般太谨小慎微，不够大胆 做事不果断，不太主动且很少"闲谈"(small talk)
理论家： 逻辑的"垂直"思考者 理智且客观 善于问探索性的问题 喜欢严密的方式	没有发散性的思维 很不能容忍不肯定、混乱与模棱两可 一点也不能容忍主观的或直觉的东西 充满"应该"与"必须"
实用主义者： 喜欢在实际中检验事情 实际的、脚踏实地的与现实的 商业化、直截了当 以技巧为中心	倾向于拒绝任何没有明显实用性的东西 对理论与基本原则不大感兴趣 倾向于抓住第一个方便的解决问题的方法 对多余的话很不耐烦 平均来说，是以任务为中心，而不是以人为中心

4. 学习风格问卷得分

清楚地知道每一种学习风格是很有帮助的，因为选择恰当的学习机会主要意味着发现那些能让你扬长避短的学习行为。

打钩的一项得一分。打叉的不得分。在下面的题号前标出你打钩的项。

	1	2	5	7
	3	4	9	13
	8	6	11	15
	12	10	19	16
	14	17	21	25
	18	23	27	28
	20	24	35	29
	22	32	37	31
	26	34	44	33
	30	38	49	36
	42	40	50	39
	47	43	53	41
	51	45	54	46
	57	48	56	52
	61	58	59	55
	63	64	65	60
	68	71	69	62
	75	72	70	66
	77	74	73	67
	78	79	80	76
总分：	______	______	______	______

5. 识别不同的学习风格

我们已经说明，要想成功的学习，学生必须经历学习周期的所有阶段，同时他们的学习风格应与他们最适合的风格相符。然而，学生最喜欢的风格并不是永远有效的，在某些情况下，学生必须克服他们根深蒂固的习惯，开创一片新天地。

熟悉所有学习风格对个人与组织都是很有利的，因为这样一来，无论什么学习机会都能被很好地利用。怎么能做到这一点呢？以下各点可以作为你克服学习风格弱点的起点。

强化行动主义者风格的自我发展行动。

- 做一些新的事情
- 练习与陌生人主动谈话
- 把你的一天分成许多部分，不断改变行动
- 强迫你自己成为焦点
- 练习做现实的思考

强化深思熟虑者风格的自我发展行动

- 练习观察
- 保存一本日记，记下每天发生的事，记下结论
- 练习在会后或其他重要事件后进行反思
- 自己选择一些东西来研究
- 练习在支持或反对一项行动时列出一系列理由

强化理论家风格的自我发展行动

- 分析一个复杂的情况，指出它是什么时候发展成那样的
- 收集他人对事件的理论与解释
- 练习构造某些情况，使其有秩序且可预测
- 练习问探索性的问题
- 每天读一些“沉重”的或令人沉思的东西
- 练习发现他人论点中前后矛盾或有漏洞的地方

强化实用主义者风格的自我发展行动

- 收集技巧，如做事情的实际可行的方法
- 从大量的会谈中产生行动计划
- 创造机会实践新的技巧

✚ 让专家检验你，他们可以看你的技巧并指导你如何提高

✚ 解决一个“亲自动手”的项目，亲自动手能帮助你形成一个实际的看法

根据巴斯和沃恩的理论：“学习是一种行为上相对来说永久性的变化，它是练习或实践的结果”。做为一个经理，你不能观察学习本身，你只能看见结果。从这些结果中，你能推测学习是否发生了。积极地发展自己职员的经理能创造、帮助或阻碍学习过程中的机会。

6. 理解你的学习风格

问卷结果

在完成问卷并统计了分数后，你就有四个分数了：行动主义者、深思熟虑者、理论家和实用主义者各占 0～20 分。问题是：这四个分数告诉了你什么？

因为每一个风格是 20 分，所以你最初可能会得出这样一个结论：四个分数中并不一定是最高的代表你最主要的风格。在得出结论前，你必须先把你的分数与他人的分数相比较。不同组的人们的标准将被计算出来，你必须选择你将与之比较的一组。如果你不能确定哪一组，就使用下面的一般标准，这一标准是在 1000 多人的得分基础上计算出来的。

A. 得分最高的 10%的人　　B. 随后的 20%的人

C. 中间的 40%的人　　D. 随后的 20%的人

E. 得分最低的 10%的人

	A	B	C	D	E
行动主义者	13～20	11～12	7～10（平均 9.3）	4～6	0～3
深思熟虑者	18～20	15～17	12～14（平均 13.6）	9～11	0～8
理论家	16～20	14～15	11～13（平均 12.5）	8～10	0～7
实用主义者	17～20	15～16	12～14（平均 13.7）	9～11	0～8

一般标准如下：

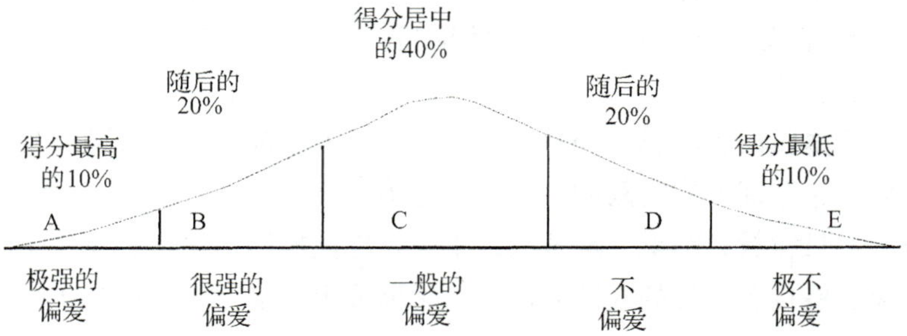

下面我们来示范如何使用标准来解释你的学习风格问卷的结果。假设你的得分是行动主义者 11 分、深思熟虑者 11 分、理论家 11 分和实用主义者 11 分（我们特意选择这些数据是因为他们能很典型地说明使用标准来获得解释的重要性）。标准赋予了不同的 11 分以下不同的含义：

- 行动主义者的 11 分属于 B 范围，代表对这一风格的很强偏爱。
- 深思熟虑者的 11 分属于 D 范围，代表对这一风格的不偏爱。
- 理论家的 11 分属于 C 范围，代表对这一风格的一般偏爱。
- 实用主义者的 11 分属于 D 范围，代表对这一风格的不偏爱。

参　考　文　献

李述一，姚休主编．1992．当代新观念要览．杭州大学出版社．

罗锐韧，曾繁正．1997．管理沟通．红旗出版社．

圣吉．1997．第五项修炼——学习型组织的艺术和实务．上海三联书店出版社．

苏勇，罗殿军．1999．管理沟通．复旦大学出版社．

刘津编译．2001．克服人性的盲点：有效沟通的艺术．海潮出版社．

〔美〕R．勒德洛，F．潘顿著．李博，黄虹译．1998．有效沟通（The Essence of Effective Communication）．中信出版社．西蒙与舒斯特国际出版公司．

〔美〕伊查克·爱迪思著．赵睿等译．1998．把握变革．华夏出版社．

〔美〕H．威廉斯著，1999．团队管理（The Essence of Managing Groups and Teams），中信出版社．Prentice Hall 出版公司．

J．M．希尔特洛普，S．尤德尔著．1999．如何谈判（The Essence of Negotiation）．中信出版社．Prentice Hall 出版公司．

Mary Munte 著．钱小军，张洁译．1999．管理沟通指南——有效商务写作与交谈（第四版）．清华大学出版社．Prentice Hall.

Kris Cole，Crystal Clear Communication，Prentice Hall，1993．中央编译出版社，1997．

〔美〕Mary Munter．1997．Guide to Managerial Communication（4th ed.）．Prentice Hall. Inc.

〔加〕Michael E．Hattersley，Linda McJannet．1997．Management Communication：Principles and Practice．McGraw-Hill Companies，Inc.

Kitty O．Locker．1993．The Irwin Business Communication Handbook—Writing and Speaking in Business Classes．Richard D．Irwin，Inc.

Kitty O．Locker．2000．Business and Administrative Communication．5th edition．McGraw-Hill．China Machine Press.

Nicky Stanton．1996．Mastering Communication（3rd ed.）．MacMillan Press Ltd.

Adler N．1991．International Dimensions of Organizational Behavior，2nd ed.，Boston：PWS-Kent Publishing.

Munter M.．1993．Cross-Cultural Communication for Managers Business Horizons.

Robbins L.．1995．The Business of Writing and Speaking．New York：McGraw-Hill.

Thill J．and C．Bovee．1995．Excellence in Business Communication．New York：McGraw-Hill.

Toogood G.．1996．The Articulate Executive：Learn to Look，Act and Sound Like a Leader．New York：McGraw-Hill.

井植薰原著．陈浩然编译．1996．我和三洋——成功源于探索．上海人民出版社．

〔日〕矢崎胜彦．1998．超越三部曲．将来世代国际财团生命文化研究所编译．陕西师范大学出版社．